OEUVRES
COMPLÈTES
DE
J. J. ROUSSEAU

AVEC LES NOTES DE TOUS LES COMMENTATEURS.

NOUVELLE ÉDITION
ORNÉE DE QUARANTE-DEUX VIGNETTES,
GRAVÉES PAR NOS PLUS HABILES ARTISTES,

D'APRÈS LES DESSINS DE DEVÉRIA.

CORRESPONDANCE.
TOME IV.

A PARIS,
CHEZ DALIBON, LIBRAIRE
DE S. A. R. MONSEIGNEUR LE DUC DE NEMOURS,
RUE HAUTEFEUILLE, N°. 10.

M DCCC XXVI.

ŒUVRES
COMPLÈTES
DE
J. J. ROUSSEAU.

TOME XXIII.

PARIS. — IMPRIMERIE DE G. DOYEN,
RUE SAINT-JACQUES, N. 38.

CORRESPONDANCE.

CORRESPONDANCE.

QUATRIÈME PARTIE.

DEPUIS LE 1ᵉʳ JANVIER 1765 JUSQU'AU 9 AOUT 1766.

LETTRE DXXXV.

A M. DUCHESNE, LIBRAIRE A PARIS.

Motiers, le 6 janvier 1765.

Je vous envoie, monsieur, une pièce imprimée et publiée à Genève[1], et que je vous prie d'imprimer et publier à Paris, pour mettre le public en état d'entendre les deux parties, en attendant les autres réponses plus foudroyantes qu'on prépare à Genève contre moi. Celle-ci est de M. Vernes, si toutefois je ne me trompe; il ne faut qu'attendre pour s'en éclaircir : car, s'il en est l'auteur, il ne manquera pas de la reconnoître hautement, selon le devoir d'un homme d'honneur et d'un bon chrétien; s'il ne l'est pas, il la désavouera de même, et le public saura bientôt à quoi s'en tenir.

---

[1] Le libelle intitulé *Sentiment des citoyens.* Voyez les *Confessions*, livre XII.

Je vous connois trop, monsieur, pour croire que vous voulussiez imprimer une pièce pareille, si elle vous venoit d'une autre main; mais, puisquu c'est moi qui vous en prie, vous ne devez vous en faire aucun scrupule.

N. B. En faisant lui-même réimprimer ce libelle à Paris, Rousseau y a joint quelques notes que nous allons reproduire, en les faisant précéder des passages du libelle auxquels chacune d'elles se rapporte.

« Lorsqu'il mêla l'irréligion à ses romans, nos
« magistrats furent indispensablement obligés d'i-
« miter ceux de Paris et de Berne [1], dont les uns
« le décrétèrent et les autres le chassèrent. »

[1] Je ne fus chassé du canton de Berne qu'un mois après le décret de Genève.

« *Figurons-nous*, ajoute-t-il, *une ame infer-*
« *nale analysant ainsi l'Évangile.* Eh! qui l'a
« jamais ainsi analysé? où est cette ame infer-
« nale [2]? »

[2] Il paroit que l'auteur de cette pièce pourroit mieux répondre que personne à sa question. Je prie le lecteur de ne pas manquer de consulter, dans l'endroit qu'il cite, ce qui précède et ce qui suit.

« Considérons qui les traite ainsi (nos pasteurs):
« est-ce un savant... est-ce un homme de bien...?
« Nous avouons avec douleur et en rougissant que

« c'est un homme qui porte encore les marques
« funestes de ses débauches ; et qui, déguisé en
« saltimbanque, traîne avec lui, de village en vil-
« lage, la malheureuse dont il fit mourir la mère,
« et dont il a exposé les enfants à la porte d'un
« hôpital, en rejetant les soins qu'une personne
« charitable vouloit avoir d'eux, et en abjurant
« tous les sentiments de la nature, comme il dé-
« pouille ceux de l'honneur et de la religion[1]. »

[1] Je veux faire avec simplicité la déclaration que semble exiger de moi cet article. Jamais aucune maladie, de celles dont parle ici l'auteur, ni petite, ni grande, n'a souillé mon corps. Celle dont je suis affligé n'y a pas le moindre rapport ; elle est née avec moi, comme le savent les personnes encore vivantes qui ont pris soin de mon enfance. Cette maladie est connue de MM. Malouin, Morand, Thiéry, Daran, et du frère Côme. S'il s'y trouve la moindre marque de débauche, je les prie de me confondre et de me faire honte de ma devise. La personne sage et généralement estimée qui me soigne dans mes maux et me console dans mes afflictions n'est malheureuse que parce qu'elle partage le sort d'un homme fort malheureux ; sa mère est actuellement pleine de vie et en bonne santé, malgré sa vieillesse. Je n'ai jamais exposé ni fait exposer aucun enfant à la porte d'aucun hôpital ni ailleurs. Une personne qui auroit eu la charité dont on parle auroit eu celle d'en garder le secret ; et chacun sent que ce n'est pas de Genève, où je n'ai point vécu, et d'où tant d'animosité se répand contre moi, qu'on doit attendre des informations fidèles sur ma conduite. Je n'ajouterai rien sur ce passage, sinon qu'au meurtre près, j'aimerois mieux avoir fait ce dont son auteur m'accuse, que d'en avoir écrit un pareil.

« C'est donc là celui qui parle des devoirs de
« la société ! Certes il ne remplit pas ces devoirs
« quand, dans le même libelle, trahissant la con-

« fiance d'un ami[1], il fait imprimer une de ses
« lettres, pour brouiller ensemble trois pasteurs.
« C'est ici qu'on peut dire... de ce même écrivain,
« auteur d'un roman d'éducation, que, pour éle-
« ver un jeune homme, il faut commencer par
« avoir été bien élevé[2]. »

[1] Je crois devoir avertir le public que le théologien qui a écrit la lettre dont j'ai donné un extrait n'est ni ne fut jamais mon ami, que je ne l'ai vu qu'une fois en ma vie, et qu'il n'a pas la moindre chose à démêler, ni en bien ni en mal, avec les ministres de Genève. Cet avertissement m'a paru nécessaire pour prévenir les téméraires applications.

[2] Tout le monde accordera, je pense, à l'auteur de cette pièce, que lui et moi n'avons pas plus eu la même éducation que nous n'avons la même religion.

« Pourquoi réveille-t-il nos anciennes querelles?
« Veut-il que nous nous égorgions[3] parce qu'on a
« brûlé un mauvais livre à Paris et à Genève? »

[3] On peut voir dans ma conduite les douloureux sacrifices que j'ai faits pour ne pas troubler la paix de ma patrie, et, dans mon ouvrage, avec quelle force j'exhorte les citoyens à ne la troubler jamais, à quelque extrémité qu'on les réduise.

LETTRE DXXXVI.

A M. ***

Au sujet d'un Mémoire en faveur des protestants, que l'on devoit adresser aux évêques de France.

... 1765.

La lettre, monsieur, et le mémoire de M.***, que vous m'avez envoyés, confirment bien l'estime et le respect que j'avois pour leur auteur. Il y a dans ce mémoire des choses qui sont tout-à-fait bien; cependant il me paroît que le plan et l'exécution demanderoient une refonte conforme aux excellentes observations contenues dans votre lettre. L'idée d'adresser un mémoire aux évêques n'a pas tant pour but de les persuader eux-mêmes que de persuader indirectement la cour et le clergé catholique, qui seront plus portés à donner au corps épiscopal le tort dont on ne les chargera pas eux-mêmes. D'où il doit arriver que les évêques auront honte d'élever des oppositions à la tolérance des protestants, ou que, s'ils font ces oppositions, ils attireront contre eux la clameur publique et peut-être les rebuffades de la cour.

Sur cette idée, il paroît qu'il ne s'agit pas tant, comme vous le dites très-bien, d'explications sur la doctrine, qui sont assez connues et ont été données mille fois, que d'une exposition politique et adroite de l'utilité dont les protestants sont à la France; à quoi l'on peut ajouter la bonne remarque de M.***, sur l'impossibilité reconnue de les réunir à l'Église, et par conséquent sur l'inutilité de les opprimer, oppression qui, ne pouvant les détruire, ne peut servir qu'à les aliéner.

En prenant les évêques, qui, pour la plupart, sont des plus grandes maisons du royaume, du côté des avantages de leur naissance et de leurs places, on peut leur montrer avec force combien ils doivent être attachés au bien de l'état à proportion du bien dont ils les comble, et des priviléges qu'il leur accorde; combien il seroit horrible à eux de préférer leur intérêt et leur ambition particulière au bien général d'une société dont ils sont les principaux membres; on peut leur prouver que leurs devoirs de citoyens, loin d'être opposés à ceux de leur ministère, en reçoivent de nouvelles forces; que l'humanité, la religion, la patrie, leur prescrivent la même conduite et la même obligation de protéger leurs malheureux frères opprimés, plutôt que de les poursuivre. Il y a mille choses vives et saillantes à dire là-dessus, en leur faisant honte, d'un côté, de leurs maximes barbares, sans pourtant les leur reprocher; et de l'autre, en excitant contre eux l'indignation du ministère et des autres ordres du royaume, sans pourtant paroître y tâcher.

Je suis, monsieur, si pressé, si accablé, si surchargé de lettres, que je ne puis vous jeter ici quelques idées qu'avec la plus grande rapidité. Je voudrois pouvoir entreprendre ce mémoire, mais cela m'est absolument impossible, et j'en ai bien du regret; car, outre le plaisir de bien faire, j'y trouverois un des plus beaux sujets qui puissent honorer la plume d'un auteur. Cet ouvrage peut être un chef-d'œuvre de politique et d'éloquence, pourvu qu'on y mette le temps; mais je ne crois pas qu'il puisse être bien traité par un théologien. Je vous salue, monsieur, de tout mon cœur.

LETTRE DXXXVII.

A M. SÉGUIER DE SAINT-BRISSON.

Motiers, janvier 1765.

J'ai reçu, monsieur, votre lettre du 27 décembre; j'ai aussi lu *Ariste* et *Philopenès*. Malgré le plaisir que m'ont fait l'un et l'autre, je ne me repens point du mal que je vous ai dit du premier; et ne doutez pas que je ne vous en eusse dit du second, si vous m'eussiez consulté. Mon cher Saint-Brisson, je ne vous dirai jamais assez avec quelle douleur je vous vois entrer dans une carrière couverte de fleurs et semée d'abîmes, où l'on ne peut éviter de se corrompre ou de se perdre, où l'on devient malheureux ou méchant à mesure qu'on avance, et très-souvent l'un et l'autre avant d'arriver. Le métier d'auteur n'est bon que pour qui veut servir les passions des gens qui mènent les autres; mais pour qui veut sincèrement le bien de l'humanité, c'est un métier funeste. Aurez-vous plus de zèle que moi pour la justice, pour la vérité, pour tout ce qui est honnête et bon? aurez-vous des sentiments plus désintéressés, une religion plus douce, plus tolérante, plus pure, plus sensée? aspirerez-vous à moins de choses? suivrez-vous une route plus solitaire? irez-vous sur le chemin de moins de gens? choquerez-vous moins de rivaux et de concurrents? éviterez-vous avec plus de soin de croiser les intérêts de personne? Et toutefois vous voyez; je ne sais comment il existe dans le monde un seul honnête homme à qui mon exemple ne fasse pas tomber la plume des mains. Faites du bien, mon cher Saint-Brisson, mais non pas des livres; loin de corriger les méchants, ils ne font que les aigrir. Le meilleur livre fait très-peu de bien aux hommes et beaucoup de mal à son auteur. Je vous ai déjà vu aux champs pour une brochure qui n'étoit pas même fort malhonnête; à quoi devez-vous vous attendre si ces choses vous blessent déjà!

Comment pouvez-vous croire que je veuille passer en Corse, sachant que les troupes françoises y sont? Jugez-vous que je n'aie pas assez de mes malheurs, sans en aller chercher d'autres? Non, monsieur, dans l'accablement où je suis, j'ai besoin de reprendre haleine; j'ai besoin d'aller plus loin de Genève chercher quelques moments de repos; car on ne m'en laissera nulle part un long sur la terre, je ne puis plus l'espérer que dans son sein. J'ignore encore de quel côté j'irai: il ne m'en reste plus guère à choisir. Je voudrois, chemin faisant, me chercher quelque retraite fixe, pour m'y transplanter tout-à-fait, où l'on eût l'humanité de me recevoir, et de me laisser mourir en paix. Mais où la trouver parmi les chrétiens? La Turquie est trop loin d'ici.

Ne doutez pas, cher Saint-Brisson, qu'il ne me fût fort doux de vous avoir pour compagnon de voyage, pour consolateur, et pour garde-malade; mais j'ai contre ce même voyage de grandes objections par rapport à vous. Premièrement, ôtez-vous de l'esprit de me consulter sur rien, et de trouver dans mon entretien la moindre ressource contre l'ennui. L'étourdissement où me jettent des agitations sans relâche m'a rendu stupide; ma tête est en léthargie, mon cœur même est mort; je ne sens ni ne pense plus. Il me reste un seul plaisir dans la vie; j'aime encore à marcher, mais en marchant je ne rêve pas même; j'ai les sensations des objets qui me frappent, et rien de plus: je voulois essayer d'un peu de botanique pour m'assurer du moins à reconnoître en chemin quelques plantes ; mais ma mémoire est absolument éteinte ; elle ne peut pas même aller jusque-là. Imaginez le plaisir de voyager avec un pareil automate.

Ce n'est pas tout. Je sens le mauvais effet que votre voyage ici fera pour vous-même. Vous n'êtes déjà pas trop bien auprès des dévots ; voulez-vous achever de vous perdre ? Vos compatriotes mêmes, en général, ne vous pardonnent pas de me connoître, comment vous pardonneroient-ils de m'aimer ? Je suis très-fâché que vous m'ayez nommé à le tête de votre *Ariste :* ne faites plus pareille sottise, ou je me brouille avec vous tout de bon. Dites-moi surtout de quel œil vous croyez que votre famille verra ce voyage : madame votre mère en frémira ; je frémis moi-même à penser aux funestes effets qu'il peut produire auprès de vos proches. Et vous voulez que je vous laisse faire ! C'est vouloir que je sois le dernier des hommes. Non, monsieur, obtenez l'agrément de madame votre mère, et venez. Je vous embrasse avec la plus grande joie ; mais sans cela n'en parlons plus.

LETTRE DXXXVIII.

A M. MOULTOU.

Motiers, le 7 janvier 1765.

Il étoit bien cruel, monsieur, que chacun de nous désirant si fort conserver l'amitié de l'autre crût également l'avoir perdue. Je me souviens très-bien, moi qui suis si peu exact à écrire, de vous avoir écrit le dernier. Votre silence obstiné me navra l'ame, et me fit croire que ceux qui vouloient vous détacher de moi avoient réussi ; cependant, même dans cette supposition, je plaignois votre foiblesse sans accuser votre cœur ; et mes plaintes, peut-être indiscrètes, prouvoient, mieux que n'eût fait mon silence, l'amertume de ma douleur. Que pouvoit-faire de plus un homme qui ne s'est jamais départi de ces deux maximes, et ne s'en veut jamais départir, l'une de ne jamais rechercher personne, l'autre de ne point courir après ceux qui s'en vont ? Votre retraite m'a déchiré : si vous revenez sincèrement, votre retour me rendra la vie. Malheureusement je trouve dans votre lettre plus d'éloges que de sentiments. Je n'ai que faire de vos louanges, et je donnerois mon sang pour votre amitié.

Quant à mon dernier écrit, loin de l'avoir fait

par animosité, je ne l'ai fait qu'avec la plus grande répugnance, et vivement sollicité : c'est un devoir que j'ai rempli sans m'y complaire : mais je n'ai qu'un ton ; tant pis pour ceux qui me forcent de le prendre, car je n'en changerai sûrement pas pour eux. Du reste, ne craignez rien de l'effet de mon livre, il ne fera du mal qu'à moi. Je connois mieux que vous la bourgeoisie de Genève ; elle n'ira pas plus loin qu'il ne faut, je vous en réponds.

« Hi motus animorum atque hæc certamina tanta
« Pulveris exigui jactu compressa quiescent. »

Moultou, je n'aime à vous voir ni ministre ni citoyen de Genève. Dans l'état où sont les mœurs, les goûts, les esprits dans cette ville, vous n'êtes pas fait pour l'habiter. Si cette déclaration vous fâche encore, ne nous raccommodons pas, car je ne cesserai point de vous la faire. Le plus mauvais parti qu'un homme de votre portée puisse prendre est celui de se partager. Il faut être tout-à-fait comme les autres, ou tout-à-fait comme soi. Pensez-y. Je vous embrasse.

Saluez de ma part votre vénérable père.

LETTRE DXXXIX.

A M. D'IVERNOIS.

Motiers, le 7 janvier 1765.

J'ai reçu, monsieur, avec vos dernières lettres, comprise celle du 5, la réponse aux *Lettres écrites de la campagne*. Cet ouvrage est excellent, et doit être en tout temps le manuel des citoyens. Voilà, monsieur, le ton respectueux, mais ferme et noble, qu'il faut toujours prendre, au lieu du ton craintif et rampant dont on n'osoit sortir autrefois, mais il ne faut jamais passer au-delà. Vos magistrats n'étant plus mes supérieurs, je puis, vis-à-vis d'eux, prendre un ton qu'il ne vous conviendroit pas d'imiter.

Je vous remercie derechef des soins sans nombre que vous avez bien voulu prendre pour mes petites commissions, mais qui sont grandes par la peine continuelle qu'elles vous donnent; car il semble, à votre activité, que vous ne pouvez être occupé que de moi. Vos soins obligeants, monsieur, peuvent m'être aussi utiles que votre amitié me sera précieuse; et, lorsque vous voudrez bien observer nos conditions, une fois à mon aise de ce côté, bien sûr de vos bontés, je n'épargnerai point vos peines.

Je n'ai point encore donné le louis de votre part à ma pauvre voisine : premièrement, parce que, sa santé étant passable à présent, elle n'est pas absolument sous la condition que vous y avez mise; et, en second lieu, parce que vous exigez de n'être pas nommé, condition que je ne puis admettre, parce que ce seroit faire présumer à ces bonnes gens que cette libéralité vient de moi, et que je me cache par modestie, idée à laquelle il ne me convient pas de donner lieu.

Bien des remerciements à M. Deluc fils de sa bonne volonté. Je ne vous cacherai pas que l'optique me seroit fort agréable; mais, premièrement, je ne consentirai point que M. Deluc, déjà si chargé d'autres occupations, s'en donne la peine lui-même, et je crains que cette fantaisie ne coûte plus d'argent que je n'y en puis mettre pour le présent. Mais il m'a promis de me pourvoir d'un microscope; peut-être même en faudroit-il deux. Il en sait l'usage, il décidera. Je serois bien aise aussi d'avoir, en couleurs bien pures, un peu d'outremer et de carmin, du vert de vessie, et de la gomme arabique.

Il est très à désirer que la fermentation causée par les derniers écrits n'ait rien de tumultueux. Si les Génevois sont sages, ils se réuniront, mais paisiblement; ils ne se livreront à aucune impétuosité, et ne feront aucune démarche brusque. Il est vrai que la longueur du temps est contre eux; car on travaillera fortement à les désunir, et tôt ou tard on réussira. La combinaison des droits, des préjugés, des circonstances, exige dans les démarches autant de sagesse que de fermeté. Il est des moments qui ne reviennent plus quand on les néglige; mais il faut autant de pénétration pour les connoître que d'adresse à les saisir. N'y auroit-il pas moyen de réveiller un peu le Deux-cents? S'il ne voit pas ici son intérêt, ses membres ne sont que des cruches. Mais tenez-vous sûrs qu'on vous tendra des pièges, et craignez les faux frères. Profitez du zèle apparent de M. Ch., mais ne vous y fiez pas, je vous le répète. Ne comptez point non plus sur l'homme dont vous m'avez envoyé une réponse. S'il faut agir, que ce soit plus loin. Du reste, je commence à penser que si l'on se conduit bien, cette ressource hasardeuse ne sera pas nécessaire.

Vous voulez une inscription sur votre exemplaire. Mes bons Saint-Gervaisiens en ont mis une qui se rapporte à l'ouvrage : en voici une autre qui se rapporte à l'auteur : *Alto quæsivit cœlo lucem, ingemuitque repertâ.*

Je suis fâché de vous donner du latin; mais le françois ne vaut rien pour ce genre; il est mou, il est mort, il n'a pas plus de nerf que de vie.

Mille remerciements, je vous prie, à madame d'Ivernois, pour la bonté qu'elle a eue de présider à l'achat pour mademoiselle Le Vasseur. Son goût se montre dans ses emplettes comme son esprit dans ses lettres. Je vous embrasse de tout mon cœur.

Voici une lettre pour M. Moultou : la sienne m'a fait le plus grand plaisir, et mon cœur en avoit besoin.

Je m'aperçois que l'inscription ci-dessus est beaucoup trop longue pour l'usage que vous en voulez faire. En voici une de l'invention de M. Moultou, qui dit à peu près la même chose en moins de mots : *Luget et monet.*

J'oubliois de vous dire que le premier de ce mois messieurs de Couvet me firent prier, par une députation, de vouloir bien agréer la bourgeoisie de leur communauté; ce que je fis avec reconnoissance; et le lendemain, un des gouverneurs avec le secrétaire m'apportèrent des lettres conçues en termes très-obligeants et très-honorables, et dans le cartouche desquelles, dessiné en miniature, ils avoient eu l'attention de mettre ma devise. Je leur dis, car je ne veux rien vous taire, que je me tenois plus libre, sujet d'un roi juste, et plus honoré d'être membre d'une communauté où régnoient l'égalité et la concorde, que citoyen d'une république où les lois n'étoient qu'un mot, et la liberté qu'un leurre. Il est dit dans les lettres que la délibération a été unanime aux suffrages de cent vingt-cinq voix.

Hier l'abbaye de l'arquebuse de Couvet me fit offrir le même honneur, et je l'acceptai de même.

Vous savez que je suis déjà de celle de Motiers. Je vous avoue que je suis plus flatté de ces marques de bienveillance, après un assez long séjour dans le pays pour que ma conduite et mes mœurs y fussent connues, que si elles m'eussent été prodiguées d'abord en y arrivant.

LETTRE DXL.

A M. DE GAUFFECOURT.

Motiers-Travers, le 12 janvier 1765.

Je suis bien aise, mon cher papa, que vous puissiez envisager, dans la sérénité de votre paisible apathie, les agitations et les traverses de ma vie, et que vous ne laissiez pas de prendre aux soupirs qu'elles m'arrachent un intérêt digne de notre ancienne amitié.

Je voudrois encore plus que vous que le *moi* parût moins dans les *Lettres écrites de la montagne*, mais sans le *moi* ces lettres n'auroient point existé. Quand on fit expirer le malheureux Calas sur la roue, il lui étoit difficile d'oublier qu'il étoit là.

Vous doutez qu'on permette une réponse. Vous vous trompez, ils répondront par des libelles diffamatoires : c'est ce que j'attends pour achever de les écraser. Que je suis heureux qu'on ne se soit pas avisé de me prendre par des caresses! j'étois perdu, je sens que je n'aurois jamais résisté. Grâce au ciel, on ne m'a pas gâté de ce côté-là, et je me sens inébranlable par celui qu'on a choisi. Ces gens-là feront tant qu'ils me rendront grand et illustre, au lieu que naturellement je ne devois être qu'un petit garçon. Tout ceci n'est pas fini : vous verrez la suite, et vous sentirez, je l'espère, que les outrages et les libelles n'auront pas avili votre ami. Mes salutations, je vous prie, à M. de Quinsonas : les deux lignes qu'il a jointes à votre lettre me sont précieuses; son amitié me paroît désirable, et il seroit bien doux de la former par un médiateur tel que vous.

Je vous prie de faire dire à M. Bourgeois que je n'oublie point sa lettre, mais que j'attends pour y répondre d'avoir quelque chose de positif à lui marquer. Je suis fâché de ne pas savoir son adresse.

Bonjour, bon papa; parlez-moi de temps en temps de votre santé et de votre amitié. Je vous embrasse de tout mon cœur.

P. S. Il paroît à Genève une espèce de désir de se rapprocher de part et d'autre. Plût à Dieu que ce désir fût sincère d'un côté, et que j'eusse la joie de voir finit des divisions dont je suis la cause innocente! Plût à Dieu que je pusse contribuer moi-même à cette bonne œuvre par toutes les déférences et satisfactions que l'honneur peut me permettre! Je n'aurois rien fait de ma vie d'aussi bon cœur, et dès ce moment je me tairois pour jamais.

LETTRE DXLI.

A M. DUCLOS.

A Motiers, le 13 janvier 1765.

J'attendois, mon cher ami, pour vous remercier de votre présent, que j'eusse eu le plaisir de lire cette nouvelle édition, et de la comparer avec la précédente; mais la situation violente où me jette la fureur de mes ennemis ne me laisse pas un moment de relâche; et il faut renvoyer les plaisirs à des moments plus heureux, s'il m'est encore permis d'en attendre. Votre portrait n'avoit pas besoin de la circonstance pour me causer de l'émotion; mais il est vrai qu'elle en a été plus vive par la comparaison de mes misères présentes avec les temps où j'avois le bonheur de vous voir tous les jours. Je voudrois bien que vous me fissiez l'amitié de m'en donner une seconde épreuve pour mon portefeuille. Les vrais amis sont trop rares pour qu'en effet la planche ne restât pas long-temps neuve, si vous n'en donniez qu'une épreuve à chacun des vôtres; mais j'ose ici dire, au nom de tous, qu'ils sont bien dignes que vous l'usiez pour eux.

Quoique je sache que vous n'êtes point fait pour en perdre, je suis peu surpris que vous ayez à vous plaindre de ceux avec lesquels j'ai été forcé de rompre. Je sens que quiconque est un faux ami pour moi n'en peut être un vrai pour personne.

Ils travaillent beaucoup à me faciliter l'entreprise d'écrire ma vie que vous m'exhortez de reprendre. Il vient de paroître à Genève un libelle effroyable, pour lequel la dame d'Épinay a fourni des mémoires à sa manière, lesquels me mettent déjà fort à mon aise vis-à-vis d'elle et de ce qui l'entoure. Dieu me préserve toutefois de l'imiter, même en me défendant! Mais, sans révéler les secrets qu'elle m'a confiés, il m'en reste assez de ceux que je ne tiens pas d'elle pour la faire connoître autant qu'il est nécessaire en ce qui se rapporte à moi. Elle ne me croit pas si bien instruit; mais, puisqu'elle m'y force, elle apprendra quelque jour combien j'ai été discret. Je vous avoue cependant que j'ai peine encore à vaincre ma répugnance, et je prendrai du moins mes mesures pour que rien ne paroisse de mon vivant. Mais j'ai beaucoup à dire, et je dirai tout; je n'omettrai pas une de mes fautes, pas même une de mes mauvaises pensées. Je me peindrai tel que je suis : le mal offusquera presque toujours le bien; et, malgré cela, j'ai peine à croire qu'aucun de mes lecteurs ose se dire : Je suis meilleur que ne fut cet homme-là.

Cher ami, j'ai le cœur oppressé, j'ai les yeux gonflés de larmes; jamais être humain n'éprouva tant de maux à la fois. Je me tais, je souffre, et j'étouffe. Que ne suis-je auprès de vous ! du moins je respirerois. Je vous embrasse.

LETTRE DXLII.

A M. D'IVERNOIS.

Motiers, 17 janvier 1765.

Votre lettre, monsieur, du 9 de ce mois, ne m'est parvenue qu'hier, et très-certainement elle avoit été ouverte.

Il me semble que je ne serois pas de votre avis sur la question de porter ou de ne pas porter au conseil général les griefs de la bourgeoisie, puisqu'en supposant de la part du petit conseil le refus de la satisfaire sur ces griefs, il n'y a nul autre moyen de prouver qu'il y est obligé : car enfin de ce que des particuliers se plaignent, il ne s'ensuit pas qu'ils aient raison de se plaindre; et de ce qu'ils disent que la loi a été violée, il ne s'ensuit pas que cela soit vrai, surtout quand le conseil n'en convient pas. Je vois ici deux parties, savoir, les représentants et le petit conseil. Qui sera juge entre les deux ?

D'ailleurs la grande affaire en cette occasion est d'annuler le prétendu droit négatif dans sa partie qui n'est pas légitime ; et rien n'est plus important pour constater cette nullité que l'appel au conseil général. Le fait seul de cette assemblée donneroit aux représentants gain de cause, quand même leurs griefs n'y seroient pas adoptés.

Je conviens que par la diminution du nombre cette souveraine assemblée perdra peu à peu son autorité ; mais cet inconvénient, peut-être inévitable, est encore éloigné, et il est bien plus grand en renonçant dès à présent aux conseils généraux. Il est certain que votre gouvernement tend rapidement à l'aristocratie héréditaire, mais il ne s'ensuit pas qu'on doive abandonner dès à présent un bon remède, et surtout s'il est unique, seulement parce qu'on prévoit qu'il perdra sa force un jour. Mille incidents peuvent d'ailleurs retarder ce progrès encore ; mais si le petit conseil demeure seul juge de vos griefs, en tout état de cause vous êtes perdus.

La question me paroît bien établie dans ma huitième lettre. On se plaint que la loi est transgressée. Si le conseil convient de cette transgression et la répare, tout est dit, et vous n'avez rien à demander de plus; mais s'il n'en convient pas, ou refuse de la réparer, que vous reste-t-il à demander pour l'y contraindre? Un conseil général.

L'idée de faire une déclaration sommaire des griefs est excellente; mais il faut éviter de la faire d'une manière trop dure, qui mette le conseil trop au pied du mur. Demander que le jugement contre moi soit révoqué, c'est demander une chose insupportable pour eux, et aussi parfaitement inutile pour vous que pour moi. Il n'est pas même sûr que l'affirmative passât au conseil général; et ce seroit m'exposer à un nouvel affront encore plus solennel. Mais demander si l'article 88 de l'ordonnance ecclésiastique ne s'applique pas aux auteurs des livres ainsi qu'à ceux qui dogmatisent de vive voix, c'est exiger une décision très-raisonnable, qui dans le droit aura la même force, en supposant l'affirmative, que si la procédure étoit annulée, mais qui sauve le conseil de l'affront de l'annuler ouvertement. Sauvez à vos magistrats des rétractations humiliantes, et prévenez les interprétations arbitraires pour l'avenir. Il y a cependant des points sur lesquels on doit exiger les déclarations les plus expresses; tels sont les tribunaux sans syndics, tels sont les emprisonnements faits d'office, etc. Laissez là, messieurs, le petit point d'honneur, et allez au solide. Voilà mon avis.

J'ai reçu les couleurs et le microscope; mille remerciements, et à M. Deluc. N'oubliez pas, je vous supplie, de tenir une note exacte de tout. Dans celle que vous m'avez envoyée vous avez oublié la flanelle; je vous prie de réparer cette omission.

J'ai fait donner le louis à ma voisine. Digne homme, que les bénédictions du ciel sur vous et sur votre famille augmentent de jour en jour une fortune dont vous faites un si noble usage!

Le messager doit partir la semaine prochaine. Je voudrois que vous attendissiez les occasions de vous servir de lui plutôt que d'importuner incessamment M. le trésorier pour tant de petits articles qui ne pressent point du tout, et dont l'expédition lui donne encore plus d'incommodité qu'à moi d'avantage.

Ne faites rien mettre dans la gazette. Le gazetier, vendu à mes ennemis, altéreroit infailliblement votre article, ou l'empoisonneroit dans quelque autre. D'ailleurs à quoi bon? Que ne suis-je oublié du genre humain! que ne puis-je, aux dépens de cette petite gloriole, qui ne me flatta de ma vie, jouir du repos que j'idolâtre, de cette paix si chère à mon cœur, et qu'on ne goûte que dans l'obscurité! Oh! si je puis faire une fois mes derniers adieux au public!... Mais peut-être avant cet heureux moment faut-il les faire à la vie. La volonté de Dieu soit faite. Je vous embrasse tendrement.

Je vous prie de vouloir bien donner cours à cette lettre pour Chambéry. Je ne puis faire la procuration que vous demandez que dans la belle saison, voulant qu'elle soit légalisée à Yverdun ou à Neuchâtel, par des raisons que je vous expliquerai et qui n'ont aucun rapport à la chose.

~~~~~~~~~~~~~~~~~~~~~~~~~~~~~~~~~~~

LETTRE DXLIII.

A M. PICTET.

Motiers, le 19 janvier 1765.

Vous auriez toujours, monsieur, des réponses bien promptes, si ma diligence à les faire étoit proportionnée au plaisir que je reçois de vos lettres : mais il me semble que, par égard pour ma triste situation, vous m'avez promis sur cet article une indulgence dont assurément mon cœur n'a pas besoin, mais que les tracas des faux empressés, et l'indolence de mon état, me rendent chaque jour plus nécessaire. Rappelez-vous donc quelquefois, je vous supplie, les sentiments que je vous ai voués, et ne concluez rien de mon silence contre mes déclarations.

Vous aurez pu comprendre aisément, monsieur, à la lecture des *Lettres de la montagne*, combien elles ont été écrites à contre-cœur. Je n'ai jamais rempli devoir avec plus de répugnance que celui qui m'imposoit cette tâche; mais enfin c'en étoit un tant envers moi qu'envers ceux qui s'étoient compromis en prenant ma défense. J'aurois pu, j'en conviens, le remplir sur un autre ton; mais je n'en ai qu'un; ceux qui ne l'aiment pas ne devoient pas me forcer à le prendre. Puisqu'ils s'étudient à m'obliger de leur dire leurs vérités, il faut bien user du droit qu'ils me donnent. Que je suis heureux qu'ils ne se soient pas avisés de me gâter par des caresses! Je sens bien mon cœur; j'étois perdu s'ils m'avoient pris de ce côté-là; mais je me crois à l'épreuve par celui qu'ils ont préféré.

Ce que j'ai dit est si simple, que vous ne pouvez m'en savoir aucun gré; mais vous pouvez m'en savoir un peu de ce que je n'ai pas osé dire, et vous n'ignorez pas la raison qui m'a rendu discret.

Puisque vous avez cependant, monsieur, le courage d'avouer dans ces circonstances l'amitié dont vous m'honorez, je m'en honore trop moi-même pour ne pas vous prendre au mot. Jusqu'ici je n'ai point indiscrètement parlé de notre correspondance, et je n'ai laissé voir aucune de vos lettres; mais, par la permission que vous m'en donnez, j'ai montré la dernière. Par les talents qu'elle annonce, elle mérite à son auteur la célébrité; mais elle la lui mérite encore à meilleur titre par les vertus qui s'y font sentir.

LETTRE DXLIV.

A M. DU PEYROU.

Motiers, le 24 janvier 1765.

Je vous avoue que je ne vois qu'avec effroi l'engagement[1] que je vais prendre avec la compagnie en question si l'affaire se consomme ; ainsi quand elle manqueroit, j'en serois très-peu puni. Cependant, comme j'y trouverois des avantages solides, et une commodité très-grande pour l'exécution d'une entreprise que j'ai à cœur, que d'ailleurs je ne veux pas répondre malhonnêtement aux avances de ces messieurs, je désire, si l'entreprise se rompt, que ce ne soit pas par ma faute. Du reste, quoique je trouve les demandes que vous avez faites en mon nom un peu fortes, je suis fort d'avis, puisqu'elles sont faites, qu'il n'en soit rien rabattu.

Je vous reconnois bien, monsieur, dans l'arrangement que vous me proposez au défaut de celui-là ; mais, quoique j'en sois pénétré de reconnoissance, je me reconnoîtrois peu moi-même si je pouvois l'accepter sur ce pied-là : toutefois j'y vois une ouverture pour sortir, avec votre aide, d'un furieux embarras où je suis. Car, dans l'état précaire où sont ma santé et ma vie, je mourrois

---

[1] * Pour une édition générale de ses ouvrages.

dans une perplexité bien cruelle en songeant que je laisse mes papiers, mes effets, et ma gouvernante, à la merci d'un inconnu. Il y aura bien du malheur si l'intérêt que vous voulez bien prendre à moi, et la confiance que j'ai en vous, ne nous amènent pas à quelque arrangement qui contente votre cœur sans faire souffrir le mien. Quand vous serez une fois mon dépositaire universel, je serai tranquille; et il me semble que le repos de mes jours m'en sera plus doux quand je vous en serai redevable. Je voudrois seulement qu'au préalable nous puissions faire une connoissance encore plus intime. J'ai des projets de voyage pour cet été. Ne pourrions-nous en faire quelqu'un ensemble? Votre bâtiment vous occupera-t-il si fort que vous ne puissiez le quitter quelques semaines, même quelques mois, si le cas y échoit? Mon cher monsieur, il faut commencer par beaucoup se connoître pour savoir bien ce qu'on fait quand on se lie. Je m'attendris à penser qu'après une vie si malheureuse peut-être trouverai-je encore des jours sereins près de vous, et peut-être une chaîne de traverses m'a-t-elle conduit à l'homme que la Providence appelle à me fermer les yeux. Au reste, je vous parle de mes voyages parce qu'à force d'habitude les déplacements sont devenus pour moi des besoins. Durant toute la belle saison, il m'est impossible de rester plus de deux ou trois jours en place sans me contraindre et sans souffrir.

LETTRE DXLV.

A M. LE COMTE DE B.

Motiers, le 26 janvier 1765.

Je suis pénétré, monsieur, des témoignages d'estime et de confiance dont vous m'honorez : mais, comme vous dites fort bien, laissons les compliments, et, s'il est possible, allons à l'utile.

Je ne crois pas que ce que vous désirez de moi se puisse exécuter avec succès d'emblée dans une seule lettre, que madame la comtesse sentira d'abord être votre ouvrage. Il vaut mieux, ce me semble, puisque vous m'assurez qu'elle est portée à bien penser de moi, que je fasse avec elle les avances d'une correspondance qui fera naître aisément les sujets dont il s'agit, et sur lesquels je pourrai lui présenter mes réflexions de moi-même à mesure qu'elle m'en fournira l'occasion. Car il arrivera de deux choses l'une : ou, m'accordant quelque confiance, elle épanchera quelquefois son honnête et vertueux cœur en m'écrivant, et alors la liberté que je prendrai de lui dire mon sentiment, autorisée par elle-même, ne pourra lui déplaire, ou elle restera dans une réserve qui doit me servir de règle, et alors, n'ayant point l'honneur d'être connu d'elle, de quel droit m'ingérer à lui donner des leçons? La lettre ci-jointe est écrite dans cette vue, et prépare les matières dont nous aurons à traiter si ce texte lui agrée. Disposez de cette lettre, je vous supplie, pour la donner ou la supprimer, selon qu'il vous paroîtra plus convenable.

En vérité, monsieur, je suis enchanté de vous et de votre digne épouse. Qu'aimable et tendre doit être un mari qui peint sa femme sous des traits si charmants! Elle peut vous aimer trop pour votre repos, mais jamais trop pour votre mérite, ni vous l'aimer jamais assez pour le sien. Je ne connois rien de plus intéressant que le tableau de votre union, et tracé par vous-même. Toutefois voyez que, sans y songer, vous n'ayez donné peut-être à sa délicatesse quelque raison particulière de craindre votre éloignement. Monsieur, les cœurs sensibles sont faciles à blesser; tout les alarme, et ils sont d'un si grand prix qu'ils valent bien les peines qu'on prend à les contenter. Les soins amoureux de nouveaux époux bientôt se relâchent; les témoignages d'un attachement durable fondé sur l'estime et sur la vertu sont moins frivoles et font plus d'effet. Laissez à votre femme le plaisir de sacrifier quelquefois ses goûts aux vôtres; mais qu'elle voie toujours que vous cherchez votre bonheur dans le sien, et que vous la distinguez des autres femmes par des sentimens à l'épreuve du temps. Quand une fois elle sera bien convaincue de la solidité de votre attachement, elle n'aura pas peur que vous lui soyez enlevé par des folles. Pardon, monsieur : vous demandez des avis pour madame la comtesse, et c'est à vous que j'ose en donner. Mais vous m'inspirez un intérêt si vif pour votre union, qu'en vous parlant de tout ce qui me semble propre à l'affermir je crois déjà me mêler de vos affaires.

LETTRE DXLVI.

A MADAME LA COMTESSE DE B.

Motiers, le 26 janvier 1765.

J'apprends, madame, que vous êtes une femme aussi vertueuse qu'aimable, que vous avez pour votre mari autant de tendresse qu'il en a pour vous, et que c'est à tous égards dire autant qu'il est possible. On ajoute que vous m'honorez de votre estime, et que vous m'en préparez même un témoignage qui me donneroit l'honneur d'appartenir à votre sang par des devoirs [1].

En voilà plus qu'il ne faut, madame, pour m'attacher par le plus vif intérêt au bonheur d'un si digne couple, et bien assez, j'espère, pour m'au-

---

[1] * La comtesse de B. avoit paru souhaiter que Rousseau voulût être le parrain de l'enfant dont elle étoit sur le point d'accoucher.

toriser à vous marquer ma reconnoissance pour la part qui me vient de vous des bontés qu'a pour moi M. le comte de***. J'ai pensé que l'heureux événement qui s'approche pouvoit, selon vos arrangements, me mettre avec vous en correspondance; et pour un objet si respectable je sens du plaisir à la prévenir.

Une autre idée me fait livrer à mon zèle avec confiance. Les devoirs de M. le comte de*** l'appelleront quelquefois loin de vous. Je rends trop de justice à vos sentiments nobles pour douter que si le charme de votre présence lui faisoit oublier ces devoirs, vous ne les lui rappelassiez vous-même avec courage. Comme un amour fondé sur la vertu peut sans danger braver l'absence, il n'a rien de la mollesse du vice; il se renforce par les sacrifices qui lui coûtent, et dont il s'honore à ses propres yeux. Que vous êtes heureuse, madame, d'avoir un mérite qui vous met au-dessus des craintes, et un époux qui sait si bien en sentir le prix! Plus il aura de comparaisons à faire, plus il s'applaudira de son bonheur.

Dans ces intervalles vous passerez un temps très-doux à vous occuper de lui, des chers gages de sa tendresse, à lui en parler dans vos lettres, à en parler à ceux qui prennent part à votre union. Dans ce nombre, oserois-je, madame, me compter auprès de vous pour quelque chose? J'en ai le droit par mes sentiments : essayez si j'entends les vôtres, si je sens vos inquiétudes, si quelquefois je puis les calmer: Je ne me flatte pas d'adoucir vos peines; mais c'est quelque chose que les partager, et voilà ce que je ferai de tout mon cœur. Recevez, madame, je vous supplie, les assurances de mon respect.

LETTRE DXLVII.

A MILORD MARÉCHAL.

26 janvier 1765.

J'espérois, milord, finir ici mes jours en paix ; je sens que cela n'est pas possible. Quoique je vive en toute sûreté dans ce pays sous la protection du roi, je suis trop près de Genève et de Berne ; qui ne me laisseront point en repos. Vous savez à quel usage ils jugent à propos d'employer la religion : ils en font un gros torchon de paille enduit de boue, qu'ils me fourrent dans la bouche à toute force pour me mettre en pièces tout à leur aise, sans que je puisse crier. Il faut donc fuir malgré mes maux, malgré ma paresse ; il faut chercher quelque endroit paisible où je puisse respirer. Mais où aller? Voilà, milord, sur quoi je vous consulte.

Je ne vois que deux pays à choisir; l'Angleterre

ou l'Italie. L'Angleterre seroit bien plus selon mon humeur ; mais elle est moins convenable à ma santé, et je ne sais pas la langue : grand inconvénient quand on s'y transplante seul. D'ailleurs il y fait si cher vivre qu'un homme qui manque de grandes ressources n'y doit point aller, à moins qu'il ne veuille s'intriguer pour s'en procurer, chose que je ne ferai de ma vie ; cela est plus décidé que jamais.

Le climat de l'Italie me conviendroit fort, et mon état, à tous égards, me le rend de beaucoup préférable. Mais j'ai besoin de protection pour qu'on m'y laisse tranquille : il faudroit que quelqu'un des princes de ce pays-là m'accordât un asile dans quelqu'une de ses maisons, afin que le clergé ne pût me chercher querelle si par hasard la fantaisie lui en prenoit ; et cela ne me paroît ni bienséant à demander, ni facile à obtenir quand on ne connoît personne. J'aimerois assez le séjour de Venise, que je connois déjà ; mais, quoique Jésus ait défendu la vengeance à ses apôtres, saint Marc ne se pique pas d'obéir sur ce point. J'ai pensé que si le roi ne dédaignoit pas de m'honorer de quelque apparente commission, ou de quelque titre sans fonctions comme sans appointements, et qui ne signifiât rien que l'honneur que j'aurois d'être à lui, je pourrois sous cette sauvegarde, soit à Venise, soit ailleurs, jouir en sûreté du respect qu'on porte à tout ce qui lui appartient. Voyez, milord, si dans cette occurrence votre sollicitude paternelle imagineroit quelque chose pour me préserver d'aller sous les plombs, ce qui seroit finir assez tristement une vie bien malheureuse¹. C'est une chose bien précieuse à mon cœur que le repos, mais qui me seroit bien plus précieuse encore si je la tenois de vous. Au reste, ceci n'est qu'une idée qui me vient, et qui peut-être est très-ridicule. Un mot de votre part me décidera sur ce qu'il en faut penser.

LETTRE DXLVIII.

A M. BALLIÈRE.

Motiers, le 28 janvier 1765.

Deux envois de M. Duchesne, qui ont demeuré très-long-temps en route, m'ont apporté, mon-

---

¹ * Cette expression *sous les plombs* a fort embarrassé les éditeurs de Genève. En voici l'explication : Le palais de Saint-Marc, à Venise, est couvert de grandes lames de plomb, et l'on croyoit alors communément que quand les inquisiteurs d'état vouloient se débarrasser, sans forme de procès, d'un homme suspect, ils le faisoient renfermer dans un des cabinets pratiqués immédiatement sous ces lames, qui, devenant brûlantes par l'ardeur du soleil, donnoient au malheureux prisonnier une fièvre chaude dont il mouroit en très-peu de temps. On aime à douter d'une cruauté plus atroce encore que celle de Busiris. Toujours est-il vrai qu'à Venise on ne parloit jamais de ces plombs qu'avec effroi.

sieur, l'un votre lettre et l'autre votre livre [1] : voilà ce qui m'a fait retarder si long-temps à vous remercier de l'une et de l'autre. Que ne donnerois-je pas pour avoir pu consulter votre ouvrage ou vos lumières, il y a dix ou douze ans, lorsque je travaillois à rassembler les articles mal digérés que j'avois faits pour l'Encyclopédie ! Aujourd'hui que cette collection est achevée, et que tout ce qui s'y rapporte est entièrement effacé de mon esprit, il n'est plus temps de reprendre cette longue et ennuyeuse besogne, malgré les erreurs et les fautes dont elle fourmille. J'ai pourtant le plaisir de sentir quelquefois que j'étois, pour ainsi dire, à la piste de vos découvertes, et qu'avec un peu plus d'étude et de méditation j'aurois pu peut-être en atteindre quelques-unes. Car, par exemple, j'ai très-bien vu que l'expérience qui sert de principe à M. Rameau n'est qu'une partie de celle des aliquotes, et que c'est de cette dernière, prise dans sa totalité, qu'il faut déduire le système de notre harmonie; mais je n'ai eu du reste que des demi-lueurs qui n'ont fait que m'égarer. Il est trop tard pour revenir maintenant sur mes pas, et il faut que mon ouvrage reste avec toutes ses fautes, ou qu'il soit refondu dans une seconde édition par une meilleure main. Plût à Dieu, monsieur, que cette main fût la vôtre ! vous trouveriez peut-être assez de bonnes recherches toutes faites pour vous

---

[1] * Un exemplaire de la Théorie de la musique.

épargner le travail du manœuvre, et vous laisser seulement celui de l'architecte et du théoricien.

Recevez, monsieur, je vous supplie, mes très-humbles salutations.

LETTRE DXLIX.

A M. DU PEYROU.

Motiers, le 31 janvier 1765.

Voici, monsieur, deux exemplaires de la pièce que vous avez déjà vue, et que j'ai fait imprimer à Paris[1]. C'étoit la meilleure réponse qu'il me convenoit d'y faire.

Voici aussi la procuration sur votre dernier modèle : je doute qu'elle puisse avoir son usage. Pourvu que ce ne soit ni votre faute ni la mienne, il importe peu que l'affaire se rompe ; naturellement je dois m'y attendre, et je m'y attends.

Voici enfin la lettre de M. de Buffon, de laquelle je suis extrêmement touché. Je veux lui écrire, mais la crise horrible où je suis ne me le permettra pas sitôt. Je vous avoue cependant que je n'entends pas bien le conseil qu'il me donne de ne pas me mettre à dos M. de Voltaire ; c'est comme si l'on conseilloit à un passant, attaqué

[1] Le libelle intitulé *Sentiment des citoyens.*

dans un grand chemin, de ne pas se mettre à dos le brigand qui l'assassine. Qu'ai-je fait pour m'attirer les persécutions de M. de Voltaire? et qu'ai-je à craindre de pire de sa part? M. de Buffon veut-il que je fléchisse ce tigre altéré de mon sang? Il sait bien que rien n'apaise ni ne fléchit jamais la fureur des tigres. Si je rampois devant Voltaire, il en triompheroit sans doute, mais il ne m'en égorgeroit pas moins. Des bassesses me déshonoreroient, et ne me sauveroient pas. Monsieur, je sais souffrir; j'espère apprendre à mourir; et qui sait cela n'a jamais besoin d'être lâche.

Il a fait jouer les pantins de Berne à l'aide de son ame damnée le jésuite Bertrand : il joue à présent le même jeu en Hollande. Toutes les puissances plient sous l'ami des ministres tant politiqués que presbytériens. A cela que puis-je faire? Je ne doute presque pas du sort qui m'attend sur le canton de Berne, si j'y mets les pieds; cependant j'en aurai le cœur net; et je veux voir jusqu'où, dans ce siècle aussi doux qu'éclairé, la philosophie et l'humanité seront poussées. Quand l'inquisiteur Voltaire m'aura fait brûler, cela ne sera pas plaisant pour moi, je l'avoue; mais avouez aussi que, pour la chose, cela ne sauroit l'être plus.

Je ne sais pas encore ce que je deviendrai cet été. Je me sens ici trop près de Genève et de Berne pour y goûter un moment de tranquillité.

Mon corps y est en sûreté, mais mon ame y est incessamment bouleversée. Je voudrois trouver quelque asile où je pusse au moins achever de vivre en paix. J'ai quelque envie d'aller chercher en Italie une inquisition plus douce, et un climat moins rude. J'y suis désiré, et je suis sûr d'y être accueilli. Je ne me propose pourtant pas de me transplanter brusquement, mais d'aller seulement reconnoître les lieux, si mon état me le permet, et qu'on me laisse les passages libres, de quoi je doute. Le projet de ce voyage trop éloigné ne me permet pas de songer à le faire avec vous, et je crains que l'objet qui me le faisoit surtout désirer ne s'éloigne. Ce que j'avois besoin de connoître mieux n'étoit assurément pas la conformité de nos sentiments et de nos principes, mais celle de nos humeurs, dans la supposition d'avoir à vivre ensemble comme vous aviez eu l'honnêteté de me le proposer. Quelque parti que je prenne, vous connoîtrez, monsieur, je m'en flatte, que vous n'avez pas mon estime et ma confiance à demi; et si vous pouvez me prouver que certains arrangements ne vous porteront pas un notable préjudice, je vous remettrai, puisque vous le voulez bien, l'embarras de tout ce qui regarde tant la collection de mes écrits que l'honneur de ma mémoire; et, perdant toute autre idée que de me préparer au dernier passage, je vous devrai avec joie le repos du reste de mes jours.

J'ai l'esprit trop agité maintenant pour prendre un parti; mais, après y avoir mieux pensé, quelque parti que je prenne, ce ne sera point sans en causer avec vous, et sans vous faire entrer pour beaucoup dans mes résolutions dernières. Je vous embrasse de tout mon cœur.

LETTRE DL.

A M. SAINT-BOURGEOIS.

Motiers, le 2 février 1765.

J'ai reçu, monsieur, avec la lettre que vous m'avez fait l'honneur de m'écrire le 29 janvier, l'écrit que vous avez pris la peine d'y joindre. Je vous remercie de l'une et de l'autre.

Vous m'assurez qu'un grand nombre de lecteurs me traitent d'homme plein d'orgueil, de présomption, d'arrogance; vous avez soin d'ajouter que ce sont là leurs propres expressions. Voilà, monsieur, de fort vilains vices dont je dois tâcher de me corriger. Mais sans doute ces messieurs, qui usent si libéralement de ces termes, sont eux-mêmes si remplis d'humilité, de douceur, et de modestie, qu'il n'est pas aisé d'en avoir autant qu'eux.

Je vois, monsieur, que vous avez de la santé,

du loisir, et du goût pour la dispute : je vous en fais mon compliment; et, pour moi, qui n'ai rien de tout cela, je vous salue, monsieur, de tout mon cœur.

LETTRE DLI.

A M. PAUL CHAPPUIS.

Motiers, le 2 février 1765.

J'ai lu, monsieur, avec grand plaisir la lettre dont vous m'avez honoré le 18 janvier. J'y trouve tant de justesse, de sens, et une si honnête franchise, que j'ai regret de ne pouvoir vous suivre dans les détails où vous y êtes entré. Mais, de grâce, mettez-vous à ma place ; supposez-vous malade, accablé de chagrins, d'affaires, de lettres, de visites, excédé d'importuns de toute espèce, qui, ne sachant que faire de leur temps, absorberoient impitoyablement le vôtre, et dont chacun voudroit vous occuper de lui seul et de ses idées. Dans cette position, monsieur, car c'est la mienne, il me faudroit dix têtes, vingt mains, quatre secrétaires, et des jours de quarante-huit heures pour répondre à tout ; encore ne pourrois-je contenter personne, parce que souvent deux lignes d'objections demandent vingt pages de solutions.

Monsieur, j'ai dit ce que je savois, et peut-être ce que je ne savois pas; ce qu'il y a de sûr c'est que je n'en sais pas davantage : ainsi je ne ferois plus que bavarder; il vaut mieux me taire. Je vois que la plupart de ceux qui m'écrivent pensent comme moi sur quelques points, et différemment sur d'autres : tous les hommes en sont à peu près là; il ne faut point se tourmenter de ces différences inévitables, surtout quand on est d'accord sur l'essentiel, comme il me paroît que nous le sommes vous et moi.

Je trouve les chefs auxquels vous réduisez les éclaircissements à demander au conseil assez raisonnables. Il n'y a que le premier qu'il faut retrancher comme inutile, puisque, ne voulant jamais rentrer dans Genève, il m'est parfaitement égal que le jugement rendu contre moi soit ou ne soit pas redressé. Ceux qui pensent que l'intérêt ou la passion m'a fait agir dans cette affaire lisent bien mal au fond de mon cœur. Ma conduite est une, et n'a jamais varié sur ce point : si mes contemporains ne me rendent pas justice en ceci, je m'en console en me la rendant à moi-même, et je l'attends de la postérité.

Bonjour, monsieur. Vous croyez que j'ai fait avec vous en finissant ma lettre; point du tout : ayant oublié votre adresse, il faut maintenant la retourner chercher dans votre première lettre, perdue dans cinq cents autres, où il me faudra peut-être une demi-journée pour la trouver. Ce qui achève de m'étourdir est que je manque d'ordre : mais le découragement et la paresse m'absorbent, m'anéantissent, et je suis trop vieux pour me corriger de rien. Je vous salue de tout mon cœur.

LETTRE DLII.

A MADAME LA MARQUISE DE VERDELIN.

Motiers, le 3 février 1765.

Au milieu des soins que vous donne, madame, le zèle pour votre famille, et au premier moment de votre convalescence, vous vous occupez de moi ; vous pressentez les nouveaux dangers où vont me replonger les fureurs de mes ennemis, indignés que j'aie osé montrer leur injustice. Vous ne vous trompez pas, madame ; on ne peut rien imaginer de pareil à la rage qu'ont excitée les *Lettres de la montagne*. Messieurs de Berne viennent de défendre cet ouvrage en termes très-insultants : je ne serois pas surpris qu'on me fît un mauvais parti sur leurs terres, lorsque j'y mettrai le pied. Il faut en ce pays même toute la protection du roi pour m'y laisser en sûreté. Le conseil de Genève, qui souffle le feu tant ici qu'en Hollande, attend le moment d'agir ouvertement à son tour, et d'achever de m'écraser, s'il lui est possible. De quelque côté que je me tourne, je ne vois que griffes pour me déchirer, et que gueules ouvertes pour m'engloutir. J'espérois du moins plus d'humanité du côté de la France : mais j'avois tort ; coupable du crime irrésistible d'être injustement opprimé, je n'en dois attendre que mon coup de grâce. Mon parti est pris, madame ; je laisserai tout faire, tout dire, et je me tairai : ce n'est pourtant pas faute d'avoir à parler.

Je sens qu'il est impossible qu'on me laisse respirer en paix ici. Je suis trop près de Genève et de Berne. La passion de cette heureuse tranquillité m'agite et me travaille chaque jour davantage. Si je n'espérois la trouver à la fin, je sens que ma constance achèveroit de m'abandonner. J'ai quelque envie d'essayer de l'Italie, dont le climat et l'inquisition me seront peut-être plus doux qu'en France et qu'ici. Je tâcherai cet été de me traîner de ce côté-là pour y chercher un gîte paisible ; et, si je le puis trouver, je vous promets bien qu'on n'entendra plus parler de moi. Repos, repos, chère idole de mon cœur, où te trouverai-je ? Est-il possible que personne n'en veuille laisser jouir un homme qui ne troubla jamais celui de personne ? Je ne serois pas surpris d'être à la fin forcé de me réfugier chez les Turcs, et je ne doute point que je n'y fusse accueilli avec plus d'humanité et d'équité que chez les chrétiens.

On vous dit donc, madame, que M. de Voltaire m'a écrit sous le nom du général Paoli, et que j'ai donné dans le piége. Ceux qui disent cela ne font guère plus d'honneur, ce me semble, à la probité de M. de Voltaire qu'à mon discernement. Depuis la réception de votre lettre, voici ce qui m'est arrivé. Un chevalier de Malte, qui a beaucoup bavardé dans Genève, et qui dit venir de l'Italie, est venu me voir il y a quinze jours, de la part du général Paoli, faisant beaucoup l'empressé des commissions dont il se disoit chargé près de moi, mais me disant au fond très-peu de chose, et m'étalant, d'un air important, d'assez chétives paperasses fort pochetées. A chaque pièce qu'il me montroit, il étoit tout étonné de me voir tirer d'un tiroir la même pièce, et la lui montrer à mon tour. J'ai vu que cela le mortifioit d'autant plus, qu'ayant fait tous ses efforts pour savoir quelles relations je pouvois avoir eues en Corse il n'a pu là-dessus m'arracher un seul mot. Comme il ne m'a point apporté de lettres, et qu'il n'a voulu ni se nommer ni me donner la moindre notion de lui, je l'ai remercié des visites qu'il vouloit continuer de me faire. Il n'a pas laissé de passer encore ici dix ou douze jours sans me revenir voir. J'ignore ce qu'il y a fait. On m'apprend qu'il est reparti d'hier.

Vous vous imaginez bien, madame, qu'il n'est plus question pour moi de la Corse, tant à cause de l'état où je me trouve, que par mille raisons qu'il vous est aisé d'imaginer. Ces messieurs dont vous me parlez¹ ont de la santé, du pain, du repos; ils ont la tête libre et le cœur épanoui par le bien-être; ils peuvent méditer et travailler à leur aise. Selon toute apparence les troupes françoises, s'ils vont dans le pays, ne maltraiteront point leurs personnes; et, s'ils n'y vont pas, n'empêcheront point leur travail. Je désire passionnément voir une législation de leur façon; mais j'avoue que j'ai peine à voir quel fondement ils pourroient lui donner en Corse, car malheureusement les femmes de ce pays-là sont très-laides, et très-chastes, qui pis est.

Que mon ouvrage projeté n'aille pas, madame, vous faire renoncer au vôtre. J'en ai plus besoin que jamais, et tout peut très-bien s'arranger, pourvu que vous veniez au commencement ou à la fin de la belle saison. Je compte ne partir qu'à la fin de mai, et revenir au mois de septembre.

¹ * Helvétius et Diderot, auxquels les Corses, disoit-on, s'étoient adressés pour avoir un plan de législation.

LETTRE DLIII.

A MADAME GUYENET.

Motiers, le 6 février 1765.

Que j'apprenne à ma bonne amie mes bonnes nouvelles. Le 22 janvier, on a brûlé mon livre à La Haye; on doit aujourd'hui le brûler à Genève; on le brûlera, j'espère, encore ailleurs. Voilà, par le froid qu'il fait, des gens bien brûlants. Que de feux de joie brillent à mon honneur dans l'Europe! Qu'ont donc fait mes autres écrits pour n'être pas aussi brûlés? et que n'en ai-je à faire brûler encore! Mais j'ai fini pour ma vie; il faut savoir mettre des bornes à son orgueil. Je n'en mets point à mon attachement pour vous, et vous voyez qu'au milieu de mes triomphes je n'oublie pas mes amis. Augmentez-en bientôt le nombre, chère Isabelle, j'en attends l'heureuse nouvelle avec la plus vive impatience. Il ne manque plus rien à ma gloire; mais il manque à mon bonheur d'être grand-papa[1].

[1] * Madame Guyenet appeloit Rousseau son papa.

LETTRE DLIV.

A MADAME DE CHENONCEAUX.

Motiers, le 6 février 1765.

Je suis entraîné, madame, dans un torrent de malheurs qui m'absorbe et m'ôte le temps de vous écrire. Je me soutiens cependant assez bien. Je n'ai plus de tête, mais mon cœur me reste encore.

Faites-moi l'amitié, madame, de faire tenir cette lettre à M. l'abbé de Mably, et de me faire passer sa réponse aussitôt qu'il se pourra. On fait circuler sous son nom, dans Genève, une lettre avec laquelle on achève de me traîner par les boues, et toujours vers le bûcher. Je serois sûr que cette lettre n'est pas de lui, par cela seul qu'elle est lourdement écrite; j'en suis encore plus sûr, parce qu'elle est basse et malhonnête. Mais à Genève, où l'on se connoît aussi mal en style qu'en procédés, le public s'y trompe. Je crois qu'il est bon qu'on le désabuse, autant pour l'honneur de M. l'abbé de Mably que pour le mien.

LETTRE DLV.

A M. L'ABBÉ DE MABLY.

Motiers, le 6 février 1765.

Voici, monsieur, une lettre qu'on vous attribue, et qui circule dans Genève à la faveur de votre nom. Daignez me marquer non ce que j'en dois croire, mais ce que j'en dois dire, car je n'en puis parler comme j'en pense que quand vous m'y aurez autorisé.

Si mes malheurs ne vous ont point fait oublier nos anciennes liaisons, et l'amitié dont vous m'honorâtes, conservez-la, monsieur, à un homme qui n'a point mérité de la perdre, et qui vous sera toujours attaché[1].

---

[1] * A la suite de cette lettre, Rousseau a transcrit celle qui est attribuée à l'abbé de Mably. Elle est du 11 janvier 1765, et l'extrait lui en fut envoyé de Genève, le 4 février suivant, par un anonyme. Voici cet extrait :

« Une chose qui me fâche beaucoup c'est la lecture que je
« viens de faire des *Lettres de la montagne*; et voilà toutes mes
« idées bouleversées sur le compte de Rousseau. Je le croyois
« honnête homme; je croyois que sa morale étoit sérieuse, qu'elle
« étoit dans son cœur, et non pas au bout de sa plume. Il me fait
« prendre malgré moi une autre façon de penser, et j'en suis af-
« fligé. S'il s'étoit borné à prétendre que son déisme est un bon
« christianisme, et qu'on a eu tort de brûler son livre et de décré-
« ter sa personne, on pourroit rire de ses sophismes, de ses pa-

LETTRE DLVI.

A M. D***.

Motiers, le 7 février 1765.

Je ne doute point, monsieur, qu'hier, jour de Deux-cents, on n'ait brûlé mon livre à Genève; du moins toutes les mesures étoient prises pour cela. Vous aurez su qu'il fut brûlé le 22 à La Haye.

« ralogismes et de ses paradoxes, et on auroit dit qu'il est fâcheux
« que l'homme le plus éloquent de son siècle n'ait pas le sens com-
« mun. Mais cet homme finit par être une espèce de conjuré. Est-ce
« Érostrate qui veut brûler le temple d'Éphèse? est-ce un Grac-
« chus? Je sais bien que les trois dernières lettres dans lesquelles
« Rousseau attaque votre gouverneur ne sont remplies que de dé-
« clamations et de mauvais raisonnements; mais il est à craindre
« que tout cela ne paroisse très-juste, très-sage, et très-raisonnable
« à des têtes échauffées, et qui ne savent pas juger et goûter leur
« bonheur. Je croirois que votre gouvernement est aussi bon qu'il
« peut l'être, eu égard à sa situation; et, dans ce cas, c'est un
« crime que d'en troubler l'harmonie. J'espère que cette affaire
« n'aura aucune suite fâcheuse; et l'excellente tête qui a fait les
« *Lettres de la campagne* a sans doute tout ce qu'il faut pour en-
« tretenir l'ordre au milieu de la fermentation, ouvrir les yeux du
« peuple, et lui faire connoître ses erreurs, ou plutôt celles de
« Rousseau. Que voulez-vous? il n'est point de bonheur parfait
« pour les hommes, ni de gouvernement sans inconvénient. La
« liberté veut être achetée; elle est exposée à des moments d'agita-
« tion et d'inquiétude. Malgré cela, elle vaut mieux que le despo-
« tisme. Je vous demanderois pardon, madame, de vous parler si
« gravement, si vous étiez Parisienne; mais vous êtes Géne-

Rey me marque que l'inquisiteur[1] a écrit dans ce pays-là beaucoup de lettres, et que le ministre Chais, de Genève, s'est donné de grands mouvements. Au surplus, on laisse Rey fort tranquille. Tout cela n'est-il pas plaisant? Cette affaire s'est tramée avec beaucoup de secret et de diligence; car le comte de B***, qui m'écrivit peu de jours auparavant, n'en savoit rien. Vous me direz : Pourquoi ne l'a-t-il pas empêché au moment de l'exécution? Monsieur, j'ai partout des amis puissants, illustres, et qui, j'en suis très-sûr, m'aiment de tout leur cœur; mais ce sont tous gens droits, bons, doux, pacifiques, qui dédaignent toute voie oblique. Au contraire, mes ennemis sont ardents, adroits, intrigants, rusés, infatigables pour nuire, et qui manœuvrent toujours sous terre, comme les taupes. Vous sentez que la partie n'est pas égale. L'inquisiteur est l'homme le plus actif que la terre ait produit; il gouverne en quelque façon toute l'Europe.

Tu dois régner : ce monde est fait pour les méchants.

Je suis très-sûr qu'à moins que je ne lui survive je serai persécuté jusqu'à la mort.

« voise, et des choses sérieuses vous plaisent plus que nos coli-
« fichets. »

L'anonyme avait accompagné cet envoi du billet suivant :

« O toi, le plus vertueux et le plus modeste de tous les hommes,
« surtout pour les statues et les médailles, juge à présent lequel
« les mérite le mieux de celui-ci ou de toi ! » (*Note de du Peyrou.*)

1 * Voltaire.

Je ne digère point que M. de Buffon suppose que c'est moi qui m'attire sa haine. Eh! qu'ai-je donc fait pour cela? Si l'on parle trop de moi, ce n'est pas ma faute; je me passerois d'une célébrité acquise à ce prix. Marquez à M. de Buffon tout ce que votre amitié pour moi vous inspirera; et, en attendant que je sois en état de lui écrire, parlez-lui, je vous supplie, de tous les sentiments dont vous me savez pénétré pour lui.

M. Vernes désavoue hautement, et avec horreur, le libelle où j'ai mis son nom. Il m'a écrit là-dessus une lettre honnête, à laquelle j'ai répondu sur le même ton, offrant de contribuer, autant qu'il me seroit possible, à répandre son désaveu. Malgré la certitude où je croyois être que l'ouvrage étoit de lui, certains faits récents me font soupçonner qu'il pourroit bien être de quelqu'un qui se cache sous son manteau.

Au reste, l'imprimé de Paris s'est très-promptement et très-singulièrement répandu à Genève. Plusieurs particuliers en ont reçu par la poste des exemplaires sous enveloppe, avec ces seuls mots, écrits d'une main de femme: *Lisez, bonnes gens!* Je donnerois tout au monde pour savoir qui est cette aimable femme qui s'intéresse si vivement à à un pauvre opprimé, et qui sait marquer son indignation en termes si brefs et si pleins d'énergie.

J'avois bien prévu, monsieur, que votre calcul

ne seroit pas admissible, et qu'auprès d'un homme que vous aimez votre cœur feroit déraisonner votre tête en matière d'intérêt. Nous causerons de cela plus à notre aise, en herborisant cet été; car, loin de renoncer à nos caravanes, même en supposant le voyage d'Italie, je veux bien tâcher qu'il n'y nuise pas. Au reste, je vous dirai que je sens en moi, depuis quelques jours, une révolution qui m'étonne. Ces derniers évènements, qui devoient achever de m'accabler, m'ont, je ne sais comment, rendu tranquille, et même assez gai. Il me semble que je donnois trop d'importance à des jeux d'enfants. Il y a dans toutes ces brûleries quelque chose de si niais et de si bête, qu'il faut être plus enfant qu'eux pour s'en émouvoir. Ma vie morale est finie. Est-ce la peine de tant choisir la terre où je dois laisser mon corps? La partie la plus précieuse de moi-même est déjà morte: les hommes n'y peuvent plus rien, et je ne regarde plus tous ces tas de magistrats si barbares que comme autant de vers qui s'amusent à ronger mon cadavre.

La machine ambulante se montera donc cet été pour aller herboriser; et, si l'amitié peut la réchauffer encore, vous serez le Prométhée qui me rapportera le feu du ciel. Bonjour, monsieur.

LETTRE DLVII.

A M. MOULTOU.

Motiers, le 7 février 1765.

Cher ami, comptons donc désormais l'un sur l'autre, et que notre confiance soit à l'épreuve de l'éloignement, du silence, et de la froideur d'une lettre ; car, quoiqu'on ait toujours le même cœur, on n'est pas toujours de la même humeur. Votre état me touche vivement : qui doit mieux sentir vos peines que moi qui vous aime? et qui doit mieux compatir aux maux de votre père que moi qui en sens si souvent de pareils? J'ai dans ce moment une attaque qui n'est pas légère : jugez au milieu de tout le reste !

Oui, je vous désire hors de Genève. Je doute que la plus pure vertu pût s'y conserver toujours telle, surtout parmi l'ordre de gens avec qui vous vivez. Jugez de leur parti par leurs manœuvres; ils ont toutes celles du crime : ils ne travaillent que sous terre, comme les taupes ; leurs procédés sont aussi noirs que leurs cœurs. J'ai reçu avant-hier une lettre anonyme, où l'on me faisoit, d'un air de triomphe, l'extrait d'une prétendue lettre de l'abbé de Mably, que l'abbé de Mably n'a très-sûrement jamais écrite. Cette lettre est lourde et maladroite; elle sent le terroir, elle est malhonnête et basse à la manière de ces messieurs. On y dit d'un ton de sixième : Est-ce Érostrate qui veut brûler le temple d'Éphèse? est-ce un Gracchus? etc. Cependant, au nom de l'abbé de Mably, voilà, j'en suis sûr, tout votre Deux-cents à genoux, tous vos bourgeois pris pour dupes. Ils ne résistent jamais à la fausse autorité des noms; on a beau les tromper tous les jours, ils ne voient jamais qu'on les trompe.

En faisant imprimer à Paris la lettre de M. Vernes, j'ai bien eu soin de relever par une note l'endroit qu'il prétendoit vous regarder. Je n'ai pas besoin qu'on me dise ces choses-là; je les sens d'avance. Il m'a écrit une lettre honnête, je lui ai répondu poliment. S'il désavoue la pièce en termes convenables, et qu'il s'en tienne là, je ne répliquerai rien, car je suis las de querelles : mais, s'il s'avise de faire le mauvais, nous verrons. Il sera difficile de prouver juridiquement qu'il est auteur de la pièce; cependant je me crois en état de pousser les indices si près de la preuve, que le public n'en doutera pas plus que moi. Vous êtes très à portée de m'aider dans ces recherches, et cela bien secrètement. Cependant, si les perquisitions sur ce point sont difficiles, il n'en est pas de même sur les propos qu'il tenoit publiquement et sans mesure lorsque l'ouvrage parut : là-dessus il vous est très-aisé d'avoir des faits, des discours articulés, avec les circonstances des lieux, des temps, des personnes. Faites ces recherches avec soin, je vous en prie ; ou, si vous partez, chargez de ce soin quelqu'un de vos amis ou des miens ; quelqu'un sur qui vous puissiez compter, et qu'il n'est pas même nécessaire que je connoisse, puisqu'il peut m'envoyer, sans signer, les faits qu'il aura ramassés : mais il faudroit se servir d'une voie sûre, ou garder un double de ce qu'on m'envoie, pour me le renvoyer au besoin par duplicata. Ces recherches peuvent m'être très-importantes. J'espère cependant qu'elles seront superflues ; car, encore un coup, je suis bien résolu de n'en faire usage qu'à la dernière extrémité, et s'il me pousse contre le mur. Autrement, je resterai en repos, cela est sûr.

Écrivez-moi avant votre départ. J'espère que vous m'écrirez aussi de Montpellier, et que vous m'y donnerez votre adresse et des nouvelles de votre digne père. Vous savez qu'on vient de brûler mon livre à La Haye ; c'est le ministre Chais et l'inquisiteur Voltaire qui ont arrangé cela ; Rey me le marque. Il ajoute que dans le pays tout le monde est d'un étonnement sans égal de cette belle expédition : pour moi, ces choses-là ne m'étonnent plus, mais elles me font toujours rire. Je parierois ma tête qu'hier votre Deux-cents en a fait autant.

Si vous pouvez m'envoyer un exemplaire du libelle, de l'impression de Genève, vous me ferez plaisir. Je n'ai plus le mien, l'ayant envoyé à Paris.

En ce moment, ce qu'on m'écrit de Vernes me fait douter si peut-être l'ouvrage ne seroit point d'un autre, qui auroit pris toutes ses mesures pour le lui faire attribuer. Que ne donnerois-je point pour savoir la vérité !

Je sais des gens qui auroient grand besoin d'une plume, et je sais un homme bien digne de la leur fournir. Il le pourroit sans se compromettre; et, puisqu'il aime la vertu, jamais il n'en auroit fait un plus bel acte.

LETTRE DLVIII.

A M. LE NIEPS.

Motiers, le 8 février 1765.

Je commençois à être inquiet de vous, cher ami; votre lettre vient bien à propos me tirer de peine. La violente crise où je suis me force à ne vous parler, dans celle-ci, que de moi. Vous aurez vu qu'on a brûlé le 22 mon livre à La Haye. Rey me marque que le ministre Chais s'est donné beaucoup de mouvements, et que l'inquisiteur Voltaire a écrit beaucoup de lettres pour cette affaire. Je pense qu'avant-hier le Deux-cents en a fait autant à Genève, du moins tout étoit préparé pour cela. Toutes ces brûleries sont si bêtes, qu'elles ne font plus que me faire rire. Je vous envoie ci-joint copie d'une lettre[1] que j'écrivis avant-hier là-dessus à une jeune femme qui m'appelle son papa. Si la lettre vous paroît bonne, vous pouvez la faire courir, pourvu que les copies soient exactes.

Prévoyant les chagrins sans nombre que m'attireroit mon dernier ouvrage, je ne le fis qu'avec répugnance, malgré moi, et vivement sollicité. Le voilà fait, publié, brûlé. Je m'en tiens là. Non seulement je ne veux plus me mêler des affaires de Genève, ni même en entendre parler; mais pour le coup, je quitte tout-à-fait la plume, et soyez assuré que rien au monde ne me la fera reprendre. Si l'on m'eût laissé faire, il y a long-temps que j'aurois pris ce parti; mais il est pris si bien, que, quoi qu'il arrive, rien ne m'y fera renoncer. Je ne demande au ciel que quelque intervalle de paix jusqu'à ma dernière heure, et tous mes malheurs seront oubliés; mais, dût-on me poursuivre jusqu'au tombeau, je cesse de me défendre. Je ferai comme les enfants et les ivrognes, qui se laissent tomber tout bonnement quand on les pousse, et ne se font aucun mal; au lieu qu'un homme qui veut se roidir n'en tombe pas moins, et se casse une jambe ou un bras par-dessus le marché.

On répand donc que c'est l'inquisiteur qui m'a

---

[1] C'est celle à madame Guyenet, du 6 février, n° 553.

écrit au nom des Corses, et que j'ai donné dans un piège si subtil. Ce qui me paroît ici tout-à-fait bon est que l'inquisiteur trouve plaisant de se faire passer pour faussaire, pourvu qu'il me fasse passer pour dupe. Supposons que ma stupidité fût telle que, sans autre information, j'eusse pris cette prétendue lettre pour argent comptant, est-il concevable qu'une pareille négociation se fût bornée à cette unique lettre, sans instructions, sans éclaircissements, sans mémoires, sans précis d'aucune espèce? ou bien M. de Voltaire aura-t-il pris la peine de fabriquer aussi tout cela? Je veux que sa profonde érudition ait pu tromper sur ce point mon ignorance: tout cela n'a pu se faire au moins sans avoir de ma part quelque réponse, ne fût-ce que pour savoir si j'acceptois la proposition. Il ne pouvoit même avoir que cette réponse en vue pour attester ma crédulité; ainsi son premier soin a dû être de se la faire écrire : qu'il la montre, et tout sera dit.

Voyez comment ces pauvres gens accordent leurs flûtes. Au premier bruit d'une lettre que j'avois reçue, on y mit aussitôt pour emplâtre que messieurs Helvétius et Diderot en avoient reçu de pareilles. Que sont maintenant devenues ces lettres? M. de Voltaire a-t-il aussi voulu se moquer d'eux? Je ris toujours de vos Parisiens, de ces esprits si subtils, de ces jolis faiseurs d'épigrammes, que leur Voltaire mène incessamment avec des contes de vieilles, qu'on ne feroit pas croire aux enfants. J'ose dire que ce Voltaire lui-même, avec tout son esprit, n'est qu'une bête, un méchant très-maladroit. Il me poursuit, il m'écrase, il me persécute, et peut-être me fera-t-il périr à la fin : grande merveille, avec cent mille livres de rente, tant d'amis puissants à la cour, et tant de si basses cajoleries contre un pauvre homme dans mon état! J'ose dire que si Voltaire, dans une situation pareille à la mienne, osoit m'attaquer, et que je daignasse employer contre lui ses propres armes, il seroit bientôt terrassé. Vous allez juger de la finesse de ses pièges par un fait qui peut-être a donné lieu au bruit qu'il a répandu, comme s'il eût été sûr d'avance du succès d'une ruse bien conduite.

Un chevalier de Malte, qui a beaucoup bavardé dans Genève, et dit venir d'Italie, est venu me voir, il y a quinze jours, de la part du général Paoli, faisant beaucoup l'empressé des commissions dont il se disoit chargé près de moi, mais me disant au fond très-peu de chose, et m'étalant d'un air important d'assez chétives paperasses fort pochetées. A chaque pièce qu'il me montroit, il étoit tout étonné de me voir tirer d'un tiroir la même pièce, et la lui montrer à mon tour. J'ai vu que cela le mortifioit d'autant plus, qu'ayant fait tous ses efforts pour savoir quelles relations je pouvois avoir eues en Corse, il n'a pu là-dessus m'arracher un seul mot. Comme il ne m'a point apporté de lettres, et qu'il n'a voulu ni se nommer ni me donner la moindre notion de lui, je l'ai remercié des visites qu'il vouloit continuer de me faire. Il n'a pas laissé de passer encore ici dix ou douze jours sans me revenir voir.

Tout cela peut être une chose fort simple. Peut-être, ayant quelque envie de me voir, n'a-t-il cherché qu'un prétexte pour s'introduire, et peut-être est-ce un galant homme, très-bien intentionné, et qui n'a d'autre tort, dans ce fait, que d'avoir fait un peu trop l'empressé pour rien. Mais comme tant de malheurs doivent m'avoir appris à me tenir sur mes gardes, vous m'avouerez que si c'est un piège, il n'est pas fin.

M. Vernes m'a écrit une lettre honnête pour désavouer avec horreur le libelle. Je lui ai répondu très-honnêtement, et je me suis obligé de contribuer, autant qu'il m'est possible, à répandre son désaveu, dans le doute que quelqu'un plus méchant que lui ne se cache sous son manteau.

LETTRE DLIX.

A MADAME LATOUR.

A Motiers, le 10 février 1765.

L'orage nouveau qui m'entraîne et me submerge ne me laisse pas un moment de paix pour écrire à l'aimable Marianne; mais rien ne m'ôtera ceux que je consacre à penser à elle, et à faire d'un si doux souvenir une des consolations de ma vie.

Prêt à faire partir ce mot, je reçois votre lettre; j'en avois besoin, j'étois en peine de vous. Puisque vous voilà rétablie, j'aime mieux qu'il y ait eu de l'altération dans votre corps que dans votre cœur; le mien, quoi que vous en disiez, est pour vous toujours le même; et si tant d'atteintes cruelles le forcent à se concentrer plus en dedans, il y nourrit toutes les affections qui lui sont chères. Vous avez un ami bien malheureux, mais vous l'avez toujours. . . . .
. . . .
. . . . Je ne cache point ma foiblesse en vous écrivant; vous sentez ce que cela veut dire.

LETTRE DLX.

A MILORD MARÉCHAL.

Motiers, le 11 février 1765.

Vous savez, milord, une partie de ce qui m'arrive, la brûlerie de La Haye, la défense de Berne, ce qui se prépare à Genève; mais vous ne pouvez savoir tout. Des malheurs si constants, une animosité si universelle, commençoient à m'accabler tout-à-fait. Quoique les mauvaises nouvelles se multiplient depuis la réception de votre lettre, je suis plus tranquille, et même assez gai. Quand ils m'auront fait tout le mal qu'ils peuvent, je pourrai les mettre au pis. Grâces à la protection du roi et à la vôtre, ma personne est en sûreté contre leurs atteintes; mais elle ne l'est pas contre leurs tracasseries, et ils me le font bien sentir. Quoi qu'il en soit, si ma tête s'affoiblit et s'altère, mon cœur me reste en bon état. Je l'éprouve en lisant votre dernière lettre et le billet que vous avez écrit pour la communauté de Couvet. Je crois que M. Meuron s'acquittera avec plaisir de la commission que vous lui donnez: je n'en dirois pas autant de l'adjoint que vous lui associez pour cet effet, malgré l'empressement qu'il affecte. Un des tourments de ma vie est d'avoir quelquefois à me plaindre des gens que vous aimez, et à me louer de ceux que vous n'aimez pas. Combien tout ce qui vous est attaché me seroit cher s'il vouloit seulement ne pas repousser mon zèle ! mais vos bontés pour moi font ici bien des jaloux, et, dans l'occasion, ces jaloux ne me cachent pas trop leur haine. Puisse-t-elle augmenter sans cesse au même prix ! Ma bonne sœur Émetulla, conservez-moi soigneusement notre père : si je le perdois je serois le plus malheureux des êtres.

Avez-vous pu croire que j'aie fait la moindre démarche pour obtenir la permission d'imprimer ici le recueil de mes écrits, ou pour empêcher que cette permission ne fût révoquée ? Non, milord, j'étois si parfaitement là-dessus dans vos sentiments, sans les connoître, que dès le commencement je parlai sur ce ton aux associés qui se présentèrent, et à du Peyrou, qui a bien voulu se charger de traiter avec eux. La proposition est venue d'eux, et je ne me suis point pressé d'y consentir. Du reste, je n'ai rien demandé, je ne demande rien, je ne demanderai rien ; et, quoi qu'il arrive, on ne pourra pas se vanter de m'avoir fait un refus qui, après tout, me nuira moins qu'à eux-mêmes, puisqu'il ne fera qu'ôter au pays cinq ou six cent mille francs que j'y aurois fait entrer de cette manière, et qu'on ne rebutera peut-être pas si dédaigneusement ailleurs. Mais s'il arrivoit, contre toute attente, que la permission fût accordée ou ratifiée, j'avoue que j'en serois touché comme si personne n'y gagnoit que moi seul, et que je m'attacherois au pays pour le reste de ma vie.

Comme probablement cela n'arrivera pas, et que le voisinage de Genève me devient de jour en jour plus insupportable, je cherche à m'en éloigner à tout prix. Il ne me reste à choisir que deux asiles, l'Angleterre ou l'Italie : mais l'Angleterre est trop éloignée; il y fait trop cher vivre, et mon corps ni ma bourse n'en supporteroient pas le trajet. Reste l'Italie, et surtout Venise, dont le climat et l'inquisition sont plus doux qu'en Suisse; mais saint Marc, quoique apôtre, ne pardonne guère, et j'ai bien dit du mal de ses enfants. Toutefois je crois qu'à la fin j'en courrai les risques; car j'aime encore mieux la prison et la paix, que la liberté et la guerre. Le tumulte où je suis ne me permet encore de rien résoudre; je vous en dirai davantage quand mes sens seront plus rassis. Un peu de vos conseils me seroit bien nécessaire, car je suis si malheureux quand j'agis de moi-même, qu'après avoir bien raisonné, *deteriora sequor.*

LETTRE DLXI.

A M. DELEYRE.

Motiers, le 11 février 1765.

Je répondis, cher Deleyre, à votre lettre (n° 4.) par un gentilhomme écossais nommé M. Boswell, qui, devant s'arrêter à Turin, n'arrivera peut-être pas à Parme aussitôt que cette lettre. Mais une bévue que j'ai faite est d'avoir mis ma lettre ouverte dans celle que je lui écrivis en la lui adressant à Genève. Il m'en a remercié comme d'une marque de confiance : il se trompe, ce n'est qu'une marque d'étourderie. J'espère, au reste, que le mal ne sera pas grand ; car quoique je ne me souvienne pas de ce que contenoit ma lettre, je suis sûr de n'avoir aucun secret qui craigne les yeux d'un tiers.

Vous ne sauriez avoir d'idée de l'orage qu'excite contre moi la publication des *Lettres écrites de la montagne*. C'est une défense que je devois à mes anciens concitoyens, et que je me devois à moi-même : mais comme j'aime encore mieux mon repos que ma justification, ce sera mon dernier écrit, quoi qu'il arrive. Si je puis faire le recueil général que je projette, je finirai par-là, et, grâces au ciel, le public n'entendra plus parler de moi. Si M. Boswell étoit parti d'ici huit jours plus tard, je lui aurois remis pour vous un exemplaire de ce dernier écrit, qui, au reste, n'intéresse que Genève et les Génevois ; mais je ne le reçus qu'après son départ.

Une amie de M. l'abbé de Condillac et de moi me marqua de Paris sa maladie et sa guérison dans la même lettre : ce qui me sauva l'inquiétude d'apprendre la première nouvelle avant l'autre. Je vois cependant, en reprenant votre lettre, que vous m'aviez marqué cette première nouvelle, mais dans le post-scriptum, si séparé du reste, et en si petit caractère, qu'il m'avoit échappé dans une fort grande lettre que je ne pûs lire que très à la hâte dans la circonstance où je la reçus. La même amie me marque qu'il doit retourner en France l'année prochaine, et que peut-être aurai-je le plaisir de le voir. Ainsi soit-il.

Je savois déjà par les bruits publics ce que je savois des triomphes du jongleur Tronchin dans votre cour. La pierre renchérira s'il faut un buste à chaque inoculateur de la petite-vérole ; et je trouve que l'abbé Condillac méritoit mieux ce buste pour l'avoir gagnée, que lui pour l'avoir guérie.

Donnez-moi de vos nouvelles, cher Deleyre, et de celles de madame Deleyre. Vous m'apprenez à connoître cette digne femme, et à vous aimer autant de votre attachement pour elle, que je vous en blâmois avant votre mariage, quand je ne la connoissois pas. C'est une réparation dont elle doit être contente, que celle que la vertu arrache à la vérité. Je vous embrasse.

LETTRE DLXII.

A M. DU PEYROU.

Motiers, le 14 février 1765.

Voici, monsieur, le projet que vous avez pris la peine de me dresser : sur quoi je ne vous dis rien, par la raison que vous savez. Je vous prie, si cette affaire doit se conclure, de vouloir bien décider de tout à votre volonté ; je confirmerai tout, car pour moi j'ai maintenant l'esprit à mille lieues de là ; et, sans vous, je n'irois pas plus loin, par le seul dégoût de parler d'affaires. Si ce que les associés disent dans leur réponse, article premier, de mon *Ouvrage sur la musique*, s'entend du *Dictionnaire*, je m'en rapporte là-dessus à la réponse verbale que je leur ai faite. J'ai sur cette compilation des engagements antérieurs qui ne me permettent plus d'en disposer ; et s'il arrivoit que, changeant de pensée, je le comprisse dans mon recueil, ce que je ne promets nullement, ce ne seroit qu'après qu'il auroit été imprimé à part par le libraire auquel je suis engagé.

Vous ne devez point, s'il vous plaît, passer outre, que les associés n'aient le consentement formel du Conseil d'état, que je doute fort qu'ils obtiennent. Quant à la permission qu'ils ont demandée à la cour, je doute encore plus qu'elle leur soit accordée. Milord Maréchal connoît là-dessus mes intentions; il sait que non seulement je ne demande rien, mais que je suis très-déterminé à ne jamais me prévaloir de son crédit à la cour, pour y obtenir quoi que ce puisse être, relativement au pays où je vis, qui n'ait pas l'agrément du gouvernement particulier du pays même. Je n'entends me mêler en aucune façon de ces choses-là, ni traiter qu'elles ne soient décidées.

Depuis hier que ma lettre est écrite, j'ai la preuve de ce que je soupçonnois depuis quelques jours, que l'écrit de Vernes trouvoit ici parmi les femmes autant d'applaudissement qu'il a causé d'indignation à Genève et à Paris, et que trois ans d'une conduite irréprochable sous leurs yeux mêmes ne pouvoient garantir la pauvre mademoiselle Le Vasseur de l'effet d'un libelle venu d'un pays où ni moi ni elle n'avons vécu. Peu surpris que ces viles ames ne se connoissent pas mieux en vertu qu'en mérite, et se plaisent à insulter aux malheureux, je prends enfin la ferme résolution de quitter ce pays, ou du moins ce village, et d'aller chercher une habitation où l'on juge les gens sur leur conduite, et non sur les libelles de leurs ennemis. Si quelque autre honnête étranger veut connoître Motiers, qu'il y passe, s'il peut, trois ans, comme j'ai fait, et puis qu'il en dise des nouvelles.

Si je trouvois à Neuchâtel ou aux environs un logement convenable, je serois homme à l'aller occuper en attendant.

LETTRE DLXIII.

A M. D'ASTIER.

Motiers, le 17 février 1765.

Les malheureux jours que je passe au milieu des tempêtes m'empêchent, monsieur, d'entretenir avec vous une correspondance aussi fréquente qu'il seroit à désirer pour mon instruction et pour ma consolation. Les bruits publics auront peut-être porté jusqu'à vous l'idée des nouvelles persécutions que m'attire l'ouvrage auquel vous avez daigné vous intéresser. J'ai cherché tous les moyens de vous en faire parvenir un exemplaire; mais il m'en est venu si peu de Hollande, si lentement, avec tant d'embarras; j'en suis si peu le maître, et les occasions pour aller jusqu'à vous sont si rares, qu'apprenant qu'on a imprimé à

Lyon cet ouvrage, je ne doute point qu'il ne vous parvienne beaucoup plus tôt par cette voie, qu'il ne m'est possible de vous le faire parvenir d'ici. Ainsi ma destinée est d'être en tout prévenu par vos bontés, sans pouvoir remplir envers vous aucun des devoirs qu'elles m'imposent. Acceptez le tribut des malheureux et des foibles, la reconnoissance et l'intention.

Les éclaircissements que vous avez bien voulu me donner sur les affaires de Corse m'ont absolument fait abandonner le projet d'aller dans ce pays-là, d'autant plus que n'en recevant plus de nouvelles, je dois juger, par les empressements suspects de quelques inconnus, que je suis circonvenu par des piéges dont je veux tâcher de me garantir. Cependant on m'a fait parvenir quelques pièces dont je puis tirer parti, du moins pour mon amusement, dans la ferme résolution où je suis de me tenir en repos pour le reste de ma vie, et de ne plus occuper le public de moi. Dans cette position, monsieur, je souhaiterois fort que vous voulussiez bien, dans vos plus grands loisirs, continuer à me communiquer vos observations et vos idées, et m'indiquer les sources où je pourrois puiser les instructions relatives à cet objet. Ne pensez-vous pas que M. de Curzai doit avoir là-dessus de fort bons mémoires, et que s'il vouloit les communiquer à un homme zélé, mais discret, ils ne pourroient que lui faire honneur, sans le compromettre, puisque rien ne resteroit écrit de ma part là-dessus que de son aveu, et qu'il ne seroit nommé qu'autant qu'il consentiroit à l'être? Si vous approuvez cette idée, ne pourriez-vous point m'aider à découvrir où est M. de Curzai, me procurer exactement son adresse, et me mettre même en correspondance avec lui?

Me voici bientôt à la fin d'un hiver passé un peu moins cruellement que le précédent quant au corps, mais beaucoup plus quant à l'ame. J'ignore encore ce que je deviendrai cet été. Je suis ici trop voisin de Genève pour y pouvoir jamais jouir d'un vrai repos. Je suis bien tenté d'aller chercher du côté de l'Italie quelque asile où le climat et l'inquisition soient plus doux qu'ici. D'ailleurs, mille désœuvrés me menacent de toutes parts de leurs importunes visites, auxquelles je voudrois bien échapper. Que ne suis-je plus à portée, monsieur, de recevoir la vôtre, et que j'en aurois besoin! mais, en vérité, l'on ne fait point un si long trajet par partie de plaisir; et moi, dans ma vie orageuse, je ne suis pas assez maître de l'avenir pour pouvoir faire un plan fixe, sur l'exécution duquel je puisse compter. Un de ceux qui me rient le plus est d'aller passer quelques semaines avec un gentilhomme savoyard, de mes très-anciens amis, dans une de ses terres. Seroit-il impossible d'exécuter de là l'ancien projet d'un rendez-vous à la grande chartreuse? Si cette idée vous plaisoit, je sens qu'elle auroit la préférence. Je n'ai point écrit à madame de La Tour du Pin : le nombre et la force de mes tracas absorbent tous mes bons desseins. Si vous lui écrivez, qu'elle apprenne au moins mes remords, je vous en supplie. Si ma faute m'attiroit sa disgrâce, je ne m'en consolerois pas.

Vous ne me parlez point, monsieur, du petit compte de l'huile et du café. Il n'est pas permis d'être aussi peu soigneux pour les comptes quand on l'est si fort pour les commissions. Je vous salue, monsieur, et vous embrasse avec le plus véritable attachement.

LETTRE DLXIV.

A M. MOULTOU.

Motiers, le 18 février 1765.

Ce qui arrive ne me surprend point; je l'ai toujours prévu, et j'ai toujours dit qu'en pareil cas il falloit s'en tenir là. Au lieu de faire tout ce qu'on peut, il suffit de faire tout ce qu'on doit, et cela est fait. On ne sauroit aller plus loin sans exposer la patrie et le repos public, ce que le sage ne doit jamais. Quand il n'y a plus de liberté commune, il reste une ressource, c'est de cultiver la liberté particulière, c'est-à-dire la vertu. L'homme vertueux est toujours libre; car, en faisant toujours son devoir, il ne fait jamais que ce qu'il veut. Si la bourgeoisie de Génève savoit remonter ses principes, épurer ses goûts, prendre des mœurs plus sévères, en livrant ces messieurs à l'avilissement des leurs, elle leur deviendroit encore si respectable, qu'avec leur morgue apparente ils trembleroient devant elle; et comme les jongleurs de toute espèce et leurs amis ne vivront pas toujours, tel changement de circonstances étrangères pourroit les mettre à portée de faire examiner enfin par la justice ce que la seule force décide aujourd'hui.

Je vous prie de vouloir bien saluer MM. Deluc de ma part, et leur dire que je ne puis leur écrire. Comme cela n'est plus nécessaire ni utile, il n'est pas raisonnable de l'exiger. On ne doit pas m'envier le repos que je demande, et je crois l'avoir assez payé.

Tâchez de m'envoyer, avant votre départ, ce dont vous m'avez parlé, non pour en faire à présent aucun usage, mais pour prendre d'avance tous les arrangements nécessaires pour en faire usage un jour. J'aurois même autre chose, et d'un genre plus agréable, à vous proposer; mais nous en parlerons à loisir. Je vous embrasse.

LETTRE DLXV.

A M. LE PRINCE L. E. DE WIRTEMBERG.

Motiers, le 18 février 1765.

A l'arrivée de M. de Schlieben et de Maltzan, je les reçus pour vous, prince; ensuite je les gardai pour eux-mêmes, et j'achetai une journée agréable à leurs dépens. J'en ai si rarement de telles, qu'il est bien naturel que j'en profite; et, sur les sentimens d'humanité que je leur connois, ils doivent être bien aises de me l'avoir donnée.

Ils sont attachés au vertueux prince Henri par des sentimens qui les honorent : pleins de tout ce qu'ils venoient de voir auprès de vous, ils ont versé dans mon cœur attristé un baume de vie et de consolation. Leurs discours y portoient un peu de ce feu qui brille encore dans de grandes ames; et j'ai presque oublié mes misères en songeant de qui j'avais l'honneur d'être aimé.

En tout autre temps, je ne craindrois pas une brouillerie avec la princesse pour me ménager l'avantage d'un raccommodement; mais, en vérité, je suis aujourd'hui si maussade, que, n'ayant point mérité la querelle, à peine osé-je espérer le pardon. Dites-lui toutefois, je vous supplie, que l'amour paternel n'est pas exclusif comme l'amour conjugal; qu'un cœur de père, sans se partager, se multiplie, et qu'ordinairement les cadets n'ont pas la plus mauvaise part. Mon Isabelle est l'aînée, et devoit être la seule; mais sa sœur est bien ingrate d'oser me traiter de volage; elle qui d'abord m'a forcé de l'être, et qui me force à présent de ne l'être plus.

Si j'ai fait quelques vers dans ma jeunesse, comme ils ne valoient pas mieux que les vôtres, j'ai pris pour moi le conseil que je vous ai donné. *Les Benjamites, ou le Lévite d'Éphraïm*, est une espèce de petit poème, en prose, de sept à huit pages, qui n'a de mérite que d'avoir été fait pour me distraire quand je partis de Paris, et qui n'est digne en aucune manière de paroître aux yeux du héros qui daigne en parler.

LETTRE DLXVI.

A M. D'IVERNOIS.

Motiers, le 22 février 1765.

Où êtes-vous, monsieur? que faites-vous? comment vous portez-vous? Votre absence et votre long silence me tiennent en peine. C'est votre tour d'être paresseux : à la bonne heure, pourvu que je sache que vous vous portez bien, et que madame d'Ivernois, que je supplie d'agréer mon respect, veuille bien m'en faire informer par un bulletin de deux lignes.

Le tour qu'ont pris vos affaires, messieurs, et les miennes, la persuasion que la vérité ni la justice n'ont plus aucune autorité parmi les hommes, l'ardent désir de me ménager quelques moments de repos sur la fin de ma triste carrière, m'ont fait prendre l'irrévocable résolution de renoncer désormais à tout commerce avec le public, à toute correspondance hors de la plus absolue nécessité, surtout à Genève, et de me ménager quelques douleurs de moins, en ignorant tout ce qui se passe, et à quoi je ne puis plus rien. Les bontés dont vous m'avez comblé, et l'avantage que j'ai de vous voir deux fois l'année, me feront pourtant faire pour vous, si vous l'agréez, une exception, au moyen de laquelle j'aurai le plaisir d'avoir aussi, de temps en temps, des nouvelles de nos amis, auxquels je ne cesserai absolument point de m'intéresser.

Votre aimable parente, la jeune madame Guyenet, après une couche assez heureuse, est si mal depuis deux jours, qu'il est à craindre que je ne la perde. Je dis *moi*, car sûrement, de tout ce qui l'entoure, rien ne lui est plus véritablement attaché que moi; et je le suis moins à cause de son esprit, qui me paroît pourtant d'autant plus agréable qu'elle est moins pressée de le montrer, qu'à cause de son bon cœur et de sa vertu; qualités rares dans tous les pays du monde, et bien plus rares encore dans celui-ci.

Pour moi, mon cher monsieur, je ne vous dis rien de ma situation particulière; vous pouvez l'imaginer. Cependant, depuis ma résolution, je me sens l'ame beaucoup plus calme. Comme je m'attends à tout de la part des hommes, et qu'ils m'ont déjà fait à peu près du pis qu'ils pouvoient, je tâcherai de ne plus m'affliger que des maux réels, c'est-à-dire de ceux que ma volonté peut faire, ou de ceux que mon corps peut souffrir. Ces derniers me retiennent actuellement dans des entraves que je tiens de votre charité, mais qui ne laissent pas d'être fort pénibles. J'attends avec empressement de vos nouvelles, et vous embrasse, mon cher monsieur, de tout mon cœur.

LETTRE DLXVII.

A MM. DELUC.

24 février 1765.

J'apprends, messieurs, que vous êtes en peine des lettres que vous m'avez écrites. Je les ai toutes reçues jusqu'à celle du 15 février inclusivement.

Je regarde votre situation comme décidée. Vous êtes trop gens de bien pour pousser les choses à l'extrême, et ne pas préférer la paix à la liberté. Un peuple cesse d'être libre quand les lois ont perdu leur force; mais la vertu ne perd jamais la sienne, et l'homme vertueux demeure libre toujours. Voilà désormais, messieurs, votre ressource : elle est assez grande, assez belle pour vous consoler de tout ce que vous perdez comme citoyens.

Pour moi, je prends le seul parti qui me reste, et je le prends irrévocablement. Puisque avec des intentions aussi pures, puisque avec tant d'amour pour la justice et pour la vérité, je n'ai fait que du mal sur la terre, je n'en veux plus faire, et je me retire au-dedans de moi. Je ne veux plus entendre parler de Genève, ni de ce qui s'y passe. Ici finit notre correspondance. Je vous aimerai toute ma vie, mais je ne vous écrirai plus. Embrassez pour moi votre père. Je vous embrasse, messieurs, de tout mon cœur.

LETTRE DLXVIII.

A M. MEURON,

PROCUREUR-GÉNÉRAL.

25 février 1765.

J'apprends, monsieur, avec quelle bonté de cœur et avec quelle vigueur de courage vous avez pris la défense d'un pauvre opprimé. Poursuivi par la classe, et défendu par vous, je puis bien dire comme Pompée : *Victrix causa diis placuit, sed victa Catoni.*

Toutefois, je suis malheureux, mais non pas vaincu ; mes persécuteurs, au contraire, ont tout fait pour ma gloire, puisque c'est par eux que j'ai pour protecteur le plus grand des rois, pour père le plus vertueux des hommes, et pour patron l'un des plus éclairés magistrats.

LETTRE DLXIX.

A M. DE P.[1]

25 février 1765.

Votre lettre, monsieur, m'a pénétré jusqu'aux larmes. Que la bienveillance est une douce chose! et que ne donnerois-je pas pour avoir celle de tous les honnêtes gens! Puissent mes nouveaux patriotes[2] m'accorder la leur à votre exemple! puisse le lieu de mon refuge être aussi celui de mes attachements! Mon cœur est bon; il est ouvert à tout ce qui lui ressemble; il n'a besoin, j'en suis très-sûr, que d'être connu pour être aimé. Il reste, après la santé, trois biens qui rendent sa perte plus supportable, la paix, la liberté, l'amitié. Tout cela, monsieur, si je le trouve, me deviendra plus doux encore lorsque j'en pourrai jouir près de vous.

[1] * Ces lettres initiales indiquent le colonel Pury ou de Pury, dont il est question dans les *Confessions*, et qui demeuroit à Couvet. Il étoit beau-père de du Peyrou.

[2] * *Mes nouveaux patriotes...* texte de l'édition de Genève; c'est sans doute *compatriotes* qu'il faudroit lire.

LETTRE DLXX.

A M. DE C. P. A. A.

Février 1765.

J'attendois des réparations, monsieur, et vous en exigez; nous sommes fort loin de compte. Je veux croire que vous n'avez point concouru, dans les lieux où vous êtes, aux iniquités qui sont l'ouvrage de vos confrères; mais il falloit, monsieur, vous élever contre une manœuvre si opposée à l'esprit du christianisme, et si déshonorante pour votre état. La lâcheté n'est pas moins répréhensible que la violence dans les ministres du Seigneur. Dans tous les pays du monde il est permis à l'innocent de défendre son innocence : dans le vôtre on l'en punit; on fait plus, on ose employer la religion à cet usage. Si vous avez protesté contre cette profanation, vous êtes excepté dans mon livre, et je ne vous dois point de réparation : si vous n'avez pas protesté, vous êtes coupable de connivence, et je vous en dois encore moins.

Agréez, monsieur, je vous supplie, mes salutations et mon respect.

LETTRE DLXXI.

A MADAME LA GÉNÉRALE SANDOZ.

Motiers, le 25 février 1765.

L'admiration me tue, et surtout de votre part. Ah! madame, un peu d'amitié, et, parmi tant d'affronts, je serai le plus glorieux des êtres. Votre patrie[1] est injuste, sans doute; mais avec le mal elle a produit le remède. Peut-elle me faire quelque injustice que votre estime ne puisse réparer? La lettre que vous m'avez envoyée est d'un homme d'église; c'est tout dire, et peut-être trop, car il paroît assez modéré. Mais, vu le traitement que je viens d'essuyer à l'instigation de ses confrères, j'attendois des réparations, et il en exige : vous voyez que nous sommes loin de compte. Conservez-moi vos bontés, madame; elles me seront toujours précieuses, et j'aspire au bonheur d'être à portée de les cultiver.

[1] * La Hollande.

LETTRE DLXXII.

A M. CLAIRAUT.

Motiers-Travers, le 3 mars 1765.

Le souvenir, monsieur, de vos anciennes bontés pour moi vous cause une nouvelle importunité de ma part. Il s'agiroit de vouloir bien être, pour la seconde fois, censeur d'un de mes ouvrages. C'est une très-mauvaise rapsodie que j'ai compilée, il y a plusieurs années, sous le nom de *Dictionnaire de musique,* et que je suis forcé de donner aujourd'hui pour avoir du pain. Dans le torrent de malheurs qui m'entraîne, je suis hors d'état de revoir ce recueil. Je sais qu'il est plein d'erreurs et de bévues. Si quelque intérêt pour le sort du plus malheureux des hommes vous portoit à voir son ouvrage avec un peu plus d'attention que celui d'un autre, je vous serois sensiblement obligé de toutes les fautes que vous voudriez bien corriger chemin faisant. Les indiquer sans les corriger ne seroit rien faire, car je suis absolument hors d'état d'y donner la moindre attention; et si vous daignez en user comme de votre bien, pour changer, ajouter, ou retrancher, vous exercerez une charité très-utile, et dont je serai très-reconnoissant.

Recevez, monsieur, mes très-humbles excuses et mes salutations [1].

LETTRE DLXXIII.

A M. DU PEYROU.

Le 4 mars 1765.

Je vous dois une réponse, monsieur, je le sais. L'horrible situation de corps et d'ame où je me trouve m'ôte la force et le courage d'écrire. J'attendois de vous quelques mots de consolation, mais je vois que vous comptez à la rigueur avec les malheureux. Ce procédé n'est pas injuste, mais il est un peu dur dans l'amitié.

LETTRE DLXXIV.

AU MÊME.

Motiers, le 7 mars 1765.

Pour Dieu, ne vous fâchez pas, et sachez pardonner quelques torts à vos amis dans leur misère.

---

[1] * Clairaut est mort dans le mois de mai de la même année, et n'a pu répondre au désir que Rousseau lui témoigne dans cette lettre.

Je n'ai qu'un ton, monsieur, et il est quelquefois un peu dur : il ne faut pas me juger sur mes expressions, mais sur ma conduite. Elle vous honore quand mes termes vous offensent. Dans le besoin que j'ai des consolations de l'amitié, je sens que les vôtres me manquent, et je m'en plains : cela est-il donc si désobligeant?

Si j'ai écrit à d'autres, comment n'avez-vous pas senti l'absolue nécessité de répondre, et surtout dans la circonstance, à des personnes avec qui je n'ai point de correspondance habituelle, et qui viennent au fort de mes malheurs y prendre le plus généreux intérêt? Je croyois que, sur ces lettres mêmes, vous vous diriez, *Il n'a pas le temps de m'écrire*, et que vous vous souviendriez de nos conventions. Falloit-il donc, dans une occasion si critique, abandonner tous mes intérêts, toutes mes affaires, mes devoirs mêmes, de peur de manquer avec vous à l'exactitude d'une réponse dont vous m'aviez dispensé? Vous vous seriez offensé de ma crainte, et vous auriez eu raison. L'idée même, très-fausse assurément, que vous aviez de m'avoir chagriné par votre lettre, n'étoit-elle pas pour votre bon cœur un motif de réparer le mal que vous supposiez m'avoir fait? Dieu vous préserve d'affliction! mais, en pareil cas, soyez sûr que je ne compterai pas vos réponses. En tout autre cas, ne comptez jamais mes lettres, ou rompons tout de suite, car aussi bien ne tarderionsnous pas à rompre. Mon caractère vous est connu, je ne saurois le changer.

Toutes vos autres raisons ne sont que trop bonnes. Je vous plains dans vos tracas, et les approches de votre goutte me chagrinent surtout vivement, d'autant plus que, dans l'extrême besoin de me distraire, je me promettois des promenades délicieuses avec vous. Je sens encore que ce que je vais vous dire peut être bien déplacé parmi vos affaires; mais il faut vous montrer si je vous crois le cœur dur, et si je manque de confiance en votre amitié. Je ne fais pas des compliments, mais je prouve.

Il faut quitter ce pays, je le sens; il est trop près de Genève, on ne m'y laisseroit jamais en repos. Il n'y a guère qu'un pays catholique qui me convienne; et c'est de là, puisque vos ministres veulent tant la guerre, qu'on peut leur en donner le plaisir tout leur soûl. Vous sentez, monsieur, que ce déménagement a ses embarras. Voulez-vous être dépositaire de mes effets en attendant que je me fixe? voulez-vous acheter mes livres, ou m'aider à les vendre? voulez-vous prendre quelque arrangement, quant à mes ouvrages, qui me délivre de l'horreur d'y penser, et de m'en occuper le reste de ma vie? Toute cette rumeur est trop vive et trop folle pour pouvoir durer. Au bout de deux ou trois ans, toutes les difficultés pour l'impression seront levées, surtout quand je n'y serai plus.

En tous cas, les autres lieux, même au voisinage, ne manqueront pas. Il y a sur tout cela des détails qu'il seroit trop long d'écrire, et sur lesquels, sans que vous soyez marchand et sans que vous me fassiez l'aumône, cet arrangement peut m'être utile, et ne vous pas être onéreux. Cela demande d'en conférer. Il faut voir seulement si vos affaires présentes vous permettent de penser à celle-là.

Vous savez donc le triste état de la pauvre madame Guyenet, femme aimable, d'un vrai mérite, d'un esprit aussi fin que juste, et pour qui la vertu n'étoit pas un vain mot : sa famille est dans la plus grande désolation, son mari est au désespoir, et moi je suis déchiré. Voilà, monsieur, l'objet que j'ai sous les yeux pour me consoler d'un tissu de malheurs sans exemple.

J'ai des accès d'abattement, cela est assez naturel dans l'état de maladie, et ces accès sont très-sensibles, parce qu'ils sont les moments où je cherche le plus à m'épancher; mais ils sont courts, et n'influent point sur ma conduite. Mon état habituel est le courage; et vous le verrez peut-être dans cette affaire, si l'on me pousse à bout; car je me fais une loi d'être patient jusqu'au moment où l'on ne peut plus l'être sans lâcheté. Je ne sais quelle diable de mouche a piqué vos messieurs; mais il y a bien de l'extravagance à tout ce vacarme; ils en rougiront sitôt qu'ils seront calmés.

Mais que dites-vous, monsieur, de l'étourderie de vos ministres, qui, vu leurs mœurs, leur crasse ignorance, devroient trembler qu'on aperçût qu'ils existent, et qui vont sottement payer pour les autres dans une affaire qui ne les regarde pas? Je suis persuadé qu'ils s'imaginent que je vais rester sur la défensive, et faire le pénitent et le suppliant : le conseil de Genève le croyoit aussi, je l'ai désabusé, je me charge de les désabuser de même. Soyez-moi témoin, monsieur, de mon amour pour la paix, et du plaisir avec lequel j'avois posé les armes : s'ils me forcent à les reprendre, je les reprendrai, car je ne veux pas me laisser battre à terre; c'est un point tout résolu. Quelle prise ne me donnent-ils pas ! A trois ou quatre près, que j'honore et que j'excepte, que sont les autres? quels mémoires n'aurai-je pas sur leur compte! Je suis tenté de faire ma paix avec tous les autres clergés, aux dépens du vôtre, d'en faire le bouc d'expiation pour les péchés d'Israël. L'invention est bonne, et son succès est certain. Ne seroit-ce pas bien servir l'état, d'abattre si bien leur morgue, de les avilir à tel point, qu'ils ne pussent jamais plus ameuter les peuples ? J'espère ne pas me livrer à la vengeance; mais si je les touche, comptez qu'ils sont morts. Au reste, il faut premièrement attendre l'excommunication; car jusqu'à ce moment il me tiennent; ils sont mes pasteurs, je leur dois du respect.

J'ai là-dessus des maximes dont je ne me départirai jamais, et c'est pour cela même que je les trouve bien peu sages de m'aimer mieux loup que brebis.

LETTRE DLXXV.

A M. MOULTOU.

9 mars 1765.

Vous ignorez, je le vois, ce qui se passé ici par rapport à moi. Par des manœuvres souterraines que j'ignore, les ministres, Montmollin à leur tête, se sont tout à coup déchaînés contre moi, mais avec une telle violence, que, malgré milord Maréchal et le roi même, je suis chassé d'ici sans savoir plus où trouver d'asile sur la terre; il ne m'en reste que dans son sein. Cher Moultou, voyez mon sort. Les plus grands scélérats trouvent un refuge; il n'y a que votre ami qui n'en trouve point. J'aurois encore l'Angleterre; mais quel trajet, quelle fatigue, quelle dépense! Encore si j'étois seul!... Que la nature est lente à me tirer d'affaire! Je ne sais ce que je deviendrai; mais, en quelque lieu que j'aille terminer ma misère, souvenez-vous de votre ami.

Il n'est plus question de mon édition générale.

Selon toute apparence, je ne trouverai plus à la faire; et, quand je le pourrois, je ne sais si je pourrois vaincre l'horrible aversion que j'ai conçue pour ce travail. Je ne regarde aucun de mes livres sans frémir, et tout ce que je désire au monde est un coin de terre où je puisse mourir en paix, sans toucher ni papier ni plume.

Je sens le prix de ce que vous avez fait pendant que nous ne nous écrivions plus. Je me plaignois de vous, et vous vous occupiez de ma défense. On ne remercie pas de ces choses-là, on les sent. On ne fait point d'excuse, on se corrige.

Voici la lettre de M. Garcin : il vient bien noblement à moi au moment de mes plus cruels malheurs. Du reste, ne m'instruisez plus de ce qu'on pense ou de ce qu'on dit : succès, revers, discours publics, tout m'est devenu de la plus grande indifférence. Je n'aspire qu'à mourir en repos. Ma répugnance à me cacher est enfin vaincue. Je suis à peu près déterminé à changer de nom, et à disparoître de dessus la terre. Je sais déjà quel nom je prendrai; je pourrai le prendre sans scrupule; je ne mentirai sûrement pas. Je vous embrasse.

En finissant cette lettre, qui est écrite depuis hier, j'étois dans le plus grand abattement où j'aie été de ma vie. M. de Montmollin entra, et, dans cette entrevue je retrouvai toute la vigueur que je croyois m'avoir tout-à-fait abandonné. Vous jugerez comment je m'en suis tiré par la relation que j'en envoie à l'homme du roi, et dont je joins ici copie, que vous pouvez montrer. L'assemblée est indiquée pour la semaine prochaine. Peut-être ma contenance en imposera-t-elle. Ce qu'il y a de sûr c'est que je ne fléchirai pas. En attendant qu'on sache quel parti ils auront pris, ne montrez cette lettre à personne. Bon voyage.

LETTRE DLXXVI.

A M. MEURON,

CONSEILLER D'ÉTAT ET PROCUREUR-GÉNÉRAL A NEUCHATEL.

Motiers, le 9 mars 1765.

Hier, monsieur, M. de Montmollin m'honora d'une visite, dans laquelle nous eûmes une conférence assez vive. Après m'avoir annoncé l'excommunication formelle comme inévitable, il me proposa, pour prévenir le scandale, un tempérament que je refusai net. Je lui dis que je ne voulois point d'un état intermédiaire; que je voulois être dedans ou dehors, en paix ou en guerre, brebis ou loup. Il me fit sur cette affaire plusieurs objections que je mis en poudre; car, comme il n'y a ni raison ni justice à tout ce qu'on fait contre moi, sitôt qu'on entre en discussion je suis fort. Pour lui montrer que ma fermeté n'étoit point obstination, encore moins insolence, j'offris, si la classe vouloit rester en repos, de m'engager avec lui de ne plus écrire de ma vie sur aucun point de religion. Il répondit qu'on se plaignoit que j'avois déjà pris cet engagement, et que j'y avois manqué. Je répliquai qu'on avoit tort; que je pouvois bien l'avoir résolu pour moi, mais que je ne l'avois promis à personne. Il protesta qu'il n'étoit pas le maître, qu'il craignoit que la classe n'eût déjà pris sa résolution. Je répondis que j'en étois fâché, mais que j'avois aussi pris la mienne. En sortant, il me dit qu'il feroit ce qu'il pourroit, je lui dis qu'il feroit ce qu'il voudroit, et nous nous quittâmes. Ainsi, monsieur, jeudi prochain, ou vendredi au plus tard, je jetterai l'épée ou le fourreau dans la rivière.

Comme vous êtes mon bon défenseur et patron, j'ai cru vous devoir rendre compte de cette entrevue. Recevez, je vous supplie, mes salutations et mon respect.

LETTRE DLXXVII.

A M. LE PROFESSEUR DE MONTMOLLIN.

Par déférence pour M. le professeur de Montmollin, mon pasteur, et par respect pour la vénérable classe, j'offre, si on l'agrée, de m'engager, par un écrit signé de ma main, à ne jamais publier aucun nouvel ouvrage sur aucune matière de religion, même de n'en jamais traiter incidemment dans aucun nouvel ouvrage que je pourrois publier sur tout autre sujet; et, de plus, je continuerai à témoigner, par mes sentiments et par ma conduite, tout le prix que je mets au bonheur d'être uni à l'Église.

Je prie M. le professeur de communiquer cette déclaration à la vénérable classe.

Fait à Motiers le 10 mars 1765.

LETTRE DLXXVIII.

A MADAME LATOUR.

Motiers, le 10 mars 1765.

J'ai lu votre lettre avec la plus grande attention, j'ai rapproché tous les rapports qui pouvoient m'en faire juger sainement : c'étoit pour mon cœur une affaire importante.

Vous étiez flatteuse durant ma prospérité, vous devenez franche dans mes misères : à quelque chose malheur est bon.

J'aime la vérité, sans doute; mais si jamais j'ai le malheur d'avoir un ami dans l'état où je suis, et que je ne trouve aucune vérité consolante à lui dire, je mentirai.

On peut donner en tout temps à son ami le blâme qu'on croit qu'il mérite; mais, quand on choisit le moment de ses malheurs, il faut s'assurer qu'on a raison.

Lorsque je disois, Il faut se taire, et ne pas imiter le crime de Cham; j'étois citoyen de Genève; je ne dois que la vérité à ceux par qui je ne le suis plus.

Lorsque je disois, Il faut se taire, je n'avois que ma cause à défendre, et je me taisois; mais quand c'est un devoir de parler, il ne faut pas se taire : voyez l'avertissement. Adieu, Marianne.

LETTRE DLXIX.

A M. LE P. DE FÉLICE.

Motiers, le 14 mars 1765.

Je n'ai point fait, monsieur, l'ouvrage intitulé *des Princes*; je ne l'ai point vu ; je doute même qu'il existe. Je comprends aisément de quelle fabrique vient cette invention, comme beaucoup d'autres, et je trouve que mes ennemis se rendent bien justice en m'attaquant avec des armes si dignes d'eux. Comme je n'ai jamais désavoué aucun ouvrage qui fût de moi, j'ai le droit d'en être cru sur ceux que je déclare n'en pas être. Je vous prie, monsieur, de recevoir et de publier cette déclaration en faveur de la vérité, et d'un homme qui n'a qu'elle pour sa défense. Recevez mes très-humbles salutations.

LETTRE DLXXX.

A M. DU PEYROU.

Motiers, le 14 mars 1765.

Voici, monsieur, votre lettre. En la lisant j'étois dans votre cœur : elle est désolante. Je vous désolerai peut-être moi-même en vous avouant que celle qui l'écrit me paroît avoir de bons yeux, beaucoup d'esprit, et point d'ame. Vous devriez en faire non votre amie, mais votre folle, comme les princes avoient jadis des fous, c'est-à-dire d'heureux étourdis, qui osoient leur dire la vérité. Nous reparlerons de cette lettre dans un tête-à-tête. Cher du Peyrou, croyez-moi, continuez d'être bon et d'aimer les hommes, mais ne comptez jamais avec eux.

Premier acte d'ami véritable, non dans vos offres, mais dans vos conseils : je les attendois de vous; vous n'avez pas trompé mon attente. Le désir de me venger de votre prêtraille étoit né dans le premier mouvement; c'étoit un effet de la colère; mais je n'agis jamais dans le premier mouvement, et ma colère est courte. Nous sommes de même avis; ils sont en sûreté, et je ne leur ferai sûrement pas l'honneur d'écrire contre eux.

Non seulement je n'ai pas dessein de quitter ce pays durant l'orage, je ne veux pas même quitter Motiers, à moins qu'on n'use de violence pour m'en chasser, ou qu'on ne me montre un ordre du roi sous l'immédiate protection duquel j'ai l'honneur d'être. Je tiendrai dans cette affaire la contenance que je dois à mon protecteur et à moi. Mais, de manière ou d'autre, il faudra que cette affaire finisse. Si l'on me fait traîner dehors par des archers, il faut bien que je m'en aille; si l'on finit par me laisser en repos, je veux alors m'en aller, c'est un point résolu. Que voulez-vous que je fasse dans un pays où l'on me traite plus mal qu'un malfaiteur? Pourrai-je jamais jeter sur ces gens-là un autre œil que celui du mépris et de l'indignation? Je m'avilirois aux yeux de toute la terre si je restois au milieu d'eux.

Je suis bien aise que vous ayez d'abord senti et dit la vérité sur le prétendu livre *des Princes :* mais savez-vous qu'on a écrit de Berne à l'imprimeur d'Yverdun de me demander ce livre et de l'imprimer, que ce seroit une bonne affaire? J'ai d'abord senti les soins officieux de l'ami Bertrand; j'ai tout de suite envoyé à M. Félice la lettre dont copie ci-jointe, le faisant prier de l'imprimer et de la répandre. Comme il est livré à gens qui ne m'aiment pas, j'ai prié M. Roguin, en cas d'obstacle, de vous en donner avis par la poste; et alors je vous serois bien obligé si vous vouliez la donner tout de suite à Fauche, et la lui faire imprimer bien correctement. Il faut qu'il la verse, le plus promptement qu'il sera possible, à Berne, à Genève, et dans le pays de Vaud; mais avant qu'elle paroisse ayez la bonté de la relire sur l'imprimé, de peur qu'il ne s'y glisse quelque faute. Vous sentez qu'il ne s'agit pas ici d'un petit scrupule d'auteur, mais de ma sûreté et de ma liberté peut-être pour le reste de ma vie. En attendant l'impression vous pouvez donner et envoyer des copies.

Je ne serai peut-être en état de vous écrire de long-temps. De grâce, mettez-vous à ma place, et ne soyez pas trop exigeant. Vous devriez sentir qu'on ne me laisse pas du temps de reste ; mais vous en avez pour me donner de vos nouvelles, et même des miennes : car vous savez ce qui se passe par rapport à moi ; pour moi je l'ignore parfaitement.

Je vous embrasse.

LETTRE DLXXXI.

A M. MEURON,

PROCUREUR-GÉNÉRAL A NEUCHATEL.

Motiers, le 23 mars 1765.

Je ne sais, monsieur, si je ne dois pas bénir mes misères, tant elles sont accompagnées de consolations. Votre lettre m'en a donné de bien douces, et j'en ai trouvé de plus douces encore dans le paquet qu'elle contenoit. J'avois exposé à milord Maréchal les raisons qui me faisoient désirer de quitter ce pays pour chercher la tranquillité et pour l'y laisser. Il approuve ces raisons, et il est, comme moi, d'avis que j'en sorte : ainsi, monsieur, c'est un parti pris, avec regret, je vous jure, mais irrévocablement. Assurément tous ceux qui ont des bontés pour moi ne peuvent désapprouver que, dans le triste état où je suis, j'aille chercher une terre de paix pour y déposer mes os. Avec plus de vigueur et de santé je consentirois à faire face à mes persécuteurs pour le bien public; mais, accablé d'infirmités et de malheurs sans exemple, je suis peu propre à jouer un rôle, et il y auroit de la cruauté à me l'imposer. Las de combats et de querelles, je n'en peux plus supporter. Qu'on me laisse aller mourir en paix ailleurs, car ici cela n'est pas possible, moins par la mauvaise humeur des habitants, que par le trop grand voisinage de Genève; inconvénient qu'avec la meilleure volonté du monde il ne dépend pas d'eux de lever.

Ce parti, monsieur, étant celui auquel on vouloit me réduire, doit naturellement faire tomber toute démarche ultérieure pour m'y forcer. Je ne suis point encore en état de me transporter; et il me faut quelque temps pour mettre ordre à mes affaires; durant lequel je puis raisonnablement espérer qu'on ne me traitera pas plus mal qu'un Turc, un juif, un païen, un athée, et qu'on voudra bien me laisser jouir, pour quelques semaines, de l'hospitalité qu'on ne refuse à aucun étranger. Ce n'est pas, monsieur, que je veuille désormais me regarder comme tel; au contraire, l'honneur d'être inscrit parmi les citoyens du pays me sera toujours précieux par lui-même, encore plus par la main dont il me vient, et je mettrai toujours au rang de mes premiers devoirs le zèle et la fidélité que je dois au roi, comme notre prince et comme mon protecteur. J'avoue que j'y laisse un bien très-regrettable, mais dont je n'entends point du tout me dessaisir. Ce sont les amis que j'y ai trouvés dans mes disgrâces, et que j'espère y conserver malgré mon éloignement.

Quant à messieurs les ministres, s'ils trouvent à propos d'aller toujours en avant avec leur consistoire, je me traînerai de mon mieux pour y comparoître, en quelque état que je sois, puisqu'ils le veulent ainsi; et je crois qu'ils trouveront, pour ce que j'ai à leur dire, qu'ils auroient pu se passer de tant d'appareil. Du reste ils sont fort les maîtres de m'excommunier, si cela les amuse; être excommunié de la façon de M. de Voltaire m'amusera fort aussi.

Permettez, monsieur, que cette lettre soit commune aux deux messieurs qui ont eu la bonté de m'écrire avec un intérêt si généreux. Vous sentez que, dans les embarras où je me trouve, je n'ai pas plus le temps que les termes pour exprimer combien je suis touché de vos soins et des leurs. Mille salutations et respects.

LETTRE DLXXXII.

A MADAME D'IVERNOIS.

Motiers, le 25 mars 1765.

Je suis comblé de vos bontés, madame, et confus de mes torts : ils sont tous dans ma situation, je vous assure : aucun n'est dans mes sentiments. Vous avez trop bien deviné, madame, le sort de notre aimable et infortunée amie. M. Tissot m'a fait l'amitié de venir la voir; sous sa direction elle est déja beaucoup mieux. Je ne doute point qu'il n'achève de rétablir son corps et sa tête, mais je crains que son cœur ne soit plus long-temps malade, et que l'amitié même ne puisse pas grand'-chose sur un mal auquel la médecine ne peut rien.

Pourquoi, madame, n'avez-vous pas ouvert ma lettre pour M. votre mari? j'y avois compté; une médiatrice telle que vous ne peut que rendre notre commerce encore plus agréable. Dites-lui, je vous supplie, mille choses pour moi que je n'ai pas le temps de lui dire; j'ai le temps seulement de l'aimer de tout mon cœur, et j'emploie bien ce temps-là : pour l'employer mieux encore, je voudrois que vous daignassiez en usurper une partie. Il faut finir, madame. Mille salutations et respects.

LETTRE DLXXXIII.

AU CONSISTOIRE DE MOTIERS.

Motiers, le 29 mars 1765.

Messieurs,

Sur votre citation j'avois hier résolu, malgré mon état, de comparoître aujourd'hui pardevant vous; mais sentant qu'il me seroit impossible, malgré toute ma bonne volonté, de soutenir une longue séance, et, sur la matière de foi qui fait l'unique objet de cette citation, réfléchissant que je pouvois également m'expliquer par écrit, je n'ai point douté, messieurs, que la douceur de la charité ne s'alliât en vous au zèle de la foi, et que vous n'agréassiez dans cette lettre la même réponse que j'aurois pu faire de bouche aux questions de M. de Montmollin, quelles qu'elles soient.

Il me paroît donc qu'à moins que la rigueur dont la vénérable classe juge à propos d'user contre moi ne soit fondée sur une loi positive, qu'on m'assure ne pas exister dans cet état, rien n'est plus nouveau, plus irrégulier, plus attentatoire à la liberté civile, et surtout plus contraire à l'esprit de la religion, qu'une pareille procédure en pure matière de foi.

Car, messieurs, je vous supplie de considérer que, vivant depuis long-temps dans le sein de l'église, et n'étant ni pasteur, ni professeur, ni chargé d'aucune partie de l'instruction publique, je ne dois être soumis, moi particulier, moi simple fidèle, à aucune interrogation ni inquisition sur la foi; de telles inquisitions, inouïes dans ce pays, sapant tous les fondements de la réformation, et blessant à la fois la liberté évangélique, la charité chrétienne, l'autorité du prince, et les droits des sujets, soit comme membres de l'église, soit comme citoyens de l'état. Je dois toujours compte de mes actions et de ma conduite aux lois et aux hommes; mais, puisqu'on n'admet point parmi nous d'église infaillible qui ait droit de prescrire à ses membres ce qu'ils doivent croire, donc, une fois reçu dans l'église, je ne dois plus qu'à Dieu seul compte de ma foi.

J'ajoute à cela que lorsqu'après la publication de l'*Émile* je fus admis à la communion dans cette paroisse, il y a près de trois ans, par M. de Montmollin, je lui fis par écrit une déclaration dont il fut si pleinement satisfait, que non seulement il n'exigea nulle autre explication sur le dogme, mais qu'il me promit même de n'en point exiger. Je me tiens exactement à sa promesse, et surtout à ma déclaration. Et quelle conséquence, quelle absurdité, quel scandale ne seroit-ce point de s'en être contenté, après la publication d'un livre où le christianisme sembloit si violemment attaqué, et de ne s'en pas contenter maintenant, après la publication d'une autre livre où l'auteur peut errer, sans doute, puisqu'il est homme; mais où du moins il erre en chrétien, puisqu'il ne cesse de s'appuyer pas à pas sur l'autorité de l'Évangile ! C'étoit alors qu'on pouvoit m'ôter la communion; mais c'est à présent qu'on devroit me la rendre. Si vous faites le contraire, messieurs, pensez à vos consciences : pour moi, quoi qu'il arrive, la mienne est en paix.

Je vous dois, messieurs, et je veux vous rendre toutes sortes de déférences, et je souhaite de tout mon cœur qu'on n'oublie pas assez la protection dont le roi m'honore pour me forcer d'implorer celle du gouvernement.

Recevez, messieurs, je vous supplie, les assurances de tout mon respect.

Je joins ici la copie de la déclaration sur laquelle je fus admis à la communion en 1762, et que je confirme aujourd'hui.

LETTRE DLXXXIV.

A M. DU PEYROU.

Le 6 avril 1765.

Je souffre beaucoup depuis quelques jours, et les tracas que je croyois finis, et que je vois se multiplier, ne contribuent pas à me tranquilliser le corps ni l'ame. Voilà donc de nouvelles lettres d'éclat à écrire, de nouveaux engagements à prendre, et qu'il faut jeter à la tête de tout le monde, jusqu'à ce que je trouve quelqu'un qui les daigne agréer. Voilà, toute chose cessante, un déménagement à faire. Il faut me réfugier à Couvet, parce que j'ai le malheur d'être dans la disgrâce du ministre de Motiers : il faut vite aller chercher un autre ministre et un autre consistoire ; car, sans ministre et sans consistoire, il ne m'est plus permis de respirer ; et il faut errer de paroisse en paroisse, jusqu'à ce que je trouve un ministre assez bénin pour daigner me tolérer dans la sienne. Cependant M. de Pury appelle cela le pays le plus libre de la terre ; à la bonne heure : mais cette liberté-là n'est pas de mon goût. M. de Pury sait que je ne veux plus rien avoir à faire avec les ministres; il me l'a conseillé lui-même ; il sait que naturellement je suis désormais dans ce cas avec celui-ci ; il sait que le conseil d'état m'a exempté de la juridiction de son consistoire : par quelle étrange maxime veut-il que je m'aille refourrer tout exprès sous la juridiction d'un autre consistoire dont le conseil d'état ne m'a point exempté, et sous celle d'un autre ministre qui me tracassera plus poliment, sans doute, mais qui me tracassera toujours ; voudra poliment savoir comme je pense, et que poliment j'enverrai promener ? Si j'avois une habitation à choisir dans ce pays, ce seroit celle-ci, précisément par la raison qu'on veut que j'en sorte. J'en sortirai donc puisqu'il le faut ; mais ce ne sera sûrement pas pour aller à Couvet.

Quant à la lettre que vous jugez à propos que j'écrive pour promettre le silence pendant mon séjour en Suisse ; j'y consens ; je désirerois seulement que vous me fissiez l'amitié de m'envoyer le modèle de cette lettre, que je transcrirai exactement, et de me marquer à qui je dois l'adresser. Garrotez-moi si bien que je ne puisse plus remuer ni pied ni pate ; voilà mon cœur et mes mains dans les liens de l'amitié. Je suis très-déterminé à vivre en repos, si je puis, et à ne plus rien écrire, quoi qu'il arrive, si ce n'est ce que vous savez, et pour la Corse, s'il le faut absolument, et que je vive assez pour cela. Ce qui me fâche, encore un coup, c'est d'aller offrant cette promesse de porte en porte, jusqu'à ce qu'il se trouve quelqu'un qui la daigne agréer : je ne sache rien au monde de plus humiliant; c'est donner à mon silence une importance que personne n'y voit que moi seul.

Pardonnez, monsieur, l'humeur qui me ronge; j'ai onze lettres sur la table, la plupart très-désagréables, et qui veulent toutes la plus prompte réponse. Mon sang est calciné, la fièvre me consume, je ne pisse plus du tout, et jamais rien ne m'a tant coûté de ma vie que cette promesse authentique qu'il faut que je fasse d'une chose que je suis bien déterminé à tenir, que je la promette ou non. Mais, tout en grognant fort maussadement, j'ai le cœur plein des sentiments les plus tendres pour ceux qui s'intéressent si généreusement à mon repos, et qui me donnent les meilleurs conseils pour l'assurer. Je sais qu'ils ne me conseillent que pour mon bien, qu'ils ne prennent à tout cela d'autre intérêt que le mien propre. Moi, de mon côté, tout en murmurant, je veux leur complaire, sans songer à ce qui m'est bon. S'ils me demandoient pour eux ce qu'ils me demandent pour moi-même, il ne me coûteroit plus rien; mais, comme il est permis de faire en rechignant son propre avantage, je veux leur obéir, les aimer, et les gronder. Je vous embrasse.

P. S. Tout bien pesé, je crois pourtant qu'avant le départ de M. Meuron je ferai ce qu'on désire. Ma paresse commence toujours par se dépiter, mais à la fin mon cœur cède.

Si je restois, j'en reviendrois, en attendant que votre maison fût faite, au projet de chercher quelque jolie habitation près de Neuchâtel, et de m'abandonner à quelque société où j'eusse à la fois la liberté et le commerce des hommes. Je n'ai pas besoin de société pour me garantir de l'ennui, au contraire; mais j'en ai besoin pour me détourner de rêver et d'écrire. Tant que je vivrai seul, ma tête ira malgré moi.

LETTRE DLXXXV.

A MILORD MARÉCHAL.

Le 6 avril 1765.

Il me paroît, milord, que, grâce aux soins des honnêtes gens qui vous sont attachés, les projets des prédicants contre moi s'en iront en fumée, ou aboutiront tout au plus à me garantir de l'ennui de leurs lourds sermons. Je n'entrerai point dans le détail de ce qui s'est passé, sachant qu'on vous en a rendu un fidèle compte; mais il y auroit de l'ingratitude à moi de ne vous rien dire de la chaleur que M. Chaillet a mise à toute cette affaire, et de l'activité pleine à la fois de prudence et de vigueur avec laquelle M. Meuron l'a conduite. A portée, dans la place où vous l'avez mis, d'agir et parler au nom du roi et au vôtre, il s'est prévalu de cet avantage avec tant de dextérité, que, sans indisposer personne, il a ramené tout le conseil d'état à son avis, ce qui n'étoit pas peu de chose, vu l'extrême fermentation qu'on avoit trouvé le moyen d'exciter dans les esprits. La manière dont il s'est tiré de cette affaire prouve qu'il est très en état d'en manier de plus grandes.

Lorsque je reçus votre lettre du 10 mars avec les petits billets numérotés qui l'accompagnoient, je me sentis le cœur si pénétré de ces tendres soins de votre part, que je m'épanchai là-dessus avec M. le prince Louis de Wirtemberg, homme d'un mérite rare, épuré par les disgrâces, et qui m'honore de sa correspondance et de son amitié. Voici là-dessus sa réponse; je vous la transmets mot à mot : « Je n'ai pas douté un moment que le roi de « Prusse ne vous soutînt; mais vous me faites ché- « rir milord Maréchal : veuillez lui témoigner toute « la vivacité des sentiments que cet homme res- « pectable m'inspire. Jamais personne avant lui « ne s'est avisé de faire un journal si honorable « pour l'humanité. »

Quoiqu'il me paroisse à peu près décidé que je puis jouir en ce pays de toute la sûreté possible, sous la protection du roi, sous la vôtre, et, grâce à vos précautions, comme sujet de l'état [1], cependant il me paroît toujours impossible qu'on m'y

---

[1] * Lord Maréchal lui avoit obtenu des lettres de naturalisation.

laisse tranquille. Genève n'en est pas plus loin qu'auparavant, et les brouillons de ministres me haïssent encore plus à cause du mal qu'ils n'ont pu me faire. On ne peut compter sur rien de solide dans un pays où les têtes s'échauffent tout d'un coup sans savoir pourquoi. Je persiste donc à vouloir suivre votre conseil et m'éloigner d'ici. Mais, comme il n'y a plus de danger, rien ne presse; et je prendrai tout le temps de délibérer et de bien peser mon choix, pour ne pas faire une sottise, et m'aller mettre dans de nouveaux lacs. Toutes mes raisons contre l'Angleterre subsistent; et il suffit qu'il y ait des ministres dans ce pays-là pour me faire craindre d'en approcher. Mon état et mon goût m'attirent également vers l'Italie; et si la lettre dont vous m'avez envoyé copie obtient une réponse favorable, je penche extrêmement pour en profiter. Cette lettre, milord, est un chef-d'œuvre; pas un mot de trop, si ce n'est des louanges : pas une idée omise pour aller au but. Je compte si bien sur son effet, que, sans autre sûreté qu'une pareille lettre, j'irois volontiers me livrer aux Vénitiens. Cependant, comme je puis attendre, et que la saison n'est pas bonne encore pour passer les monts, je ne prendrai nul parti définitif sans en bien consulter avec vous.

Il est certain, milord, que je n'ai pour le moment nul besoin d'argent. Cependant je vous l'ai dit, et je vous le répète, loin de me défendre de vos dons, je m'en tiens honoré. Je vous dois les biens les plus précieux de la vie ; marchander sur les autres seroit de ma part une ingratitude. Si je quitte ce pays, je n'oublierai pas qu'il y a dans les mains de M. Meuron cinquante louis dont je puis disposer au besoin.

Je n'oublierai pas non plus de remercier le roi de ses grâces. Ç'a toujours été mon dessein si jamais je quittois ses états. Je vois, milord, avec une grande joie, qu'en tout ce qui est convenable et honnête nous nous entendons sans nous être communiqués.

LETTRE DLXXXVI.

A M. D'ESCHERNY.

Motiers, le 6 avril 1765.

Je n'entends pas bien, monsieur, ce qu'après sept ans de silence M. Diderot vient tout à coup exiger de moi. Je ne lui demande rien. Je n'ai nul désaveu à faire. Je suis bien éloigné de lui vouloir du mal, encore plus de lui en faire ou d'en dire de lui ; je sais respecter jusqu'à la fin les droits de l'amitié, même éteinte, mais je ne la rallume jamais ; c'est ma plus inviolable maxime[1].

1 * M. d'Escherny, dans ses mélanges, blâme avec raison le refus

J'ignore encore où m'entraînera ma destinée. Ce que je sais, c'est que je ne quitterai qu'à regret un pays où, parmi beaucoup de personnes que j'estime, il y en a quelques-unes que j'aime et dont je suis aimé. Mais, monsieur, ce que j'aime le plus au monde, et dont j'ai le plus besoin, c'est la paix : je la chercherai jusqu'à ce que je la trouve, ou que je meure à la peine. Voilà la seule chose sur laquelle je suis bien décidé.

J'espérois toujours vous rapporter votre musique; mais, malade et distrait, je n'ai pas le temps d'y jeter les yeux. M. de Montmollin a jugé à propos de m'occuper ici d'autres chansons bien moins amusantes. Il a voulu me faire chanter ma gamme, et s'est fait un peu chanter la sienne; que Dieu nous préserve de pareille musique ! Ainsi soit-il. Je vous salue, monsieur, de tout mon cœur.

de Rousseau. Mais cette lettre sert à faire apprécier la *sincérité* de Diderot, qui prétend avoir *repoussé* les avances que fit Jean-Jacques pour se réconcilier avec lui. L'on peut juger de la *nature* de ces avances.

LETTRE DLXXXVII.

A M. LALIAUD.

Motiers, le 7 avril 1765.

Puisque vous le voulez absolument, monsieur, voici deux mauvaises esquisses que j'ai fait faire, faute de mieux, par une manière de peintre qui a passé par Neuchâtel. La grande est un profil à la silhouette, où j'ai fait ajouter quelques traits en crayon pour mieux déterminer la position des traits; l'autre est un profil tiré à la vue. On ne trouve pas beaucoup de ressemblance à l'un ni à l'autre : j'en suis fâché, mais je n'ai pu faire mieux; je crois même que vous me sauriez quelque gré de cette petite attention, si vous connoissiez la situation où j'étois quand je me suis ménagé le moment de vous complaire.

Il y a un portrait de moi très-ressemblant dans l'appartement de madame la maréchale de Luxembourg. Si M. Lemoine prenoit la peine de s'y transporter et de demander de ma part M. de La Roche, je ne doute pas qu'il n'eût la complaisance de le lui montrer.

Je ne vous connois, monsieur, que par vos lettres; mais elles respirent la droiture et l'honnêteté; elles me donnent la plus grande opinion de votre ame; l'estime que vous m'y témoignez me flatte, et je suis bien aise que vous sachiez qu'elle fait une des consolations de ma vie.

LETTRE DLXXXVIII.

A M. D'IVERNOIS.

Motiers, le 8 avril 1765.

Bien arrivé, mon cher monsieur; ma joie est grande, mais elle n'est pas complète, puisque vous n'avez pas passé par ici. Il est vrai que vous auriez trouvé une fermentation désagréable à votre amitié pour moi. J'espère, quand vous viendrez, que vous trouverez tout pacifié. La chance commence à tourner extrêmement. Le roi s'est si hautement déclaré; milord Maréchal a si vivement écrit; les gens en crédit ont pris mon parti si chaudement, que le conseil d'état s'est unanimement déclaré pour moi, et m'a, par un arrêt, exempté de la juridiction du consistoire, et assuré la protection du gouvernement. Les ministres sont généralement hués : l'homme à qui vous avez écrit est consterné et furieux; il ne lui reste plus d'autres ressources que d'ameuter la canaille, ce qu'il a fait jusqu'ici avec assez de succès. Un des plus plaisants bruits qu'il fait courir est que j'ai dit, dans mon dernier livre que les femmes n'avoient point d'ame; ce qui les met dans une telle fureur par tout le Val-de-Travers, que pour être honoré du sort d'Orphée je n'ai qu'à sortir de chez moi. C'est tout le contraire à Neuchâtel, où toutes les dames sont déclarées en ma faveur. Le sexe dévot y traîne les ministres dans les boues. Une des plus aimables disoit, il y a quelques jours, en pleine assemblée, qu'il n'y avoit qu'une seule chose qui la scandalisât dans tous mes écrits; c'étoit l'éloge de M. de Montmollin. Les suites de cette affaire m'occupent extrêmement. M. Andrié m'est arrivé de Berlin de la part de milord Maréchal. Il me survient de toutes parts des multitudes de visites. Je songe à déménager de cette maudite paroisse pour aller m'établir près de Neuchâtel, où tout le monde a la bonté de me désirer. Par-dessus tout ces tracas, mon triste état ne me laisse point de relâche, et voici le septième mois que je ne suis sorti qu'une seule fois, dont je me suis trouvé fort mal. Jugez d'après tout cela si je suis en état de recevoir M. de Servan, quelque désir que j'en eusse; dans tout le cours de ma vie il n'auroit pas pu choisir plus mal son temps pour me venir voir. Dissuadez-l'en, je vous supplie, ou qu'il ne s'en prenne pas à moi s'il perd ses pas.

Je ne crois pas avoir écrit à personne que peut-être je serois dans le cas d'aller à Berlin. Il m'a tant passé de choses par la tête que celle-là pourroit y avoir passé aussi; mais je suis presque assuré de n'en avoir rien dit à qui que ce soit. La mémoire, que je perds absolument, m'empêche de rien affirmer. Des motifs très-doux, très-pressants, très-honorables, m'y attireroient sans doute; mais le climat me fait peur. Que je cherche au moins la bénignité du soleil, puisque je n'en dois point attendre des hommes. J'espère que celle de l'amitié me suivra partout. Je connois la vôtre, et je m'en prévaudrois au besoin; mais ce n'est pas l'argent qui me manque, et, si j'en avois besoin, cinquante louis sont à Neuchâtel à mes ordres, grâce à la prévoyance de milord Maréchal.

LETTRE DLXXXIX.

A M. DU PEYROU.

8 avril 1765.

Je n'ai le temps, monsieur, que de vous écrire un mot. Votre inquiétude m'en donne une très-grande. S'il est cruel d'avoir des peines, il l'est bien plus encore de ne connoître pas un ami tendre, pas un honnête homme dans le sein duquel on les puisse épancher.

LETTRE DXC.

A MADEMOISELLE D'IVERNOIS.

Motiers, le 9 avril 1765.

Au moins, mademoiselle, n'allez pas m'accuser aussi de croire que les femmes n'ont point d'ame; car, au contraire, je suis persuadé que toutes celles qui vous ressemblent en ont au moins deux à leur disposition. Quel dommage que la vôtre vous suffise! J'en connois une qui se plairoit fort à loger en même lieu. Mille respects à la chère maman et à toute la famille. Je vous prie, mademoiselle, d'agréer les miens.

LETTRE DXCI.

A M. MEURON,

PROCUREUR-GÉNÉRAL A NEUCHATEL.

Motiers, le 9 avril 1765.

Permettez, monsieur, qu'avant votre départ je vous supplie de joindre à tant de soins obligeants pour moi celui de faire agréer à messieurs du conseil d'état mon profond respect et ma vive reconnoissance. Il m'est extrêmement consolant de jouir, sous l'agrément du gouvernement de cet état, de la protection dont le roi m'honore, et des bontés de milord Maréchal; de si précieux actes de bienveillance m'imposent de nouveaux devoirs que mon cœur remplira toujours avec zèle, non seulement en fidèle sujet de l'état, mais en homme particulièrement obligé à l'illustre corps qui le gouverne. Je me flatte qu'on a vu jusqu'ici dans ma conduite une simplicité sincère, et autant d'aversion pour la dispute que d'amour pour la paix. J'ose dire que jamais homme ne chercha moins à répandre ses opinions, et ne fut moins auteur dans la vie privée et sociale : si, dans la chaîne de mes disgrâces, les sollicitations, le devoir, l'honneur même, m'ont forcé de prendre la plume pour ma défense et pour celle d'autrui, je n'ai rempli qu'à regret un devoir si triste, et j'ai regardé cette cruelle nécessité comme un nouveau malheur pour moi. Maintenant, monsieur, que, grâce au ciel, j'en suis quitte, je m'impose la loi de me taire; et, pour mon repos et pour celui de l'état où j'ai le bonheur de vivre, je m'engage librement, tant que j'aurai le même avantage, à ne plus traiter aucune matière qui puisse y déplaire, ni dans aucun des états voisins. Je ferai plus, je rentre avec plaisir dans l'obscurité où j'aurois dû toujours vivre, et j'espère sur aucun sujet ne plus occuper le public de moi. Je voudrois de tout mon cœur offrir à ma nouvelle patrie un tribut plus digne d'elle : je lui sacrifie un bien très-peu regrettable, et je préfère infiniment au vain bruit du monde l'amitié de ses membres et la faveur de ses chefs.

Recevez, monsieur, je vous supplie, mes très-humbles salutations.

LETTRE DXCII.

A M. DU PEYROU.

Vendredi 12 avril 1765.

Plus j'étois touché de vos peines, plus j'étois fâché contre vous; et en cela j'avois tort; le commencement de votre lettre me le prouve. Je ne suis pas toujours raisonnable, mais j'aime toujours qu'on me parle raison. Je voudrois connoître vos peines pour les soulager, pour les partager du moins. Les vrais épanchements du cœur veulent non seulement l'amitié, mais la familiarité, et la familiarité ne vient que par l'habitude de vivre ensemble. Puisse un jour cette habitude si douce donner, entre nous, à l'amitié tous ses charmes ! Je les sentirai trop bien pour ne pas vous les faire sentir aussi.

La sentence de Cicéron que vous demandez est *amicus Plato, amicus Aristoteles, sed magis amica veritas*. Mais vous pourrez la resserrer, en n'employant que les deux premiers mots et les trois derniers, et souvenez-vous qu'elle emporte l'obligation de me dire mes vérités. Au lieu de vous dire précisément si vous devez employer le terme de *conclave inquisitorial*, j'aime mieux vous exposer le principe sur lequel je me détermine en pareil doute. Qu'une expression soit ou ne soit pas ce qu'on appelle françoise ou du bel usage, ce n'est pas de cela qu'il s'agit : on ne parle et l'on n'écrit que pour se faire entendre ; pourvu qu'on soit intelligible, on va à son but ; quand on est clair on y va encore mieux : parlez donc clairement pour quiconque entend le françois. Voilà la règle, et soyez sûr que, fissiez-vous au surplus cinq cents barbarismes, vous n'en auriez pas moins bien écrit. Je vais plus loin, et je soutiens qu'il faut quelquefois faire des fautes de grammaire pour être plus lumineux. C'est en cela, et non dans toutes les pédanteries du purisme, que consiste le véritable art d'écrire. Ceci posé, j'examine, sur cette règle, le *conclave inquisitorial*, et je me demande si ces deux mots réunis présentent à l'esprit une idée bien une et bien nette, et il me paroît que non. Le mot *conclave* en latin ne signifie qu'une chambre retirée, mais en françois il signifie l'assemblée des cardinaux pour l'élection du pape. Cette idée n'a nul rapport à la vôtre, et elle exclut même celle de l'inquisition. Voyez si, peut-être en changeant le premier mot, et mettant, par exemple, celui de *synode inquisitorial*, vous n'irez pas mieux à votre but. Il semble même que le mot *synode* pris pour une assemblée de ministres, contrastant avec celui d'*inquisitorial*, feroit mieux sentir l'inconséquence de ces messieurs. L'union seule de ces deux mots feroit, à mon sens, un argument sans réplique; et voilà en quoi consiste la finesse de l'emploi des mots. Pardon, monsieur, de mes longueries; mais, comme vous pouvez avoir quelquefois, dans l'honnêteté de votre ame, l'occasion de parler au public pour le bien de la vérité, j'ai cru que vous seriez peut-être bien aise de connoître la règle générale qui me paroît toujours bonne à suivre dans le choix des mots.

Comme je suis très-persuadé que votre ouvrage n'aura nul besoin de ma révision, je vous prie de m'en dispenser à cause de la matière. Il convient que je puisse dire que je n'y ai aucune part et que je ne l'ai pas vû. Il est même inutile de m'envoyer aucune des pièces que vous vous proposez d'y mettre, puisqu'il me suffira de les trouver toutes dans l'imprimé.

Au train dont la neige tombe, nous en aurons ce soir plus d'un pied : cela, et mon état encore empiré, m'ôtera le plaisir de vous aller voir aussitôt que je l'espérois. Sitôt que je le pourrai, comptez que vous verrez celui qui vous aime.

LETTRE DXCIII.

AU MÊME.

15 avril 1765.

Je prends acte du reproche que vous me faites de trop de précipitation vis-à-vis de M. Vernes, et je vous prédis que dans trois mois d'ici vous me reprocherez trop de lenteur et de modération.

Je n'aime pas que les choses qui se sont passées dans le tête-à-tête se publient ; c'est pourquoi la note sur laquelle vous me consultez est peu de mon goût. Je n'aime pas même trop, dans le texte, l'épithète *si doux*, donnée aux éloges du professeur. Il y a de l'erreur dans mes éloges, mais je ne crois pas qu'il y ait de la fadeur, et, quand il y en auroit, je ne voudrois pas que ce fût vous qui la relevassiez. Au reste, je n'exige rien, je dis mon goût, suivez le vôtre.

Charité veut dire *amour*, ainsi l'on n'aime jamais que par charité ; c'est par charité que je vous aime et que je veux être aimé de vous. Mais ce mot part d'une ame triste, et n'échappe pas à la mienne. J'ai besoin d'être auprès de vous ; mais pas un moment de relâche, ni dans le mauvais temps, ni dans mon état : cela est bien cruel. Fi du *monsieur*, je ne puis le souffrir. Je vous embrasse.

LETTRE DXCIV.

AU MÊME.

22 avril 1765.

L'amitié est une chose si sainte, que le nom n'en doit pas même être employé dans l'usage ordinaire : ainsi nous serons amis, et nous ne nous dirons pas *mon ami*. J'eus un surnom jadis que je crois mériter mieux que jamais ; à Paris, on ne m'appeloit que le *citoyen*. A votre égard, prenez un nom de société qui vous plaise et que je puisse vous donner. Je me plais à songer que vous devez être un jour mon cher hôte, et j'aimerois à vous en donner le titre d'avance ; mais celui-là ou un autre, prenez-en un qui soit de votre goût, et qui supprime entre nous le maussade mot de *monsieur*, que l'amitié et sa familiarité doivent proscrire.

Votre petite note est très-bien. Sur ce que j'apprends, il me paroît important que vous preniez vos mesures si justes et si sûres, que l'écrit paroisse avant la générale de mai. J'ai eu le plaisir de voir M. de Pury ; c'est un digne homme dont je n'oublierai jamais les services. Je souffre toujours beaucoup.

Je vous embrasse.

Examinez toujours le cachet de mes lettres, pour voir si elles n'ont point été ouvertes, et pour cause : je me servirai toujours de la lyre.

~~~~~~~~~~~~~~~~~~~~~~~~~~~~~~~~~~~~

LETTRE DXCV.

A M. D'IVERNOIS.

Motiers, le 22 avril 1765.

J'ai reçu, monsieur, tous vos envois, et ma sensibilité à votre amitié augmente de jour en jour : mais j'ai une grâce à vous demander ; c'est de ne me plus parler des affaires de Genève, et ne plus m'envoyer aucune pièce qui s'y rapporte. Pourquoi veut-on absolument, par de si tristes images, me faire finir dans l'affliction le reste des malheureux jours que la nature m'a comptés, et m'ôter un repos dont j'ai si grand besoin, et que j'ai si chèrement acheté? Quelque plaisir que me fasse votre correspondance, si vous continuez d'y faire entrer des objets dont je ne puis ni ne veux plus m'occuper, vous me forcerez d'y renoncer.

Parmi ce que m'a apporté le neveu de M. Vieussieux, il y avoit une lettre de Venise, où celui qui l'écrit a eu l'étourderie de ne pas marquer son adresse. Si vous savez par quelle voie est venue cette lettre, informez-vous, de grâce, si je ne pourrois pas me servir de la même voie pour faire parvenir ma réponse.

Je vous remercie du vin de Lunel; mais, mon cher monsieur, nous sommes convenus, ce me semble, que vous ne m'enverriez plus rien de ce qui ne vous coûte rien. Vous me paroissez n'avoir pas pour cette convention la même mémoire qui vous sert si bien dans mes commissions.

Je ne peux rien vous dire du chevalier de Malte; il est encore à Neuchâtel. Il m'a apporté une lettre de M. de Paoli qui n'est certainement pas supposée : cependant la conduite de cet homme-là est en tout si extraordinaire que je ne puis prendre sur moi de m'y fier; et je lui ai remis pour M. Paoli une réponse qui ne signifie rien, et qui le renvoie à notre correspondance ordinaire, laquelle n'est pas connue du chevalier. Tout ceci, je vous prie, entre nous.

Mon état empire au lieu de s'adoucir. Il me vient du monde des quatre coins de l'Europe. Je prends le parti de laisser à la poste les lettres que je ne connois pas, ne pouvant plus y suffire. Selon toute apparence je ne pourrai guère jouir à ce voyage du plaisir de vous voir tranquillement. Il faut espérer qu'une autre fois je serai plus heureux.

La lieutenante est à Neuchâtel. Je ne veux lui faire votre commission que de bouche. Je crains qu'elle ne pût vous aller voir seule, et que la compagnie qu'elle seroit forcée de se donner ne fût pas trop du goût de madame d'Ivernois, à qui je présente mon respect. J'embrasse tendrement son cher mari.

Bien des salutations aux amis et bonnes connoissances.

LETTRE DXCVI.

A M. COINDET.

Motiers, le 27 avril 1765.

Je devrois, mon cher Coindet, vous écrire souvent, ne fût-ce que pour vous remercier. Mais acceptez, je vous prie, la bonne volonté pour l'effet; car, en ce moment, eussé-je dix mains et dix secrétaires, je ne suffirois pas à tout ce qu'on me force d'écrire. Je dois aussi des remerciements à M. Watelet et à M. Loiseau. Quand je ne leur en devrois pas, je voudrois leur écrire. En attendant que je puisse là-dessus me satisfaire, faites-leur les plus tendres salutations de ma part.

Je comprends qu'on a pu vous marquer de Genève que je quittois Motiers. On y a si bien travaillé pour cela, qu'on n'a pas douté du succès. Je ne sais pas encore si je prendrai le parti de complaire à ces messieurs, mais jusqu'ici cela dépend uniquement de ma volonté, et il est apparent que cela n'en dépendra pas moins dans la suite.

Vous aurez su que je portois autrefois l'honorable surnom de citoyen par excellence, lorsque je l'avois beaucoup moins mérité qu'aujourd'hui. Vous pouvez voir, par la couronne civique dont j'ai entouré ma devise, à la tête de mon dernier ouvrage, quelle justice je sens m'être due à cet égard. Je souhaite qu'au moins mes amis me l'accordent, en me rendant ce nom de citoyen, qui m'est si cher, et que j'ai payé si cher. Ce n'est point pour moi un titre vain, puisque, outre que, par une élection unanime, j'ai ici une patrie qui m'a choisi, s'il est sur la terre un état où règne la justice et la liberté, je suis citoyen né de cet état-là. Concluons : je fus et je suis le citoyen. Quiconque m'aime ne doit plus me donner d'autre nom.

A mesure que vous m'envoyez quelque chose, vous ne m'en marquez point le prix. Cela fait que je ne puis vous rendre vos déboursés. Vous prétendez que je ne vous devois qu'un écu pour le cadre de l'amitié : c'est une moquerie, mais soit; depuis lors le compte doit être augmenté. Donnez-m'en la note, et je chargerai Duchesne de vous rembourser. Car, pour vos soins, je ne puis les payer qu'en reconnoissance, puisque c'est le seul prix que vous en voulez agréer. Le Corneille est admirable; c'est dommage qu'il ait été un peu chiffonné dans le transport. J'ai reçu la charmante oiseleuse avec un nouveau plaisir, augmenté par les bontés de l'aimable graveur. Il mérite un nouveau remerciement pour celui dont il me dispense : sans m'acquitter, une lettre me coûte; c'est me faire un second présent que de m'en exempter.

Je vois, par le présent que vous m'avez envoyé de la part de M. Watelet, que madame Le Comte ni lui n'ont pas voulu profaner, dans mes mains, leurs propres ouvrages. Ils m'auroient pourtant été beaucoup plus précieux que toute autre estampe; mais, du reste, on ne sauroit refuser plus magnifiquement.

Voici le huitième mois que je ne suis sorti de la chambre. Plaignez-moi, mon cher Coindet, vous qui savez que je n'ai plus d'autre plaisir que la promenade, et que je ne suis qu'une machine ambulante. Encore ma prison me seroit-elle moins rude, si du moins j'y vivois tranquille, et qu'on m'y laissât le temps d'écrire à mon aise à mes amis. Je vous embrasse de tout mon cœur.

Pour trouver, s'il se peut, le repos après lequel je soupire, je prends le parti de vider ma tête de toute idée, et de l'empailler avec du foin. Je gagnerai à cela de mettre un nouvel intérêt à mes promenades, par le plaisir d'herboriser. Je voudrois trouver un recueil de plantes gravées, bien ressemblantes, quand même il faudroit y mettre un certain prix. Ne pourriez-vous point m'aider dans cette recherche ? Cela me procureroit encore le plaisir de m'occuper l'hiver à les enluminer.

LETTRE DXCVII.

A M. DU PEYROU.

Le 29 avril 1765.

Votre avis, mon cher hôte, de ne faire passer aucun exemplaire par mes mains, est très-sage ; c'est une réflexion que j'avois faite moi-même, et que je comptois vous communiquer.

J'ai reçu votre présent [1] ; je vous en remercie : il me fait grand plaisir, et je brûle d'être à portée d'en faire usage. J'ai plus que jamais la passion pour la botanique ; mais je vois avec confusion que je ne connois pas encore assez de plantes empiriquement pour les étudier par système. Cependant je ne me rebuterai pas, et je me propose d'aller, dans la belle saison, passer une quinzaine de jours près de M. Gagnebin pour me mettre en état de suivre Linnæus.

J'ai dans la tête que si vous pouvez vous soutenir jusqu'au temps de notre caravane, elle vous garantira d'être arrêté durant le reste de l'année, vu que la goutte n'a point de plus grand ennemi

[1] * Les ouvrages de Linnæus.

que l'exercice pédestre. Vous devriez prendre la botanique pour remède, quand vous ne la prendriez pas par goût. Au reste, je vous avertis que le charme de cette science consiste surtout dans l'étude anatomique des plantes. Je ne puis faire cette étude à mon gré, faute des instruments nécessaires, comme microscopes de diverses mesures de foyer, petites pinces bien menues, semblables aux brucelles des joailliers, ciseaux très-fins à découper. Vous devriez tâcher de vous pourvoir de tout cela pour notre course, et vous verriez que l'usage en est très-agréable et très-instructif.

Vous me parlez du temps remis : il ne l'est assurément pas ici; j'ai fait quelques essais de sortie qui m'ont réussi médiocrement, et jamais sans pluie. Il me tarde d'aller vous embrasser, mais il faut faire des visites, et cela m'épouvante un peu, surtout vu mon état.

Notre archiprêtre continue ses ardentes philippiques; il en a fait hier une, dans laquelle il s'est tellement attendri sur les miracles, qu'il fondoit en larmes, et y faisoit fondre ses pieux auditeurs. Il paroît avoir pris le parti le plus sûr; c'est de ne point s'embarrasser du conseil d'état ni de la classe, mais d'aller ici son train en ameutant la canaille. Cependant tout s'est borné jusqu'à présent à quelques insultes; et, comme je ne réponds rien du tout, ils auront difficilement occasion d'aller plus loin.

Quand verrez-vous la fin de ce vilain procès? Je voudrois aussi voir déjà votre bâtiment fini pour y occuper ma cellule, et vous appeler tout de bon mon cher hôte. Bonjour.

L'homme d'ici paroît absolument forcené, et déterminé à pousser lui seul les choses aussi loin qu'elles peuvent aller. Il me paroît toujours plaisant qu'un homme aussi généralement méprisé n'en soit pas moins redoutable. S'il espère m'effrayer au point de me faire fuir, il se trompe.

LETTRE DXCVIII.

AU MÊME.

2 mai 1765.

Mon cher hôte, votre lettre à milord Maréchal est très-belle ; il n'y a pas une syllabe à ajouter ni à retrancher, et je vous garantis qu'elle lui fera le plus grand plaisir.

Je vois par le tour que prennent les choses que l'archiprêtre sera bientôt forcé de me laisser en repos : c'est alors que je veux sortir de Motiers, lorsqu'il sera bien établi qu'étant maître d'y rester tranquille ma retraite n'aura point l'air d'une fuite. Je crois qu'en pareil cas je me déterminerai tout-à-fait à être à Cressier l'hôte de mon hôte, au moins si cela lui convient. Mais, quoique la maison soit trop grande pour moi, il me la faudroit tout entière, accommodée, meublée, bien fermée, et avec le petit jardin. Voilà bien des choses, voyez si ce n'est pas trop. Il y a plus : quoique au point où nous en sommes ce soit peut-être à moi une sorte d'ingratitude de ne pas accepter ce logement gratuitement, il faut, pour m'y mettre tout-à-fait à mon aise, que vous me louiez comme vous pourriez faire à tout autre, et que vous y compreniez les frais pour le mettre en état. Cela posé, je pourrois bien m'y établir pour le reste de ma vie, sauf à occuper, près de vous, un autre appartement en ville, quand votre bâtiment sera fait. Voilà, mon cher hôte, mes châteaux en Espagne ; voyez s'il vous convient de les réaliser.

On me mande de Berne que le sieur Bertrand a demandé le 29 au sénat sa démission, et l'a obtenue sans difficulté ; on ajoute qu'il quittera Berne. Le voyage de M. Chaillet n'auroit-il point contribué à cela ?

Si le temps s'obstine à être mauvais, je suis bien tenté d'accepter votre offre : en ce cas, vous pourriez expédier vos tracas les plus pressés le reste de cette semaine, et m'envoyer votre carrosse lundi ou mardi prochain. Je vous irois joindre à Neuchâtel, et de là nous irions ensemble à Bienne, à pied, s'il faisoit beau, en carrosse s'il faisoit mauvais. Ce qui m'embarrasse est que je voudrois aller auparavant à Gorgier voir M. Andrié, et je ne sais comment arranger ces diverses courses, d'autant moins qu'il faut absolument que je sois de retour ici les huit ou dix derniers jours du mois. Vous pourriez, dimanche au soir, m'écrire votre sentiment; lundi au soir je vous ferois ma réponse; et si le mauvais temps continuoit, vous m'enverriez votre carrosse pour me rendre mercredi près de vous : mais, s'il fait beau, j'irai premièrement et pédestrement à Gorgier. Voilà mes arrangements, sauf les vôtres et sauf les obstacles tirés de mon état, qui ne s'améliore point. Peut-être la vie sédentaire et méditative, la désagréable occupation d'écrire des lettres, l'attitude d'être assis qui me nuit et que je déteste, contribuent-elles à m'entretenir dans ce mauvais état.

Je reviens aux tracasseries d'ici, qui ne me fâchent pas tant par rapport à moi que par rapport à ces braves anciens qui méritent tant d'encouragement; et que la canaille accable d'opprobres. Tout ce qui s'est fait en leur faveur n'a pas été assez solennel; des arrêts secrets n'arrêtent point la populace qui les ignore. Un arrêt affiché, ou quelque témoignage public d'approbation, voilà ce qu'on leur devroit pour l'utilité publique, et ce qui mortifieroit plus cruellement l'archiprêtre que toutes les censures du conseil d'état ou de la classe, faites à huis clos. Je prédis qu'il n'y a qu'un expédient de cette espèce qui puisse finir tout, et sur-le-champ. Je vous embrasse.

A vue de pays, je ne crois pas que la semaine prochaine je sois encore en état de voyager, à moins d'une révolution bien subite, que le temps ni mon état ne me promettent pas.

LETTRE DXCIX.

AU MÊME.

Jeudi, 23 mai 1765.

J'espère, mon cher hôte, que cette vilaine goutte n'aura fait que vous menacer. Dansez et marchez beaucoup; tourmentez-la si bien qu'elle nous laisse en repos projeter et faire notre course. On dit que les pèlerins n'ont jamais la goutte; rien n'est donc tel pour l'éviter que de se faire pèlerin.

Sultan m'a tenu quelques jours en peine : sur son état présent je suis parfaitement rassuré; ce qui m'alarmoit le plus étoit la promptitude avec laquelle sa plaie s'étoit refermée : il avoit à la jambe un trou fort profond; elle étoit enflée; il souffroit beaucoup et ne pouvoit se soutenir. En cinq ou six heures, avec une simple application de thériaque, plus d'enflure; plus de douleur, plus de trou, à peine en ai-je pu retrouver la place : il est gaillardement revenu de son pied à Motiers, et se porte à merveille depuis ce temps-là. Comme vous avez des chiens, j'ai cru qu'il étoit bon de vous apprendre l'histoire de mon spécifique; elle est aussi étonnante que certaine. Il faut ajouter que je l'ai mis au lait durant quelques jours; c'est une précaution qu'il faut toujours prendre sitôt qu'un animal est blessé.

Il est singulier que depuis trois jours je ressens les mêmes attaques que j'ai eues cet hiver : il est constaté que ce séjour ne me vaut rien à aucun égard. Ainsi, mon parti est pris; tirez-moi d'ici au plus vite. Je vous embrasse.

LETTRE DC.

AU MÊME.

23 mai 1765.

Dans la crainte que vous n'ayez besoin de votre Mémoire, je vous le renvoie après l'avoir lu. Je l'ai trouvé fort bien raisonné; il me paroît seulement que vous assujettissez les sociétés en général à des lois plus rigoureuses qu'elles ne sont établies par le droit public : car, par exemple, selon vos principes, A, étant allié de B, ne pourroit postérieurement s'engager à fournir à C des troupes en certains cas contre B, engagement qui toutefois se contracte et s'exécute fréquemment sans qu'on prétende avoir enfreint l'alliance antérieure.

Vous aurez su les nouvelles tentatives et leur mauvais succès, ce qui n'empêche pas que ce séjour ne soit devenu pour moi absolument inhabitable : ainsi, j'accepte tous vos bons soins, soit pour Suchié, soit pour Cressier, soit pour La Coudre ; je m'en rapporte entièrement à votre choix ; et, pour moi, je ne vois qu'une raison de préférence, après celle de loger chez vous, c'est pour le logement qui sera le plus tôt prêt.

Il me paroît que vous pouvez prendre votre parti sur la brochure ; je pense même que cette affaire, une fois éventée, en deviendra partout plus difficile à exécuter, et je vous conseille d'abandonner cette entreprise : que si vous persistez, vous avez de nouvelles pièces à joindre à votre recueil ; et tandis que vous le compléterez, il faut travailler d'avance à prendre si bien vos mesures que le manuscrit n'aille à sa destination, qu'au moment qu'on pourra l'exécuter, et après que toutes les difficultés seront prévues et levées. La Hollande me paroît désormais le seul endroit sûr ; mais il faut compter sur six mois d'attente.

Je suis bien éloigné d'avoir maintenant le loisir de travailler à notre écrit. Comme ce n'est pas un acte où le notaire doive mettre la main, et que notre convention générale est faite, rien ne presse sur le reste ; c'est ce que nous pourrons rédiger ensemble à loisir. Il s'agit seulement de savoir quand vous me permettrez d'en parler à mes amis ; car rien de ce qui s'intéresse à moi ne doit ignorer que je vous devrai le repos de ma vie.

LETTRE DCI.

A M. PANCKOUCKE.

Motiers-Travers, 20 mai 1765.

Votre dernière lettre, monsieur, m'a non seulement désabusé, mais attendri. Oublions réciproquement nos torts, sûrs que le cœur n'y a point de part, et soyons amis comme auparavant, même plus, s'il est possible ; c'est l'effet que doit produire un vrai retour entre honnêtes gens.

Il est vrai que les fanatiques de ce pays, excités, vous comprenez bien par qui, ont suscité contre moi un violent orage, dont tout l'effet est retombé sur eux : parce qu'ils m'avoient trouvé doux, ils ont cru me trouver foible ; ils se sont trompés. Tous leurs efforts pour me nuire ou m'épouvanter ont tourné à leur confusion, et leur ont attiré les mortifications les plus cruelles. J'ai fait plus que des souverains n'osent faire, en triomphant d'eux. Battus dans toutes les formes légitimes, ils prennent le parti d'ameuter la canaille, et de se faire chefs de bandits. Cette voie est assez bonne avec les peuples de ce vallon. Quoi qu'il en soit, je les mets au pis. Dans le zèle qui les dévore, ils pourront me faire assassiner ; mais très-sûrement ils ne me feront pas fuir. Il y a cependant long-temps que j'ai résolu d'aller m'établir dans le bas parmi les hommes ; mais j'attendrai que les loups enragés d'ici aient achevé de hurler et de mordre. Après cela, s'ils me laissent vivre, je les quitterai. Qu'un autre étranger y tienne, s'il peut, trois ans, comme j'ai fait, et puis qu'il en dise des nouvelles.

LETTRE DCII.

A M. D'IVERNOIS.

Motiers, le 30 1765.

Je suis très-inquiet de vous, monsieur. Suivant ce que vous m'aviez marqué, j'ai suspendu mes courses et mes affaires pour revenir vous attendre ici dès le 20 ; cependant ni moi ni personne n'avons entendu parler de vous. Je crains que vous ne soyez malade ; faites-moi du moins écrire deux mots par charité.

Il m'est impossible de vous attendre plus long-temps que deux ou trois jours encore ; mais je ne serai jamais assez éloigné d'ici que, lorsque vous y viendrez, nous ne puissions pas nous joindre. On vous dira chez moi où je serai ; et, selon vos arrangements de route, vous viendrez, ou l'on m'enverra chercher.

Voici, monsieur, deux lettres pour Gênes, auxquelles je vous prie de donner cours en faisant affranchir, s'il est nécessaire. J'attends de vos nouvelles avec la plus grande impatience, et vous embrasse de tout mon cœur.

LETTRE DCIII.

A M. KEUPFFEL.

Motiers, mai 1765.

Ce n'est pas, mon cher ami, faute d'empressement à vous répondre que j'ai différé si long-temps ; mais les tracas dans lesquels je me suis trouvé, et un voyage que j'ai fait à l'autre extrémité du pays, m'ont fait renvoyer ce plaisir à un moment plus tranquille. Si j'avois fait le voyage de Berlin, j'aurois pensé que je passois près d'un ancien ami ; et je me serois détourné pour aller vous embrasser. Un autre motif encore m'eût attiré dans votre ville, c'eût été le désir d'être présenté par vous à madame la duchesse de Saxe-Gotha, et de voir de près cette grande princesse, qui, fût-elle personne privée, feroit admirer son esprit et son mérite. La reconnoissance m'auroit fait même un devoir d'accomplir ce projet après la manière obligeante dont il a plu à S. A. S. d'écrire sur mon compte à milord Maréchal; et, au risque de lui faire dire, N'étoit-ce que cela? j'aurois justifié par mon obéissance à ses ordres mon empressement à lui faire ma cour. Mais, mon cher ami, ma situation à tous égards ne me permet plus d'entreprendre de grands voyages; et un homme qui, huit mois de l'année, ne peut sortir de sa chambre n'est guère en état de faire des voyages de deux cents lieues. Toutes les bontés dont milord Maréchal m'honore, tous les sentiments qui m'attachent à cet homme respectable, me font désirer bien vivement de finir mes jours près de lui : mais il sait que c'est un désir qu'il m'est impossible de satisfaire; et il ne me reste pour nourrir cette espérance que celle de le revoir quelque jour en ce pays. Je voudrois, mon cher ami, pouvoir nourrir par rapport à vous la même espérance : ce seroit une grande consolation pour moi de vous embrasser encore une fois en ma vie, et de retrouver en vous l'ami tendre et vrai près duquel j'ai passé de si douces heures, et que je n'ai jamais cessé de regretter. Je vous embrasse de tout mon cœur.

LETTRE DCIV.

BILLET A M. DE VOLTAIRE.

Motiers, le 31 mai 1765.

Si M. de Voltaire a dit qu'au lieu d'avoir été secrétaire de l'ambassadeur de France à Venise j'ai été son valet, M. de Voltaire en a menti comme un impudent.

Si dans les années 1743 et 1744 je n'ai pas été premier secrétaire de l'ambassadeur de France, si je n'ai pas fait les fonctions de secrétaire d'ambassade, si je n'en ai pas eu les honneurs au sénat de Venise, j'en aurai menti moi-même.

LETTRE DCV.

A M. D'ESCHERNY.

Motiers, le 1er juin 1765.

Je suis bien sensible, monsieur, et à la bonté que vous avez de penser à mon logement, et à celle qu'ont les obligeants propriétaires de la maison de Cornaux, de vouloir bien m'accorder la préférence sur ceux qui se sont présentés pour l'habiter. Je vais à Yverdun voir mon ami M. Roguin, et mon amie madame Boy de La Tour, qui est malade, et qui croit que je lui peux être de quelque consolation. J'espère que dans quelques jours M. du Peyrou sera rétabli, et que, vous trouvant tous en bonne santé, je pourrai consulter avec vous sur le lieu où je dois planter le piquet. Cette manière de chercher est si agréable, qu'il est naturel que je ne sois pas pressé de trouver. Bien des salutations, monsieur, de tout mon cœur.

LETTRE DCVI.

A M. DU PEYROU.

Mardi 11 juin 1765.

Si je reste un jour de plus je suis pris : je pars donc, mon cher hôte, pour La Ferrière, où je vous attendrai avec le plus grand empressement, mais sans m'impatienter. Ce qui achève de me déterminer est qu'on m'apprend que vous avez commencé à sortir. Je vous recommande de ne pas oublier parmi vos provisions, café, sucre, cafetière, briquet, et tout l'attirail pour faire, quand on veut, du café dans les bois. Prenez *Linnœus* et *Sauvages*, quelque livre amusant et quelque jeu pour s'amuser plusieurs, si l'on est arrêté dans une maison par le mauvais temps. Il faut tout prévoir pour prévenir le désœuvrement et l'ennui.

Bonjour : je compte partir demain matin, s'il fait beau, pour aller coucher au Locle, et dîner ou coucher à La Ferrière le lendemain jeudi. Je vous embrasse.

LETTRE DCVII.

AU MÊME.

A La Ferrière, le 16 juin 1765.

Me voici, mon cher hôte, à La Ferrière, où je ne suis arrivé que pour y garder la chambre, avec un rhume affreux, une assez grosse fièvre, et une esquinancie, mal auquel j'étois très-sujet dans ma jeunesse, mais dont j'espérois que l'âge m'auroit exempté. Je me trompois; cette attaque a été violente, j'espère qu'elle sera courte. La fièvre est diminuée, ma gorge se dégage, j'avale plus aisément; mais il m'est encore impossible de parler.

J'apprends, par deux lettres que je viens de recevoir de M. de Pury, qu'il a pris la peine, allant, comme je pense, à Monlezi, de passer chez moi; j'étois déjà parti: j'y ai regret pour bien des raisons; entre autres, parce que nous serions convenus du temps et de la manière de nous réunir. Il m'apprend que vous ne pourrez de long-temps vous mettre en campagne : cela me fait prendre le parti de me rendre auprès de vous ; car je ne puis me passer plus long-temps de vous voir. Ainsi vous pouvez attendre votre hôte au plus tard sur la fin de la semaine, à moins que d'ici à ce temps je n'aie de vos nouvelles. Si vous pouviez venir à cheval jusqu'ici, je ne doute pas que l'excellent air, la beauté du paysage, et la tranquillité du pays, ne vous fît toutes sortes de biens, et que vous ne vous y rétablissiez plus promptement qu'où vous êtes.

Je n'écris point à M. le colonel, parce que je ne sais s'il est à Neuchâtel ou à sa montagne ; mais je vous prie de vouloir bien lui dire ou lui marquer que je ne connois pas assez M. Fischer pour le juger ; que M. le comte de Dohna, qui a vécu avec lui plus que moi, doit en mieux juger ; et qu'un homme ne se juge pas ainsi de la première vue. Tout ce que je sais c'est qu'il a des connoissances et de l'esprit ; il me paroît d'une humeur complaisante et douce ; sa conversation est pleine de sens et d'honnêteté ; j'ai même vu de lui des choses qui me paroissent annoncer des mœurs et de la vertu. Quand il n'est question que de voyager avec un homme, ce seroit être difficile de demander mieux que cela.

Au peu que j'ai vu sur la botanique, je comprends que je repartirai d'ici plus ignorant que je n'y suis arrivé, plus convaincu du moins de mon ignorance, puisqu'en vérifiant mes connoissances sur les plantes, il se trouve que plusieurs de celles que je croyois connoître, je ne les connoissois point. Dieu soit loué! c'est toujours apprendre quelque chose que d'apprendre qu'on ne sait rien. Le messager attend et me presse; il faut finir. Bonjour, mon cher hôte; je vous embrasse de tout mon cœur.

LETTRE DCVIII.

AU MÊME.

Motiers, le 29 juin 1765.

Savez-vous, mon cher hôte, que vous me gâtez si fort, qu'il m'est désormais fort pénible de vivre éloigné de vous? Depuis deux jours que je suis de retour, il m'ennuie déjà de ne point vous voir. Je songe, en conséquence, à redescendre dès demain, et voici un arrangement qui fait à présent mon château en Espagne, et qui se réalisera ou se réformera selon que le temps, votre santé et votre volonté le permettront.

Si le temps se remet aujourd'hui, nous descendrons demain, M. d'Ivernois, mademoiselle Le Vasseur, et moi; et, comme il n'est question que d'une nuit, pour ne pas nous séparer nous coucherons à l'auberge. Le lundi, j'irai avec M. d'Ivernois faire une promenade, d'où nous serons de retour le lendemain. M. d'Ivernois continuera son voyage, et moi j'irai avec mademoiselle Le Vasseur voir la maison de Cressier. Nous pourrons y séjourner un jour ou deux, si nous trouvons des lits, pour avoir le temps d'aller voir l'île; puis nous reviendrons. Mademoiselle Le Vasseur s'en retournera à Motiers, et moi j'attendrai près de vous que nous puissions faire la caravane du Creux du vent, après quoi chacun s'en retournera à ses affaires.

Comme la petite course que je dois faire avec M. d'Ivernois me rapproche du pont de Thielle, je pourrois de là me rendre directement à Cressier, et mademoiselle Le Vasseur s'y rendre aussi, de son côté, si elle trouvoit une voiture, ou que vous pussiez lui en prêter une.

Tous ces arrangements un peu précipités sont inévitables, sans quoi, restant ici quelques jours encore, je suis intercepté pour le reste de la belle saison. Il faut même, en supposant leur exécution possible, que le secret en demeure entre nous, sans quoi nous serons poursuivis, où que nous soyons, par les gens qui me viendront voir, et qui, ne me trouvant pas ici, me chercheront où que je sois. Au reste, mon état est si sensiblement empiré depuis mon retour ici, que je crains beaucoup d'y passer l'hiver, et que, malgré tous les embarras, si Cressier peut être prêt au commencement d'octobre, je suis déterminé à m'y transplanter.

Je vous écris à la hâte, mon très-cher hôte, accablé de petits tracas qui m'excèdent. Comme mon voyage dépend du temps, qui paroît se brouiller, il n'est pas sûr que j'arrive demain à Neuchâtel. A tout évènement, vous pourriez envoyer demain au soir à la Couronne, et, si j'y suis arrivé, m'y faire passer vos observations sur les arrangements proposés; car, comme j'arriverai le soir pour repartir le matin, je ne veux pas même qu'on me voie dans les rues. Je vous embrasse de tout mon cœur.

LETTRE DCIX.

AU MÊME.

A l'île de la Motte, le 4 juillet 1765.

Je suis, mon cher hôte et mon ami, dans l'île, et je compte y rester quelques jours, jusqu'à ce que j'y reçoive de vos nouvelles. J'imagine qu'il ne vous sera pas difficile de m'en donner par le canal de M. le major Chambrier. Au premier signe, je vous rejoins : c'est à vous de voir en quel temps vous aurez plus de loisir à me donner. Ne soyez point inquiet de me savoir ici seul. J'y attendrai de vos nouvelles avec empressement, mais sans impatience. J'emploierai ce loisir à repasser un peu les évènements de ma vie et à préparer mes Confessions. Je souhaite de consommer un ouvrage où je pourrai parler de mon cher hôte d'une manière qui contente mon cœur. Bonjour.

LETTRE DCX.

AU MÊME.

A Brot, le lundi 15 juillet 1765.

Vos gens, mon cher hôte, ont été bien mouillés, et le seront encore; de quoi je suis bien fâché: ainsi, trouvant ici un char-à-banc, je ne les mènerai pas plus loin.

Je pars le cœur plein de vous, et aussi empressé de vous revoir que si nous ne nous étions vus depuis long-temps. Puissé-je apprendre à notre première entrevue que tous vos tracas sont finis, et que vous avez l'esprit aussi tranquille que votre honnête cœur doit être content de lui-même et serein dans tous les temps! La cérémonie de ce matin met dans le mien la satisfaction la plus douce. Voilà, mon cher hôte, les traits qui me peignent au vrai l'ame de milord Maréchal, et me montrent qu'il connoît la mienne. Je ne connois personne plus fait pour vous aimer et pour être aimé de vous. Comment ne verrois-je pas enfin réunis tous ceux qui m'aiment? ils sont dignes de s'aimer tous. Je vous embrasse.

— Mademoiselle Le Vasseur est pénétrée de vos bontés, et veut absolument que je vous le dise.

LETTRE DCXI.

A M. D'IVERNOIS.

Motiers, le 20 juillet 1765.

J'arrive il y a trois jours; je reçois vos lettres, vos envois, M. Chappuis, etc. Mille remerciements. Je vous renvoie les deux lettres. J'ai bien les bilboquets, mais je ne puis m'en servir, parce que, outre que les cordons sont trop courts, je n'en ai point pour changer et qu'ils s'usent très-promptement.

Je vous remercie aussi du livre de M. Claparède. Comme mes plantes et mon bilboquet me laissent peu de temps à perdre, je n'ai lu ni ne lirai ce livre, que je crois fort beau. Mais ne m'envoyez plus de tous ces beaux livres; car je vous

* C'étoit un professeur de théologie à Genève. Il est auteur de plusieurs ouvrages relatifs à cette science. Celui dont il s'agit ici avoit pour titre *Considérations sur les Miracles*, 1765, in-8°.

avoue qu'ils m'ennuient à la mort et que je n'aime pas à m'ennuyer.

Mille salutations à M. Deluc et à sa famille. Je le remercie du soin qu'il veut bien donner à l'optique. Je n'ai point d'estampes. Je le prie d'en faire aussi l'emplette, et de les choisir belles et bien enluminées; car je n'aurai pas le temps de les enluminer. Une douzaine me suffira quant à présent : je souhaite que l'illusion soit parfaite, ou rien.

Mademoiselle Le Vasseur a reçu votre envoi, dont elle vous fait ses remerciements, et moi mes reproches. Vous êtes un donneur insupportable; il n'y a pas moyen de vivre avec vous.

J'ai passé huit ou dix jours charmants dans l'île de Saint-Pierre, mais toujours obsédé d'importuns ; j'excepte de ce nombre M. de Graffenried, bailli de Nidau, qui est venu dîner avec moi; c'est un homme plein d'esprit et de connoissances, titré, très-opulent, et qui, malgré cela, me paroît penser très-bien et dire tout haut ce qu'il pense.

Je reçois à l'instant vos lettres et envois des 16 et 17. Je suis surchargé, accablé, écrasé de visites, de lettres et d'affaires, malade par-dessus le marché; et vous voulez que j'aille à Morges m'aboucher avec M. Vernes ! il n'y a ni possibilité ni raison à cela. Laissez-lui faire ses perquisitions, qu'il prouve, et il sera content de moi : mais en attendant je ne veux nul commerce avec lui. Vous verrez à votre premier voyage ce que j'ai fait ; vous jugerez de mes preuves et de celles qui peuvent les détruire. En attendant je n'ai rien publié ; je ne publierai rien sans nouveau sujet de parler. Je pardonne de tout mon cœur à M. Vernes, même en le supposant coupable : je suis fâché de lui avoir nui ; je ne veux plus lui nuire, à moins que je n'y sois forcé. Je donnerois tout au monde pour le croire innocent, afin qu'il connût mon cœur, et qu'il vît comment je répare mes torts. Mais avant de le déclarer innocent il faut que je le croie ; et je crois si décidément le contraire, que je n'imagine pas même comment il pourra me dépersuader. Qu'il prouve et je suis à ses pieds. Mais, pour Dieu, s'il est coupable, conseillez-lui de se taire ; c'est pour lui le meilleur parti. Je vous embrasse.

Notre archiprêtre [1] fait imprimer à Yverdun une réponse que le magistrat de Neuchâtel a refusé la permission d'imprimer à cause des personnalités. Je suis bien aise que toute la terre connoisse la frénésie du personnage. Vous savez que le colonel Pury a été fait conseiller d'état. Si notre homme ne sent pas celui-là, il faut qu'il soit ladre comme un vieux porc.

Ma lettre a, par oubli, retardé d'un ordinaire. Tout bien pensé, j'abandonne l'optique pour la botanique : et si votre ami étoit à portée de me faire faire les petits outils nécessaires pour la dis-

[1] * Montmollin.

section des fleurs, je serois sûr que son intelligence suppléeroit avantageusement à celle des ouvriers. Ces outils consistent dans trois ou quatre microscopes de différents foyers, de petites pinces délicates et minces pour tenir les fleurs, des ciseaux très-fins, canifs et lancettes, pour les découper. Je serois bien aise d'avoir le tout à double, excepté les microscopes, parce qu'il y a ici quelqu'un qui a le même goût que moi et qui a été mal servi.

LETTRE DCXII.

AU MÊME.

Motiers, le 1er août 1765.

Si vous n'êtes point ennuyé, monsieur, de mériter des remerciements, moi je suis ennuyé d'en faire ; ainsi n'en parlons plus. Je suis, en vérité, fort embarrassé de l'emploi du présent de mademoiselle votre fille. La bonté qu'elle a eue de s'occuper de moi mérite que je m'en fasse honneur, et je n'ose. Je suis à la fois vain et sot : c'est trop ; il faudroit choisir. Je crois que je prendrai le parti de tourner la chose en plaisanterie, et de dire qu'une jeune demoiselle m'enchaîne par les poignets [1].

[1] * Elle avoit envoyé à Rousseau une paire de manchettes.

Je suis indigné de l'insultante lettre du ministre : il vous croit le cœur assez bas pour penser comme lui. Il est inutile que je vous envoie ce que je lui écrirois à votre place ; vous ne vous en serviriez pas. Suivez vos propres mouvements : vous trouverez assez ce qu'il faut lui dire, et vous le lui direz moins durement que moi.

M. Deluc est en vérité trop complaisant de se prêter ainsi à toutes mes fantaisies ; mais je vous avoue qu'il ne sauroit me faire plus de plaisir que de vouloir bien s'occuper de mes petits instruments. Je raffole de la botanique ; cela ne fait qu'empirer tous les jours ; je n'ai plus que du foin dans la tête : je vais devenir plante moi-même un de ces matins, et je prends déjà racine à Motiers, en dépit de l'archiprêtre qui continue d'ameuter la canaille pour m'en chasser.

J'ai grande envie de voir M. de Conzié, mais je ne compte pas pouvoir aller à sa terre pour cette année : j'ai regret aux plaisirs dont cela me prive ; mais il faut céder à la nécessité.

Les lettres de l'archiprêtre sont, à ce qu'on dit, imprimées ; je ne sais pourquoi elles ne paroissent pas. Il est étonnant que vous ayez cru que je lui ferois l'honneur de lui répondre : serez-vous toujours la dupe de ces bruits-là ?

Mes respects à madame d'Ivernois. Recevez ceux de mademoiselle Le Vasseur et les salutations de celui qui vous aime.

LETTRE DCXIII.

A MADEMOISELLE D'IVERNOIS.

Motiers, le 1er août 1765.

Vous me remerciez, mademoiselle, du présent que vous me faites; et moi je devrois vous le reprocher: car si je vous fais aimer le travail, vous me faites aimer le luxe: c'est rendre le mal pour le bien. Je puis, il est vrai, vous remercier d'un autre miracle aussi grand et plus utile; c'est de me rendre exact à répondre et de me donner du plaisir à l'être. J'en aurai toujours, mademoiselle, à vous témoigner ma reconnoissance et à mériter votre amitié.

Mes respects, je vous prie, à la très-bonne maman.

LETTRE DCXIV.

A M. DU PEYROU [1].

Motiers-Travers, le 8 août 1765.

Non, monsieur, jamais, quoi que l'on en dise, je ne me repentirai d'avoir loué M. de Montmollin.

[1] * Dans cette lettre Rousseau n'appelle point du Peyrou *mon*

J'ai loué de lui ce que j'en connoissois, sa conduite vraiment pastorale envers moi : je n'ai point loué son caractère que je ne connoissois pas; je n'ai point loué sa véracité, sa droiture. J'avouerai même que son extérieur, qui ne lui est pas favorable, son ton, son air, son regard sinistre, me repoussoient malgré moi : j'étois étonné de voir tant de douceur, d'humanité, de vertu, se cacher sous une aussi sombre physionomie; mais j'étouffois ce penchant injuste. Falloit-il juger d'un homme sur des signes trompeurs que sa conduite démentoit si bien? falloit-il épier malignement le principe secret d'une tolérance peu étendue? Je hais cet art cruel d'empoisonner les bonnes ac-

---

cher hôte, parce qu'elle est écrite exprès pour être rendue publique. Déjà, sans se nommer, et sous le titre de *Lettres à M****, du Peyrou avoit, de concert avec Rousseau et guidé par lui, comme on l'a vu par les lettres précédentes des 12, 15 et 22 avril, publié dans le même mois l'apologie de son ami, apologie à laquelle Montmollin avoit répliqué longuement et avec violence, sous le titre de *Réfutation du libelle intitulé* Lettre a M***. C'est de cet écrit de Montmollin qu'il est question dans le cours de la présente lettre. Encouragé par celle-ci, et décidé, d'après le conseil de Rousseau, à ne plus garder l'anonyme, du Peyrou publia, dans le mois d'août suivant, et sous le titre de *Lettre à Milord comte de Wemis*, une seconde lettre à l'appui de sa première; et, dans les pièces justificatives qu'il y joignit, il fit entrer la lettre de Rousseau reproduite ici. Enfin, en septembre suivant, peu de jours après la lapidation de Motiers, et sous le même titre que celui de sa seconde lettre, du Peyrou en a publié une troisième, dans laquelle il fait le récit de cet évènement. Ces trois lettres de du Peyrou, et la réfutation de Montmollin, ont été réunies et réimprimées à Londres avec toutes leurs annexes; in-12, 1766. (*Note de M. Petitain.*)

tions d'autrui, et mon cœur ne sait point trouver de mauvais motifs à ce qui est bien. Plus je sentois en moi d'éloignement pour M. de Montmollin, plus je cherchois à le combattre par la reconnoissance que je lui devois. Supposons derechef possible le même cas, et tout ce que j'ai fait je le referois encore.

Aujourd'hui M. de Montmollin lève le masque et se montre vraiment tel qu'il est. Sa conduite présente explique la précédente. Il est clair que sa prétendue tolérance, qui le quitte au moment qu'elle eût été le plus juste, vient de la même source que ce cruel zèle qui l'a pris subitement. Quel étoit son objet, quel est-il à présent? je l'ignore; je sais seulement qu'il ne sauroit être bon. Non seulement il m'admet avec empressement, avec honneur à la communion, mais il me recherche, me prône, me fête, quand je parois avoir attaqué de gaieté de cœur le christianisme : et quand je prouve qu'il est faux que je l'aie attaqué, qu'il est faux du moins que j'aie eu ce dessein, le voilà lui-même attaquant brusquement ma sûreté, ma foi, ma personne; il veut m'excommunier, me proscrire; il ameute la paroisse après moi, il me poursuit avec un acharnement qui tient de la rage. Ces disparates sont-elles dans son devoir? Non; la charité n'est point inconstante, la vertu ne se contredit point elle-même, et la conscience n'a pas deux voix. Après s'être montré si peu tolérant, il s'étoit avisé trop tard de l'être; cette affectation ne lui alloit point, et, comme elle n'abusoit personne, il a bien fait de rentrer dans son état naturel. En détruisant son propre ouvrage, en me faisant plus de mal qu'il ne m'avoit fait de bien, il m'acquitte envers lui de toute reconnoissance; je ne lui dois plus que la vérité, je me la dois à moi-même; et, puisqu'il me force à la dire, je la dirai.

Vous voulez savoir au vrai ce qui s'est passé entre nous dans cette affaire. M. de Montmollin a fait au public sa relation en homme d'église, et, trempant sa plume dans ce miel empoisonné qui tue, il s'est ménagé tous les avantages de son état. Pour moi, monsieur, je vous ferai la mienne du ton simple dont les gens d'honneur se parlent entre eux. Je ne m'étendrai point en protestations d'être sincère; je laisse à votre esprit sain, à votre cœur ami de la vérité, le soin de la démêler entre lui et moi.

Je ne suis point, grâces au ciel, de ces gens qu'on fête et que l'on méprise; j'ai l'honneur d'être de ceux que l'on estime et qu'on chasse. Quand je me réfugiai dans ce pays, je n'y apportai de recommandation pour personne, pas même pour milord Maréchal. Je n'ai qu'une recommandation que je porte partout, et près de milord Maréchal il n'en faut point d'autre. Deux heures après mon arrivée, écrivant à S. E. pour l'en informer et me mettre sous sa protection, je vis entrer un homme inconnu qui, s'étant nommé le pasteur du lieu, me fit des avances de toute espèce, et qui, voyant que j'écrivois à milord Maréchal, m'offrit d'ajouter de sa main quelques lignes pour me recommander. Je n'acceptai point cette offre : ma lettre partit, et j'eus l'accueil que peut espérer l'innocence opprimée partout où régnera la vertu.

Comme je ne m'attendois pas dans la circonstance à trouver un pasteur si liant, je contai dès le même jour cette histoire à tout le monde, et entre autres à M. le colonel Roguin, qui, plein pour moi des bontés les plus tendres, avoit bien voulu m'accompagner jusqu'ici.

Les empressements de M. de Montmollin continuèrent : je crus devoir en profiter ; et, voyant approcher la communion de septembre, je pris le parti de lui écrire pour savoir si, malgré la rumeur publique, je pouvois m'y présenter. Je préférai une lettre à une visite pour éviter les explications verbales qu'il auroit pu vouloir pousser trop loin. C'est même sur quoi je tâchai de le prévenir ; car déclarer que je ne voulois ni désavouer ni défendre mon livre, c'étoit dire assez que je ne voulois entrer sur ce point dans aucune discussion. Et en effet, forcé de défendre mon honneur et ma personne au sujet de ce livre, j'ai toujours passé condamnation sur les erreurs qui pouvoient y être, me bornant à montrer qu'elles ne prouvoient point que l'auteur voulût attaquer le christianisme, et qu'on avoit tort de le poursuivre criminellement pour cela.

M. de Montmollin écrit que j'allai le lendemain savoir sa réponse : c'est ce que j'aurois fait s'il ne fût venu me l'apporter. Ma mémoire peut me tromper sur ces bagatelles ; mais il me prévint, ce me semble, et je me souviens au moins que par les démonstrations de la plus vive joie il me marqua combien ma démarche lui faisoit de plaisir. Il me dit en propres termes que lui et son troupeau s'en tenoient honorés, et que cette démarche inespérée alloit édifier tous les fidèles. Ce moment, je vous l'avoue, fut un des plus doux de ma vie. Il faut connoître tous mes malheurs, il faut avoir éprouvé les peines d'un cœur sensible qui perd tout ce qui lui étoit cher, pour juger combien il m'étoit consolant de tenir à une société de frères qui me dédommageroient des pertes que j'avois faites, et des amis que je ne pouvois plus cultiver. Il me sembloit qu'uni de cœur avec ce petit troupeau dans un culte affectueux et raisonnable, j'oublierois plus aisément tous mes ennemis. Dans les premiers temps je m'attendrissois au temple jusqu'aux larmes. N'ayant jamais vécu chez les protestants, je m'étois fait d'eux et de leur clergé des images angéliques : ce culte si simple et si pur étoit précisément ce qu'il falloit à mon cœur ; il me sembloit fait exprès pour soutenir le courage et l'espoir des malheureux; tous ceux qui le partageoient me sembloient autant de vrais chrétiens unis entre eux par la plus tendre charité. Qu'ils m'ont bien guéri d'une erreur si douce! Mais enfin j'y étois alors, et c'étoit d'après mes idées que je jugeois du prix d'être admis au milieu d'eux.

Voyant que durant cette visite M. de Montmollin ne me disoit rien sur mes sentimens en matière de foi, je crus qu'il réservoit cet entretien pour un autre temps; et, sachant combien ces messieurs sont enclins à s'arroger le droit qu'ils n'ont pas de juger de la foi des chrétiens, je lui déclarai que je n'entendois me soumettre à aucune interrogation ni à aucun éclaircissement quel qu'il pût être. Il me répondit qu'il n'en exigeroit jamais, et il m'a là-dessus si bien tenu parole, je l'ai toujours trouvé si soigneux d'éviter toute discussion sur la doctrine, que jusqu'à la dernière affaire il ne m'en a jamais dit un seul mot, quoiqu'il me soit arrivé de lui en parler quelquefois moi-même.

Les choses se passèrent de cette sorte tant avant qu'après la communion; toujours même empressement de la part de M. de Montmollin, et toujours même silence sur les matières thélogiques. Il portoit même si loin l'esprit de tolérance, et le montroit si ouvertement dans ses sermons, qu'il m'inquiétoit quelquefois pour lui-même. Comme je lui étois sincèrement attaché, je ne lui déguisois point mes alarmes, et je me souviens qu'un jour qu'il prêchoit très-vivement contre l'intolérance des protestants, je fus très-effrayé de lui entendre soutenir avec chaleur que l'Église réformée avoit grand besoin d'une réformation nouvelle, tant dans la doctrine que dans les mœurs. Je n'imaginois guère alors qu'il fourniroit dans peu lui-même une si grande preuve de ce besoin.

Sa tolérance et l'honneur qu'elle lui faisoit dans le monde excitèrent la jalousie de plusieurs de ses confrères, surtout à Genève. Ils ne cessèrent de le harceler par des reproches, et de lui tendre des pièges où il est à la fin tombé. J'en suis fâché, mais ce n'est assurément pas ma faute. Si M. de Montmollin eût voulu soutenir une conduite si pastorale par des moyens qui en fussent dignes, s'il se fût contenté, pour sa défense, d'employer avec courage, avec franchise, les seules armes du christianisme et de la vérité, quel exemple ne donnoit-il point à l'Église, à l'Europe entière ! quel triomphe ne s'assuroit-il point? Il a préféré les armes de son métier, et les sentant mollir contre la vérité, pour sa défense, il a voulu les rendre offensives en m'attaquant. Il s'est trompé ; ces vieilles armes, fortes contre qui les craint, foibles contre qui les brave, se sont brisées. Il s'étoit mal adressé pour réussir.

Quelques mois après mon admission, je vis entrer un soir M. de Montmollin dans ma chambre :

il avoit l'air embarrassé; il s'assit et garda longtemps le silence; il le rompit enfin par un de ces longs exordes dont le fréquent besoin lui a fait un talent. Venant ensuite à son sujet, il me dit que le parti qu'il avoit pris de m'admettre à la communion lui avoit attiré bien des chagrins et le blâme de ses confrères, qu'il étoit réduit à se justifier làdessus d'une manière qui pût leur fermer la bouche, et que si la bonne opinion qu'il avoit de mes sentiments lui avoit fait supprimer les explications qu'à sa place un autre auroit exigées, il ne pouvoit, sans se compromettre, laisser croire qu'il n'en avoit eu aucune.

Là-dessus, tirant doucement un papier de sa poche, il se mit à lire, dans un projet de lettre à un ministre de Genève, des détails d'entretiens qui n'avoient jamais existé, mais où il plaçoit, à la vérité fort heureusement, quelques mots, par-ci par-là, dits à la volée et sur un tout autre objet. Jugez, monsieur, de mon étonnement; il fut tel que j'eus besoin de toute la longueur de cette lecture pour me remettre en l'écoutant. Dans les endroits où la fiction étoit la plus forte, il s'interrompoit en me disant: *Vous sentez la nécessité... ma situation..... ma place.... il faut bien un peu se prêter.* Cette lettre, au reste, étoit faite avec assez d'adresse, et, à peu de chose près, il avoit grand soin de ne m'y faire dire que ce que j'aurois pu dire en effet. En finissant il me demanda si j'approuvois cette lettre, et s'il pouvoit l'envoyer telle qu'elle étoit.

Je répondis que je le plaignois d'être réduit à de pareilles ressources; que, quant à moi, je ne pouvois rien dire de semblable; mais que, puisque c'étoit lui qui se chargeoit de le dire, c'étoit son affaire et non pas la mienne; que je n'y voyois rien non plus que je fusse obligé de démentir. Comme tout ceci, reprit-il, ne peut nuire à personne, et peut vous être utile ainsi qu'à moi, je passe aisément sur un petit scrupule qui ne feroit qu'empêcher le bien; mais dites-moi, au surplus, si vous êtes content de cette lettre, et si vous n'y voyez rien à changer pour qu'elle soit mieux. Je lui dis que je la trouvois bien pour la fin qu'il s'y proposoit. Il me pressa tant, que, pour lui complaire, je lui indiquai quelques légères corrections qui ne signifioient pas grand'chose. Or il faut savoir que, de la manière dont nous étions assis, l'écritoire étoit devant M. de Montmollin; mais durant tout ce petit colloque, il la poussa comme par hasard devant moi; et comme je tenois alors sa lettre pour la relire, il me présenta la plume pour faire les changements indiqués; ce que je fis avec la simplicité que je mets à toute chose. Cela fait, il mit son papier dans sa poche, et s'en alla.

Pardonnez-moi ce long détail; il était nécessaire. Je vous épargnerai celui de mon dernier entretien avec M. de Montmollin, qu'il est plus aisé d'imaginer. Vous comprenez ce qu'on peut répondre à quelqu'un qui vient froidement vous dire : Monsieur, j'ai ordre de vous casser la tête ; mais si vous voulez bien vous casser la jambe, peut-être se contentera-t-on de cela. M. de Montmollin doit avoir eu quelquefois à traiter de mauvaises affaires ; cependant je ne vis de ma vie un homme aussi embarrassé qu'il le fut vis-à-vis de moi dans celle-là : rien n'est plus gênant en pareil cas que d'être aux prises avec un homme ouvert et franc, qui, sans combattre avec vous de subtilités et de ruses, vous rompt en visière à tout moment. M. de Montmollin, assure que je lui dis en le quittant que s'il venoit avec de bonnes nouvelles, je l'embrasserois ; sinon que nous nous tournerions le dos. J'ai pu dire des choses équivalentes, mais en termes plus honnêtes ; et quant à ces dernières expressions, je suis très-sûr de ne m'en être point servi. M. de Montmollin peut reconnoître qu'il ne me fait pas si aisément tourner le dos qu'il l'avoit cru.

Quant au dévot pathos dont il use pour prouver la nécessité de sévir, on sent pour quelle sorte de gens il est fait, et ni vous ni moi n'avons rien à leur dire. Laissant à part ce jargon d'inquisiteur, je vais examiner ses raisons vis-à-vis de moi, sans entrer dans celles qu'il pouvoit avoir avec d'autres.

Ennuyé du triste métier d'auteur, pour lequel j'étois si peu fait, j'avois depuis long-temps résolu d'y renoncer. Quand l'*Émile* parut, j'avois déclaré à tous mes amis à Paris, à Genève, et ailleurs, que c'étoit mon dernier ouvrage, et qu'en l'achevant je posois la plume pour ne la plus reprendre. Beaucoup de lettres me restent où l'on cherchoit à me dissuader de ce dessein. En arrivant ici, j'avois dit la même chose à tout le monde, à vous-même ainsi qu'à M. de Montmollin. Il est le seul qui se soit avisé de transformer ce propos en promesse, et de prétendre que je m'étois engagé avec lui de ne plus écrire, parce que je lui en avois montré l'intention. Si je lui disois aujourd'hui que je compte aller demain à Neuchâtel, prendroit-il acte de cette parole? et si j'y manquois, m'en feroit-il un procès? C'est la même chose absolument, et je n'ai pas plus songé à faire une promesse à M. de Montmollin qu'à vous, d'une résolution dont j'informois simplement l'un et l'autre.

M. de Montmollin oseroit-il dire qu'il ait entendu la chose autrement? oseroit-il affirmer, comme il l'ose faire entendre, que c'est sur cet engagement prétendu qu'il m'admit à la communion? La preuve du contraire est qu'à la publication de ma *Lettre à M. l'archevêque de Paris*, M. de Montmollin, loin de m'accuser de lui avoir manqué de parole, fut très-content de cet ouvrage, et qu'il en fit l'éloge à moi-même et à tout le monde, sans dire alors un mot de cette fabuleuse promesse qu'il m'accuse aujourd'hui de lui avoir faite auparavant. Remarquez pourtant que cet écrit est bien plus fort sur les mystères et même sur les miracles que celui dont il fait maintenant tant de bruit; remarquez encore que j'y parle de même en mon nom, et non plus au nom du vicaire. Peut-on chercher des sujets d'excommunication dans ce dernier, qui n'ont pas même été des sujets de plainte dans l'autre?

Quand j'aurois fait à M. de Montmollin cette promesse, à laquelle je ne songeai de ma vie, prétendroit-il qu'elle fût si absolue qu'elle ne supportât pas la moindre exception, pas même d'imprimer un mémoire pour ma défense, lorsque j'aurois un procès? Et quelle exception m'étoit mieux permise que celle où, me justifiant, je le justifiois lui-même, où je montrois qu'il étoit faux qu'il eût admis dans son Église un agresseur de la religion? Quelle promesse pouvoit m'acquitter de ce que je devois à d'autres et à moi-même? Comment pouvois-je supprimer un écrit défensif pour mon honneur, pour celui de mes anciens compatriotes; un écrit que tant de grands motifs rendoient nécessaire, et où j'avois à remplir de si saints devoirs? A qui M. de Montmollin fera-t-il croire que je lui ai promis d'endurer l'ignominie en silence? À présent même que j'ai pris avec un corps respectable un engagement formel, qui est-ce, dans ce corps, qui m'accuseroit d'y manquer, si, forcé par les outrages de M. de Montmollin, je prenois le parti de les repousser aussi publiquement qu'il ose le faire? Quelque promesse que fasse un honnête homme, on n'exigera jamais, on présumera bien moins encore, qu'elle aille jusqu'à se laisser déshonorer.

En publiant les *Lettres écrites de la montagne*, je fis mon devoir et je ne manquai point à M. de Montmollin. Il en jugea lui-même ainsi, puisque après la publication de l'ouvrage, dont je lui avois envoyé un exemplaire, il ne changea point avec moi de manière d'agir. Il le lut avec plaisir, m'en parla avec éloge; pas un mot qui sentît l'objection. Depuis lors il me vit long-temps encore, toujours de la meilleure amitié; jamais la moindre plainte sur mon livre. On parloit dans ce temps-là d'une édition générale de mes écrits; non seulement il approuvoit cette entreprise, il désiroit même s'y intéresser: il me marqua ce désir, que je n'encourageai pas, sachant que la compagnie qui s'étoit formée se trouvoit déjà trop nombreuse, et ne vouloit plus d'autre associé. Sur mon peu d'empressement, qu'il remarqua trop, il réfléchit quelque temps après que la bienséance de son état ne lui permettoit pas d'entrer dans cette entreprise. C'est alors que la classe prit le parti de s'y opposer, et fit des représentations à la cour.

Du reste, la bonne intelligence étoit si parfaite encore entre nous, et mon dernier ouvrage y mettoit si peu d'obstacle, que, long-temps après sa publication, M. de Montmollin, causant avec moi, me dit qu'il vouloit demander à la cour une augmentation de prébende, et me proposa de mettre quelques lignes dans la lettre qu'il écriroit pour cet effet à milord Maréchal. Cette forme de recommandation me paroissant trop familière, je lui demandai quinze jours pour en écrire à milord Maréchal auparavant. Il se tut, et ne m'a plus parlé de cette affaire. Dès-lors il commença de voir d'un autre œil les *Lettres de la montagne*, sans cependant en improuver jamais un seul mot en ma présence. Une fois seulement il me dit : *Pour moi, je crois aux miracles.* J'aurois pu lui répondre : *J'y crois tout autant que vous.*

Puisque je suis sur mes torts avec M. de Montmollin, je dois vous avouer, monsieur, que je m'en reconnois d'autres encore. Pénétré pour lui de reconnoissance, j'ai cherché toutes les occasions de la lui marquer, tant en public qu'en particulier : mais je n'ai point fait d'un sentiment si noble un trafic d'intérêt; l'exemple ne m'a point gagné, je ne lui ai point fait de présents, je ne sais pas acheter les choses saintes. M. de Montmollin vouloit savoir toutes mes affaires, connoître tous mes correspondants, diriger, recevoir mon testament, gouverner mon petit ménage : voilà ce que je n'ai point souffert. M. de Montmollin aime à tenir table long-temps : pour moi c'est un vrai supplice. Rarement il a mangé chez moi, jamais je n'ai mangé chez lui. Enfin j'ai toujours repoussé avec tous les égards et tout le respect possible l'intimité qu'il vouloit établir entre nous. Elle n'est jamais un devoir dès qu'elle ne convient pas à tous deux.

Voilà mes torts, je les confesse sans pouvoir m'en repentir : ils sont grands si l'on veut, mais ils sont les seuls, et j'atteste quiconque connoît un peu ces contrées, si je ne m'y suis pas souvent rendu désagréable aux honnêtes gens par mon zèle à louer dans M. de Montmollin ce que j'y trouvois de louable. Le rôle qu'il avoit joué précédemment le rendoit odieux, et l'on n'aimoit pas à me voir effacer par ma propre histoire celle des maux dont il fut l'auteur.

Cependant, quelques mécontentements secrets qu'il eût contre moi, jamais il n'eût pris pour les faire éclater un moment si mal choisi, si d'autres motifs ne l'eussent porté à ressaisir l'occasion fugitive qu'il avoit d'abord laissé échapper : il voyoit trop combien sa conduite alloit être choquante et contradictoire. Que de combats n'a-t-il pas dû sentir en lui-même avant d'oser afficher une si claire prévarication ! Car passons telle condamnation qu'on voudra sur les *Lettres de la montagne*, en diront-elles enfin plus que l'*Émile*, après lequel j'ai été non pas laissé, mais admis à la table sacrée ? plus que la *Lettre à M. de Beaumont*, sur laquelle on ne m'a pas dit un seul mot ? Qu'elles ne soient, si l'on veut, qu'un tissu d'erreurs, que s'ensuivra-t-il? qu'elles ne m'ont point justifié, et que l'auteur d'*Émile* demeure inexcusable, mais jamais que celui des *Lettres écrites de la montagne* doive en particulier être condamné. Après avoir fait grâce à un homme du crime dont on l'accuse, le punit-on pour s'être mal défendu? Voilà pourtant ce que fait ici M. de Montmollin; et je le défie, lui et tous ses confrères, de citer dans ce dernier ouvrage aucun des sentiments qu'ils censurent, que je ne prouve être plus fortement établi dans les précédents.

Mais, excité sous main par d'autres gens, il saisit le prétexte qu'on lui présente, sûr qu'en criant à tort et à travers à l'impie, on met toujours le peuple en fureur; il sonne après coup le tocsin de Motiers sur un pauvre homme, pour s'être osé défendre chez les Génevois; et, sentant bien que le succès seul pouvoit le sauver du blâme, il n'épargne rien pour se l'assurer. Je vis à Motiers: je ne veux point parler de ce qui s'y passe, vous le savez aussi bien que moi; personne à Neuchâtel ne l'ignore; les étrangers qui viennent le voient, gémissent, et moi je me tais.

M. de Montmollin s'excuse sur les ordres de la classe. Mais, supposons-les exécutés par des voies légitimes; si ces ordres étoient justes, comment avoit-il attendu si tard à le sentir? comment ne les prévenoit-il point lui-même que cela regardoit spécialement? comment, après avoir lu et relu les

Lettres de la montagne, n'y avoit-il jamais trouvé un mot à reprendre, ou pourquoi ne m'en avoit-il rien dit, à moi son paroissien, dans plusieurs visites qu'il m'avoit faites? Qu'étoit devenu son zèle pastoral? Voudroit-il qu'on le prît pour un imbécile qui ne sait voir dans un livre de son métier ce qui y est que quand on le lui montre? Si ces ordres étoient injustes, pourquoi s'y soumettoit-il? Un ministre de l'Évangile, un pasteur doit-il persécuter par obéissance un homme qu'il sait être innocent? Ignoroit-il que paroître même en consistoire est une peine ignominieuse, un affront cruel pour un homme de mon âge, surtout dans un village où l'on ne connoît d'autres matières consistoriales que des admonitions sur les mœurs? Il y a dix ans que je fus dispensé à Genève de paroître en consistoire dans une occasion beaucoup plus légitime, et, ce que je me reproche presque, contre le texte formel de la loi. Mais il n'est pas étonnant que l'on connoisse à Genève des bienséances que l'on ignore à Motiers.

Je ne sais pour qui M. de Montmollin prend ses lecteurs quand il leur dit qu'il n'y avoit point d'inquisition dans cette affaire; c'est comme s'il disoit qu'il n'y avoit point de consistoire; car c'est la même chose en cette occasion. Il fait entendre, il assure même qu'elle ne devoit point avoir de suite temporelle : le contraire est connu de tous les gens au fait du projet; et qui ne sait qu'en surprenant la religion du conseil d'état, on l'avoit déjà engagé à faire des démarches qui tendoient à m'ôter la protection du roi? Le pas nécessaire pour achever étoit l'excommunication : après quoi de nouvelles remontrances au conseil d'état auroient fait le reste : on s'y étoit engagé ; et voilà d'où vient la douleur de n'avoir pu réussir. Car d'ailleurs qu'importe à M. de Montmollin? Craint-il que je ne me présente pour communier de sa main? qu'il se rassure : je ne suis pas aguerri aux communions, comme je vois tant de gens l'être : j'admire ces estomacs dévots toujours si prêts à digérer le pain sacré ; le mien n'est pas si robuste.

Il dit qu'il n'avoit qu'une question très-simple à me faire de la part de la classe. Pourquoi donc, en me citant, ne me fit-il pas signifier cette question? Quelle est cette ruse d'user de surprise, et de forcer les gens de répondre à l'instant même, sans leur donner un moment pour réfléchir ? C'est qu'avec cette question de la classe dont M. de Montmollin parle, il m'en réservoit de son chef d'autres dont il ne parle point, et sur lesquelles il ne vouloit pas que j'eusse le temps de me préparer. On sait que son projet étoit absolument de me prendre en faute, et de m'embarrasser par tant d'interrogations captieuses qu'il en vînt à bout; il savoit combien j'étois languissant et foible. Je ne veux pas l'accuser d'avoir eu le dessein d'épuiser mes forces; mais, quand je fus cité, j'étois malade, hors d'état de sortir, et gardant la chambre depuis six mois : c'étoit l'hiver; il faisoit froid, et c'est, pour un pauvre infirme, un étrange spécifique qu'une séance de plusieurs heures, debout, interrogé sans relâche, sur des matières de théologie, devant des anciens dont les plus instruits déclarent n'y rien entendre. N'importe; on ne s'informa pas même si je pouvois sortir de mon lit, si j'avois la force d'aller, s'il faudroit me faire porter; on ne s'embarrassoit pas de cela : la charité pastorale, occupée des choses de la foi, ne s'abaisse pas aux terrestres soins de la vie.

Vous savez, monsieur, ce qui se passa dans le consistoire en mon absence, comment s'y fit la lecture de ma lettre, et les propos qu'on y tint pour en empêcher l'effet; vos mémoires là-dessus vous viennent de la bonne source. Concevez-vous qu'après cela M. de Montmollin change tout à coup d'état et de titre, et que, s'étant fait commissaire de la classe pour solliciter l'affaire, il redevienne aussitôt pasteur pour la juger? *J'agissois*, dit-il, *comme pasteur, comme chef du consistoire, et non comme représentant de la vénérable classe.* C'étoit bien tard changer de rôle, après en avoir fait jusqu'alors un si différent. Craignons, monsieur, les gens qui font si volontiers deux personnages dans la même affaire; il est rare que ces deux en fassent un bon.

Il appuie la nécessité de sévir sur le scandale

causé par mon livre. Voilà des scrupules tout nouveaux, qu'il n'eut point du temps de l'*Émile*. Le scandale fut tout aussi grand pour le moins, les gens d'église et les gazetiers ne firent pas moins de bruit; on brûloit, on brayoit, on m'insultoit par toute l'Europe. M. de Montmollin trouve aujourd'hui des raisons de m'excommunier dans celles qui ne l'empêchèrent pas alors de m'admettre. Son zèle, suivant le précepte, prend toutes les formes pour agir selon les temps et les lieux. Mais qui est-ce, je vous prie, qui excita dans sa paroisse le scandale dont il se plaint au sujet de mon dernier livre? Qui est-ce qui affectoit d'en faire un bruit affreux, et par soi-même et par des gens apostés? Qui est-ce, parmi tout ce peuple si saintement forcené, qui auroit su que j'avois commis le crime énorme de prouver que le conseil de Genève m'avoit condamné à tort, si l'on n'eût pris soin de le leur dire, en leur peignant ce singulier crime avec les couleurs que chacun sait? Qui d'entre eux est même en état de lire mon livre et d'entendre ce dont il s'agit? Exceptons, si l'on veut, l'ardent satellite de M. de Montmollin, ce grand maréchal qu'il cite si fièrement, ce grand clerc, le Boirude de son église, qui se connoît si bien en fers de chevaux et en livres de théologie. Je veux le croire en état de lire à jeun et sans épeler une ligne entière; quel autre des ameutés en peut faire autant? En entrevoyant sur mes pages les mots d'*évangile* et de *miracles,* ils auroient cru lire un livre de dévotion; et me sachant bon homme, ils auroient dit: *Que Dieu le bénisse, il nous édifie.* Mais on leur a tant assuré que j'étois un homme abominable, un impie, qui disoit qu'il n'y avoit point de Dieu, et que les femmes n'avoient point d'ame, que, sans songer au langage si contraire qu'on leur tenoit ci-devant, ils ont à leur tour répété: *C'est un impie, un scélérat, c'est l'antechrist; il faut l'excommunier, le brûler.* On leur a charitablement répondu: *Sans doute; mais criez, et laissez-nous faire, tout ira bien.*

La marche ordinaire de messieurs les gens d'église me paroît admirable pour aller à leur but: après avoir établi en principe leur compétence sur tout scandale, ils excitent le scandale sur tel objet qui leur plaît, et puis, en vertu de ce scandale qui est leur ouvrage, ils s'emparent de l'affaire pour la juger. Voilà de quoi se rendre maître de tous les peuples, de toutes les lois, de tous les rois, et de toute la terre, sans qu'on ait le moindre mot à leur dire. Vous rappelez-vous le conte de ce chirurgien dont la boutique donnoit sur deux rues, et qui sortant par une porte estropioit les passants, puis rentroit subtilement, et pour les panser ressortoit par l'autre? Voilà l'histoire de tous les clergés du monde, excepté que le chirurgien guérissoit du moins ses blessés, et que ces messieurs, en traitant les leurs, les achèvent.

N'entrons point, monsieur, dans les intrigues secrètes qu'il ne faut pas mettre au grand jour. Mais si M. de Montmollin n'eût voulu qu'exécuter l'ordre de la classe, ou faire l'acquit de sa conscience, pourquoi l'acharnement qu'il a mis à cette affaire? pourquoi ce tumulte excité dans le pays? pourquoi ces prédications violentes? pourquoi ces conciliabules? pourquoi tant de sots bruits répandus pour tâcher de m'effrayer par les cris de la populace? Tout cela n'est-il pas notoire au public? M. de Montmollin le nie; et pourquoi non, puisqu'il a bien nié d'avoir prétendu deux voix dans le consistoire? Moi, j'en vois trois, si je ne me trompe : d'abord celle de son diacre, qui n'étoit là que comme son représentant; la sienne ensuite, qui formoit l'égalité; et celle enfin qu'il vouloit avoir pour départager les suffrages. Trois voix à lui seul, c'eût été beaucoup, même pour absoudre; il les vouloit pour condamner, et ne put les obtenir : où étoit le mal? M. de Montmollin étoit trop heureux que son consistoire, plus sage que lui, l'eût tiré d'affaire avec la classe, avec ses confrères, avec ses correspondants, avec lui-même. J'ai fait mon devoir, auroit-il dit; j'ai vivement poursuivi la chose; mon consistoire n'a pas jugé comme moi, il a absous Rousseau contre mon avis. Ce n'est pas ma faute; je me retire; je n'en puis faire davantage sans blesser les lois, sans désobéir au prince, sans troubler le repos public; je suis trop bon chrétien, trop bon citoyen, trop bon pasteur, pour rien tenter de semblable. Après avoir échoué il pouvoit encore, avec un peu d'adresse, conserver sa dignité et recouvrer sa réputation ; mais l'amour-propre irrité n'est pas si sage ; on pardonne encore moins aux autres le mal qu'on leur a voulu faire que celui qu'on leur a fait en effet. Furieux de voir manquer à la face de l'Europe ce grand crédit dont il aime à se vanter, il ne peut quitter la partie ; il dit en classe qu'il n'est pas sans espoir de la renouer ; il le tente dans un autre consistoire ; mais, pour se montrer moins à découvert, il ne la propose pas lui-même, il la fait proposer par son maréchal, par cet intrument de ses menées, qu'il appelle à témoin qu'il n'en a pas fait. Cela n'étoit-il pas finement trouvé ? Ce n'est pas que M. de Montmollin ne soit fin ; mais un homme que la colère aveugle ne fait plus que des sottises quand il se livre à sa passion.

Cette ressource lui manque encore. Vous croiriez qu'au moins alors ses efforts s'arrêtent là : point du tout : dans l'assemblée suivante de la classe, il propose un autre expédient, fondé sur l'impossibilité d'éluder l'activité de l'officier du prince dans sa paroisse ; c'est d'attendre que j'aie passé dans une autre, et là de recommencer les poursuites sur nouveaux frais. En conséquence de ce bel expédient, les sermons emportés recommencent ; on met derechef le peuple en rumeur, comptant, à force de désagrément, me forcer enfin de quitter la paroisse. En voilà trop, en vérité, pour un homme aussi tolérant que M. de Montmollin prétend l'être, et qui n'agit que par l'ordre de son corps.

Ma lettre s'alonge beaucoup, monsieur, mais il le faut, et pourquoi la couperois-je ? seroit-ce l'abréger que d'en multiplier les formules ? Laissons à M. de Montmollin le plaisir de dire dix fois de suite : *Dinazarde, ma sœur, dormez-vous ?*

Je n'ai point entamé la question de droit; je me suis interdit cette matière. Je me suis borné dans la seconde partie de cette lettre à vous prouver que M. de Montmollin, malgré le ton béat qu'il affecte, n'a point été conduit dans cette affaire par le zèle de la foi, ni par son devoir; mais qu'il a, selon l'usage, fait servir Dieu d'instrument à ses passions. Or jugez si pour de telles fins on emploie des moyens qui soient honnêtes, et dispensez-moi d'entrer dans des détails qui feroient gémir la vertu.

Dans la première partie de ma lettre je rapporte des faits opposés à ceux qu'avance M. de Montmollin. Il avoit eu l'art de se ménager des indices auxquels je n'ai pu répondre que par le récit fidèle de ce qui s'est passé. De ces assertions contraires de sa part et de la mienne vous conclurez que l'un des deux est un menteur ; et j'avoue que cette conclusion me paroît juste.

En voulant finir ma lettre et poser sa brochure, je la feuillette encore. Les observations se présentent sans nombre, et il ne faut pas toujours recommencer. Cependant, comment passer ce que j'ai dans cet instant sous les yeux ? *Que feront nos ministres*, se disoit-on publiquement ? *défendront-ils l'Évangile attaqué si ouvertement par ses ennemis ?* C'est donc moi qui suis l'ennemi de l'Évangile, parce que je m'indigne qu'on le défigure et qu'on l'avilisse ? Eh ! que ses prétendus défenseurs n'imitent-ils l'usage que j'en voudrois faire ! que n'en prennent-ils ce qui les rendroit bons et justes ! que n'en laissent-ils ce qui ne sert de rien à personne, et qu'ils n'entendent pas plus que moi !

Si un citoyen de ce pays avoit osé dire ou écrire quelque chose d'approchant à ce qu'avance M. Rousseau, ne séviroit-on pas contre lui ! Non assurément ; j'ose le croire pour l'honneur de cet état. Peuples de Neuchâtel, quelles seroient donc vos franchises, si, pour quelque point qui fourniroit matière de chicane aux ministres, ils pouvoient poursuivre au milieu de vous l'auteur d'un factum imprimé à l'autre bout de l'Europe, pour sa défense en pays étranger ? M. de Montmollin m'a choisi pour vous imposer en moi ce nouveau joug : mais serois-je digne d'avoir été reçu parmi vous, si j'y laissois, par mon exemple, une servitude que je n'y ai point trouvée ?

M. Rousseau, nouveau citoyen, a-t-il donc plus de priviléges que tous les anciens citoyens? Je ne réclame pas même ici les leurs; je ne réclame que ceux que j'avois étant homme, et comme simple étranger. Le correspondant que M. de Montmollin fait parler, ce merveilleux correspondant qu'il ne nomme point, et qui lui donne tant de louanges, est un singulier raisonneur, ce me semble. Je veux avoir, selon lui, plus de priviléges que tous les citoyens, parce que je résiste à des vexations que n'endura jamais aucun citoyen. Pour m'ôter le droit de défendre ma bourse contre un voleur qui voudroit me la prendre, il n'auroit donc qu'à me dire: *Vous êtes plaisant de ne vouloir pas que je vous vole! Je volerois bien un homme du pays s'il passoit au lieu de vous.*

Remarquez qu'ici M. le professeur de Montmollin est le seul souverain, le seul despote qui me condamne, et que la loi, le consistoire, le magistrat, le gouvernement, le gouverneur, le roi même, qui me protègent, sont autant de rebelles à l'autorité suprême de M. le professeur de Montmollin.

L'anonyme demande *si je ne me suis pas soumis comme citoyen aux lois de l'état et aux usages;* et de l'affirmative, qu'assurément on ne lui contestera pas, il conclut que je me suis soumis à une loi qui n'existe point, et à une usage qui n'eut jamais lieu.

M. de Montmollin dit à cela que cette loi existe à Genève, et que je me suis plaint moi-même qu'on l'a violée à mon préjudice. Ainsi donc la loi qui existe à Genève, et qui n'existe pas à Motiers, on la viole à Genève pour me décréter, et on la suit à Motiers pour m'excommunier. Convenez que me voilà dans une agréable position! C'étoit sans doute dans un de ses moments de gaieté que M. de Montmollin fit ce raisonnement-là.

Il plaisante à peu près sur le même ton dans une note sur l'offre [1] que je voulus lui faire à la classe, à condition qu'on me laissât en repos; il dit que c'est se moquer, et qu'on ne fait pas ainsi la loi à ses supérieurs.

Premièrement, il se moque lui-même quand il prétend qu'offrir une satisfaction très-obséquieuse et très-raisonnable à gens qui se plaignent, quoique à tort, c'est leur faire la loi.

Mais la plaisanterie est d'avoir appelé messieurs de la classe mes supérieurs, comme si j'étois homme d'église. Car qui ne sait que la classe, ayant juridiction sur le clergé seulement, et n'ayant au surplus rien à commander à qui que ce soit, ses membres ne sont comme tels les supérieurs de personne [2]?

---

[1] Offre dont le secret fut si bien gardé, que personne n'en sut rien que quand je le publiai, et qui fut si malhonnêtement reçue, qu'on ne daigna pas y faire la moindre réponse : il fallut même que je fisse redemander à M. de Montmollin ma déclaration, qu'il s'étoit doucement appropriée.

[2] Il faut croire que la tête tourne à M. de Montmollin, si l'on

Or de me traiter en homme d'église est une plaisanterie fort déplacée, à mon avis. Monsieur de Montmollin sait très-bien que je ne suis point homme d'église, et que j'ai même, grâces au ciel, très-peu de vocation pour le devenir.

Encore quelques mots sur la lettre que j'écrivis au consistoire, et j'ai fini. M. de Montmollin promet peu de commentaires sur cette lettre. Je crois qu'il fait très-bien, et qu'il eût mieux fait encore de n'en point donner du tout. Permettez que je passe en revue ceux qui me regardent : l'examen ne sera pas long.

Comment répondre, dit-il, *à des questions qu'on ignore?* Comme j'ai fait, en prouvant d'avance qu'on n'a point le droit de questionner.

Une foi dont on ne doit compte qu'à Dieu ne se publie pas dans toute l'Europe.

Et pourquoi une foi dont on ne doit compte qu'à Dieu ne se publieroit-elle pas dans toute l'Europe?

Remarquez l'étrange prétention d'empêcher un homme de dire son sentiment, quand on lui en prête d'autres, de lui fermer la bouche et de le faire parler.

Celui qui erre en chrétien redresse volontiers ses erreurs. Plaisant sophisme!

lui supposoit assez d'arrogance pour vouloir sérieusement donner à messieurs de la classe quelque supériorité sur les autres sujets du roi. Il n'y a pas cent ans que ces supérieurs prétendus ne signoient qu'après tous les autres corps.

Celui qui erre en chrétien ne sait pas qu'il erre. S'il redressoit ses erreurs sans les connoître, il n'erreroit pas moins, et de plus il mentiroit. Ce ne seroit plus errer en chrétien.

Est-ce s'appuyer sur l'autorité de l'Évangile que de rendre douteux les miracles? Oui, quand c'est par l'autorité même de l'Évangile qu'on rend douteux les miracles.

Et d'y jeter du ridicule? Pourquoi non, quand, s'appuyant sur l'Évangile, on prouve que ce ridicule n'est que dans les interprétations des théologiens.

Je suis sûr que M. de Montmollin se félicitoit ici beaucoup de son laconisme. Il est toujours aisé de répondre à de bons raisonnements par des sentences ineptes.

Quant à la note de Théodore de Bèze, il n'a pas voulu dire autre chose, sinon que la foi du chrétien n'est pas appuyée uniquement sur les miracles.

Prenez garde, monsieur le professeur; ou vous n'entendez pas le latin, ou vous êtes un homme de mauvaise foi.

Ce passage, *non satis tuta fides eorum qui miraculis nituntur*, ne signifie point du tout, comme vous le prétendez, que *la foi du chrétien n'est pas appuyée uniquement sur les miracles.*

Au contraire, il signifie très-exactement que la foi de quiconque s'appuie sur les miracles est *peu solide*. Ce sens se rapporte fort bien au passage de saint Jean qu'il commente, et qui dit de Jésus que plusieurs crurent en lui, voyant ses miracles, mais qu'il ne leur confioit point pour cela sa personne, *parce qu'il les connoissoit bien*. Pensez-vous qu'il auroit aujourd'hui plus de confiance en ceux qui font tant de bruit de la même foi?

Ne croiroit-on pas entendre M. Rousseau dire, dans sa Lettre à l'archevêque de Paris, *qu'on devroit lui dresser des statues pour son Émile?* Notez que cela se dit au moment où, pressé par la comparaison d'*Émile* et des *Lettres de la montagne*, M. de Montmollin ne sait comment s'échapper; il se tire d'affaire par une gambade.

S'il falloit suivre pied à pied ses écarts, s'il falloit examiner le poids de ses affirmations, et analyser les singuliers raisonnements dont il nous paie, on ne finiroit pas, et il faut finir. Au bout de tout cela, fier de s'être nommé, il s'en vante. Je ne vois pas trop là de quoi se vanter. Quand une fois on a pris son parti sur certaine chose, on a peu de mérite à se nommer.

Pour vous, monsieur, qui gardiez par ménagement pour lui l'anonyme qu'il vous reproche, nommez-vous, puisqu'il le veut; acceptez des honnêtes gens l'éloge qui vous est dû; montrez-leur le digne avocat de la cause juste, l'historien de la vérité, l'apologiste des droits de l'opprimé, de ceux du prince, de l'état et des peuples, tous attaqués par lui dans ma personne. Mes défenseurs, mes protecteurs, sont connus; qu'il montre à son tour son anonyme et ses partisans dans cette affaire : il en a déjà nommé deux; qu'il achève. Il m'a fait bien du mal : il vouloit m'en faire bien davantage; que tout le monde connoisse ses amis et les miens; je ne veux point d'autre vengeance.

Recevez, monsieur, mes tendres salutations.

LETTRE DCXV.

A MADAME LATOUR.

A Motiers, le 11 août 1765.

Chère Marianne, vous êtes affligée, et je suis désarmé; je m'attendris en me représentant vos beaux yeux en larmes. Vos larmes sècheront, mais mes malheurs ne finiront qu'avec ma vie. Que cela vous engage désormais à les respecter, et à ne plus compter avec mes défauts, car vous auriez trop à faire, et à mon âge on ne se corrige plus de rien : les violents reproches m'indignent et ne me subjuguent pas. J'avois rompu trop légèrement avec vous, j'avois tort; mais, en me peignant comme un monstre, vous ne m'auriez pas ramené ; je vous aurois laissé dire et je me serois tu, car je savois bien que je n'étois pas un monstre. Quand nos amis nous manquent, il faut les gronder, mais il ne faut jamais leur mettre le marché à la main sur l'estime qu'on leur doit, et qu'ils savent bien qu'on ne peut leur ôter, quoi qu'il arrive. Pardon, chère Marianne ; j'avois le cœur encore un peu gros de vos reproches, il falloit le dégonfler. A présent tâchons d'oublier nos enfantillages ; laissez-moi me dire mon fait sur les miens, je m'en acquitterai mieux que vous. Après cela, pardonnez-moi, n'en parlons plus et aimons-nous bien tous trois. Ce dernier mot servira de réponse à votre amie ; j'espère qu'elle ne la trouvera pas trop courte ; je ne voudrois pas avoir dit ce mot-là même, si je la soupçonnois de croire qu'on peut dire plus.

Je dois des ménagements à votre tristesse, et ne veux point vous parler de mon état présent ; mais, si de long-temps je ne peux pas vous écrire, n'interprétez pas ce silence en mauvaise part.

LETTRE DCXVI.

A M. D'IVERNOIS.

Motiers, le 15 août 1765.

J'ai reçu tous vos envois, monsieur, et je vous remercie des commissions ; elles sont fort bien, et je vous prie aussi d'en faire mes remerciements à M. Deluc. A l'égard des abricots, par respect pour madame d'Ivernois, je veux bien ne pas les renvoyer ; mais j'ai là-dessus deux choses à vous dire, et je vous les dis pour la dernière fois : l'une, qu'à faire aux gens des cadeaux malgré eux, et à les servir à notre mode et non pas à la leur, je vois plus de vanité que d'amitié ; l'autre, que je suis très-déterminé à secouer toute espèce de joug qu'on peut vouloir m'imposer malgré moi, quel qu'il puisse être ; que quand cela ne peut se faire qu'en rompant, je romps, et que quand une fois j'ai rompu, je ne renoue jamais ; c'est pour la vie. Votre amitié, monsieur, m'est trop précieuse pour que je vous pardonnasse jamais de m'y avoir fait renoncer.

Les cadeaux sont un petit commerce d'amitié fort agréable quand ils sont réciproques : mais ce commerce demande de part et d'autre de la peine et des soins ; et la peine et les soins sont le fléau de ma vie; j'aime mieux un quart d'heure d'oisiveté que toutes les confitures de la terre. Voulez-vous me faire des présents qui soient pour mon cœur d'un prix inestimable, procurez-moi des loisirs, sauvez-moi des visites, fournissez-moi des moyens de n'écrire à personne; alors je vous devrai le bonheur de ma vie, et je reconnoîtrai les soins du véritable ami; autrement non.

M. Marcuard est venu lui cinq ou sixième : j'étois malade, je n'ai pu le voir ni lui ni sa compagnie. Je suis bien aise de savoir que les visites que vous me forcez de faire m'en attirent. Maintenant que je suis averti, si j'y suis repris ce sera ma faute.

Votre M. de Fournière, qui part de Bordeaux pour me venir voir, ne s'embarrasse pas si cela me convient ou non. Comme il fait tous ses petits arrangements sans moi, il ne trouvera pas mauvais, je pense, que je prenne les miens sans lui.

Quant à M. Liotard, son voyage ayant un but déterminé qui se rapporte plus à moi qu'à lui, il mérite une exception et il l'aura. Les grands talents exigent des égards. Je ne réponds pas qu'il me trouve en état de me laisser peindre; mais je réponds qu'il aura lieu d'être content de la réception que je lui ferai. Au reste, avertissez-le que, pour être sûr de me trouver, et de me trouver libre, il ne doit pas venir avant le 4 ou le 5 de septembre.

Je suis étonné du front qu'à eu le sieur Durey

de se présenter chez vous, sachant que vous m'honorez de votre amitié. Je ne sais s'il a fait ce qu'il vous a dit : mais je suis bien sûr qu'il ne vous a pas dit tout ce qu'il a fait. C'est le dernier des misérables.

J'ai vu depuis quelque temps beaucoup d'Anglois; mais M. Wilkes n'a pas paru, que je sache. Je vous embrasse de tout mon cœur.

LETTRE DCXVII.

A M. MOULTOU.

Motiers, le 15 août 1765.

J'ai tort, cher Moultou, de ne vous avoir pas accusé sur-le-champ la réception de l'argent et de l'étoffe. Je n'ai que mon état pour excuse; mais cette excuse n'est que trop bonne malheureusement. Cet état est toujours le même, et ma seule consolation est qu'il ne peut plus guère changer en pis. Il n'y a plus aucune apparence au voyage d'Écosse. C'étoit là que j'aurois voulu vivre; mais tout pays est bon pour mourir, excepté toutefois celui-ci, quand on laisse quelque chose après soi.

Je crois que vous avez bien fait de vous détacher de Vernes. Les gens faux sont plus dangereux amis qu'ennemis : d'ailleurs c'est une petite perte ; je lui ai toujours trouvé peu d'esprit avec beaucoup de prétention : mais je l'aimois, le croyant bon homme. Jugez comment j'en dois penser aujourd'hui que je sais qu'il n'est qu'un méchant sot. Cher ami, ne me parlez plus de lui, je vous prie; ne joignons pas aux sentiments douloureux des idées déplaisantes : la paix de l'ame est le seul bien qui reste à ma portée, et le plus précieux dont je puisse jouir, je m'y tiens. J'espère qu'à ma dernière heure le scrutateur des cœurs ne trouvera dans le mien que la justice et l'amitié.

Puisque vous n'avez pas voulu déduire ni me marquer le prix de la laine, comme je vous en avois prié, j'exige au moins que vous ne vous mêliez plus des autres commissions de mademoiselle Le Vasseur, qui me charge de vous présenter ses remerciements et ses respects. Pour moi, dans l'état où je suis, à moins qu'il ne change, il ne me faut plus d'autres provisions que celles qu'on peut emporter avec soi. Bonjour, mon ami; je vous embrasse.

LETTRE DCXVIII.

A M. D'IVERNOIS.

Motiers, le 25 août 1765.

Engagez, monsieur, je vous en prie, M. Liotard non seulement à venir seul, à moins qu'il ne lui soit extrêmement agréable de venir avec M. Wilkes, mais à différer son départ jusqu'au mois d'octobre : car, en vérité, l'on ne me laisse plus respirer. Il m'est absolument nécessaire de reprendre haleine ; et lorsqu'une compagnie que j'attends à la fin du mois sera repartie, je serai forcé de partir moi-même pour quelque temps, pour éviter quelques-unes des bandes qui me tombent, non plus par deux ou trois, comme autrefois, mais par sept ou huit à la fois.

Vous avez eu bien tort d'imaginer que je voulusse cesser de vous écrire, puisque l'exception est faite pour vous depuis long-temps. Il est vrai que je voudrois que cela ne devînt une tâche onéreuse ni pour vous ni pour moi. Écrivons à notre aise et quand nous en aurons la commodité. Mais si vous voulez m'asservir régulièrement à vous écrire tous les huit ou quinze jours, je vous déclare une fois pour toutes que cela ne m'est pas possible ; et quand vous vous plaindrez de m'avoir écrit tant de lettres sans réponse, vous voudrez bien vous tenir pour dit une fois pour toutes : *Pourquoi m'en écrivez-vous tant ?*

Tout en vous querellant j'abuse de votre complaisance. Voici une réponse pour Venise : vous m'avez dit que vous pourriez la faire tenir; ainsi je vous l'envoie sans savoir l'adresse. Ceux qui ont remis la lettre à laquelle celle-ci répond y suppléeront.

Je vous embrasse de tout mon cœur.

LETTRE DCXIX.

A M. DU PEYROU.

Motiers, le 29 août 1765.

J'espère que vous serez arrivé à Neuchâtel heureusement. Donnez-moi de vos nouvelles, mais ne vous servez plus de la poste. J'ai résolu de ne plus écrire ni de recevoir aucune lettre par cette voie ; et je suis même forcé de prendre ce parti, puisque personne, de ma part, ne peut approcher du bureau sans y être insulté. Il faut, au lieu de cela, se servir de la messagerie, qui part d'ici tous les mardis au soir, et de Neuchâtel tous les jeudis au soir. Si vos gens sont embarrassés de trouver cette femme, ils pourront déposer leurs lettres à la *Couronne*, et mesdemoiselles Petitpierre voudront bien se charger de l'en charger. Je vous embrasse de tout mon cœur.

LETTRE DCXX.

A M. D'IVERNOIS.

Neuchâtel, ce lundi 10 septembre 1765.

Les bruits publics vous apprendront, monsieur, ce qui s'est passé, et comment le pasteur de Motiers s'est fait ouvertement capitaine de coupe-jarrets. Votre amitié pour moi m'engage à me presser de vous tranquilliser sur mon compte. Grâce au ciel je suis en sûreté, et hors de Motiers, où je compte ne retourner de ma vie : mais malheureusement ma gouvernante et mon bagage y sont encore ; mais j'espère que le gouvernement donnera des ordres qui contiendront ces enragés et leur digne chef. En attendant que vous soyez mieux instruit de tout, je vous conseille de ne pas vous fier à ce que vous écriront vos parents, et je suis forcé de vous déclarer qu'ils ont pris, dans cette occasion, un parti qui les déshonore. Aimez-moi toujours ; je vous aime de tout mon cœur, et je vous embrasse.

Adressez tout simplement vos lettres à M. du

Peyrou à Neuchâtel; et pour éviter les enveloppes, mettez simplement une croix au-dessus de l'adresse; il saura ce que cela veut dire.

LETTRE DCXXI.

A M. DU PEYROU.

Ce dimanche à midi, 15 septembre 1765.

M. le major Chambrier vient, mon cher hôte, de m'envoyer, par un bateau exprès, les deux lettres que M. Jeannin avoit eu la bonté de me faire passer, et qui auroient été assez tôt dans un mois d'ici. Si vous n'avez pas la bonté de faire entendre à M. le major qu'à moins de cas très-pressants il ne faut pas envoyer des bateaux exprès, je ferai des frais effroyables en lettres inutiles, et d'autant plus onéreux, que je ne pourrai pas refuser mes lettres, comme je le faisois par la poste. J'espérois avoir dans cette île l'avantage que les lettres me parviendroient difficilement, et au contraire j'en suis accablé de toutes parts, avec cette différence qu'il faut payer les bateliers qui les portent dix fois plus que par la poste. Faites-moi l'amitié, je vous supplie, ou de refuser net toutes celles qui vous viendront, ou de les garder toutes jusqu'à quelque occasion moins coûteuse. Si je ne prends pas quelque résolution désespérée, je serai entièrement écrasé ici par les lettres et par les visites.

Je ne sais ce que vous ferez de *la Vision*; elle ne sauroit paroître avec les trois fautes effroyables que j'y trouve. L'une page 3, ligne 3, en remontant, *dessous*, lisez *des sons*; la seconde; page 9, ligne 4, en remontant, *amuseront*, lisez, *ameuteront*; et la troisième, page 15, ligne 11, *cris*, lisez, *coup*.

J'aurois mille choses à vous dire; le bateau est arrivé au moment qu'on alloit se mettre à table, et je fais attendre tout le monde pour le dîner, ce qui me désole.

Lorsque mademoiselle Le Vasseur sera venue avec tout mon bagage, il faut qu'elle attende à Neuchâtel de mes nouvelles, et je ne puis m'arranger définitivement qu'après la réponse de Berne, que j'aurai mardi au soir tout au plus tôt. Mille choses à tous ceux qui m'aiment, mais point de lettres sur toutes choses, si ce n'est pour matières intéressantes. Je vous embrasse.

LETTRE DCXXII.

AU MÊME.

A l'île de Saint-Pierre, le 18 septembre 1765.

Enfin, mon cher hôte, me voici sûr à peu près de rester ici, mais avec de si grandes incommodités, qu'il faut en vérité toute ma répugnance à m'éloigner de vous pour me les faire endurer. Il s'agit maintenant d'avoir ici mademoiselle Le Vasseur avec mon bagage. Le receveur compte envoyer lundi, ou le premier beau jour de la semaine prochaine, un bateau chargé de fruits à Neuchâtel, et, pour l'amour de moi, il s'est offert d'y aller lui-même : en conséquence, j'écris à mademoiselle Le Vasseur de se tenir prête pour profiter d'une si bonne occasion, du moins pour le bagage ; car, quant à elle, j'aimerois autant qu'elle cherchât quelque autre voiture, pour peu qu'il ne fît pas très-beau, ou qu'elle eût quelque répugnance à venir sur un bateau chargé. Ayez la même bonté qui vous est ordinaire, de donner à tout cela le coup d'œil de l'amitié.

Je suis si occupé de mon petit établissement, que je ne puis songer à autre chose, ni écrire à personne. Je dois cependant des multitudes de lettres, surtout à MM. Meuron, Chaillet, Sturler,

Martinet. Comment donc faire? écrire du matin au soir? c'est ce que je ne puis faire nulle part, surtout dans cette île : ils pardonneront. Je vous enverrai la semaine prochaine la lettre pour MM. de Couvet.

Ne comptiez-vous pas paroître cette semaine? Donnez-moi des nouvelles de cela. M. de Vautravers m'a amené hier des ministres dont je me serois bien passé.

Je m'arrange sur ce que vous m'avez marqué de la messagerie. Je puis envoyer à La Neuville tous les samedis et même tous les mercredis, s'il étoit nécessaire. On ira retirer mes lettres à la poste, et l'on y portera les miennes; cela sera plus simple et évitera les cascades. Si vos tracas vous permettent de me donner un peu au long de vos nouvelles, tant mieux; sinon, un bonjour, je me porte bien, me suffit. Mille choses au commandant de la place sous les ordres duquel j'ai fait service une nuit. Je vous embrasse.

LETTRE DCXXIII.

AU MÊME.

Le 29 septembre.

En vous envoyant, mon cher hôte, un petit bonjour avec les lettres ci-jointes, je n'ai que le temps de vous marquer que mademoiselle Le Vasseur, vos envois, et mon bagage, me sont heureusement arrivés. Jusqu'ici, aux arrivants près qui ne cessent pas, tout va bien de ce côté. Puisse-t-il en être de même du vôtre! Je vous embrasse de tout mon cœur.

LETTRE DCXXIV.

AU MÊME.

Ce dimanche 6 octobre, à midi.

J'envoie, mon cher hôte, à madame la commandante dix mesures de pommes reinettes, que je la supplie d'agréer, non comme un présent que je prends la liberté de lui faire, mais en échange du café que vous m'avez destiné.

Depuis ma lettre écrite et partie ce matin, j'ai reçu votre paquet du 3. Je vois avec douleur le procès qu'on vous prépare. Vous avez affaire au plus déterminé des scélérats, et vous êtes un homme de bien : jugez des avantages qu'il aura sur vous. Mensonges, cabales, fourberies, noirceurs, faux serments, faux témoins, subornation de juges; quelles armes terribles dont vous êtes privé, et qu'il emploiera contre vous! J'avoue que si sa famille le soutient, il faut qu'elle soit composée de membres qui se donnent tout ouvertement pour gens de sac et de corde; mais il faut s'attendre à tout de la part des hommes, et je suis fâché de vous dire que vous vivez dans un pays plein de gens d'esprit, mais qui n'imaginent pas même qu'il existe quelque chose qui se puisse appeler justice et vertu. J'ai l'ame navrée, et tout ceci met le comble à mes malheurs.

Vous pouvez, si vous voulez, m'envoyer la petite caisse par le retour du bateau qui vous portera les pommes et qui la conduira à Cerlier, où je la ferai prendre. Mon généreux ami, je vous embrasse le cœur ému et les yeux en larmes.

LETTRE DCXXV.

AU MÊME.

Le 7 octobre.

Voici, mon cher hôte, un troisième paquet depuis l'arrivée de mademoiselle Le Vasseur. Comme je vous sais fort occupé, qu'il a fait fort mauvais, et que votre ouvrage n'a peut-être point encore paru, je ne suis point en peine de votre silence, et j'espère que vous vous portez bien. Pour moi, je n'en puis pas dire autant, et c'est dommage. Il ne me manque que de la santé pour être parfaitement content dans cette île, dont je ne compte plus sortir de l'année. Je vous embrasse de tout mon cœur.

Mille remerciements et très-humbles respects de mademoiselle Le Vasseur.

LETTRE DCXXVI.

AU MÊME.

Ce vendredi 11 octobre.

Je suppose, mon cher hôte, que vous aurez reçu un mot de lettre où je vous accusois la réception du dernier paquet, contenant, entre autres, un exemplaire de votre réponse au sicaire de Motiers. Deux heures après je reçus votre billet du samedi ; je n'ai montré la réponse à personne, et ne la montrerai point. Je suis curieux d'apprendre ce que sa famille aura obtenu de vous. A l'éloge que vous faisiez de ces gens-là, je croyois qu'ils alloient étouffer ce monstre entre deux matelas. Tant qu'il ne s'est montré que demi-coquin, ils ont paru le désapprouver ; mais, depuis qu'il s'est fait ouvertement chef de brigands, les voilà tous ses satellites. Que Dieu vous délivre d'eux et moi aussi! Tirez-vous de leurs mains comme vous pourrez, et tenons-nous désormais bien loin de pareilles gens.

LETTRE DCXXVII.

AU MÊME.

Mardi soir, 15 octobre.

Voici, mon cher hôte, deux lettres auxquelles je vous prie de vouloir bien donner cours. J'ai reçu, avec la vôtre du 9, la petite caisse et le café, sur lequel vous m'avez bien triché, puisque la quantité en est bien plus forte que celle en échange de laquelle j'envoyois les pommes.

J'apprends avec bien de la peine et tous vos tracas et les maladies successives de tous vos gens, surtout de M. Jeannin, qui vous est toujours fort utile, et qui mérite qu'on s'intéresse pour lui. Je vous avoue, au reste, que je ne suis pas fâché que la négociation en question se soit rompue, surtout par la faute de ce sacripant; car j'étois presque sûr d'avance de ce qu'il auroit écrit et dit à tout le monde au sujet du juste désaveu que vous exigiez, et qu'il n'auroit pas manqué de donner pour un acte de sa complaisance envers sa famille, que vous aviez intéressée pour vous tirer d'embarras. Je serai assez curieux de savoir ce qui s'est fait dans le conseil de samedi, fort inutilement, au reste, puisque ces messieurs n'ont aucune force pour faire valoir leur autorité, et que tout aboutit à des arrêts presque clandestins, qu'on ignore ou dont on se moque.

J'ai vu ici M. l'intendant de l'hôpital, à qui M. Sturler avoit eu la bonté d'écrire, et qui lui a manifesté de meilleures intentions que celles que je lui crois en effet. J'ai poussé jusqu'à la bassesse des avances pour captiver sa bienveillance qui me paroissent avoir fort mal réussi. Ce qui me console est que mon séjour ici ne dépend pas de lui, et qu'il n'osera peut-être pas témoigner la mauvaise volonté qu'il peut avoir, voyant qu'en général on ne voit pas à Berne de mauvais œil mon séjour ici, et que M. le bailli de Nidau paroît aussi m'y voir avec plaisir. Je ne sais s'il convient de faire cette confidence à M. Chaillet, dont le zèle est quelquefois trop impétueux. Mais si vous aviez occasion d'en toucher quelque chose à M. Sturler, j'avoue que je n'en serois pas fâché, quand ce ne seroit que pour savoir au juste les vrais sentiments de leurs excellences à ce sujet; car enfin il seroit désagréable d'avoir fait beaucoup de dépense pour m'accommoder ici, et d'être obligé d'en partir au printemps.

Je voudrois de tout mon cœur complaire à M. d'Escherny; mais convenez qu'il n'auroit guère pu prendre plus mal son temps pour mettre en avant cette affaire. D'ailleurs ce n'est point ici le moment d'en parler, pour des raisons qui ne regardent ni milord, ni M. d'Escherny, ni moi, et dont je vous ferai confidence, quand nous nous verrons, sous le sceau du secret. Ainsi je suis prêt à renvoyer à M. d'Escherny ses papiers, s'il est pressé : s'il ne l'est pas, le temps peut venir d'en faire usage, et alors il doit être sûr de ma bonne volonté ; mais je ne puis rien promettre au-delà.

En parcourant votre ouvrage, j'avois trouvé quelques corrections à faire ; mais le relisant à la hâte, je n'en ai su retrouver que trois marquées dans le papier ci-joint.

Voici quelques notes de commissions qui ne pressent point, et dont vous ferez celles que vous pourrez, lorsque vous viendrez ici, puisque vous me flattez de venir bientôt.

1° Les deux rasoirs que vous m'avez donnés sont déjà gâtés, soit par la maladresse de mes essais, soit à cause de l'extrême rudesse de ma barbe ; il m'en faudroit au moins encore quatre, afin que je n'eusse pas sans cesse recours à des expédients très-incommodes dans ma position, pour les faire repasser. Mais peut-être les faudroit-il un peu moins fins pour une si forte barbe.

2° J'aurois besoin d'un cahier de papier doré pour mes herbiers ; je préférerois du papier doré en plein à celui qui a des ramages.

J'ai peine à me désaccoutumer tout d'un coup de lire la gazette, et à ne plus rien savoir des affaires de l'Europe. Comme vous prenez et gardez, je crois, quelques gazettes, si M. Jeanuin vouloit bien me les envoyer suite après suite dans les occasions, je serois très-attentif à n'en point égarer, et à les lui renvoyer de même. Je ne me soucie point de gazettes récentes, ni d'avoir souvent des paquets; il me suffira seulement qu'il n'y ait point d'interruption dans la suite : du reste, le temps n'y fait rien. J'ai cessé de les lire depuis le 1er septembre.

Dans l'accord pour ma pension, il entre, entre autres choses, une étrenne annuelle pour madame la receveuse. Ne pourriez-vous pas m'aider à trouver quelque cadeau honnête à lui faire, et qui cependant ne passât pas trente à trente-six francs de France? Je sais qu'elle a envie d'avoir une tabatière de femme. Nous avons jusqu'à la fin de l'année; mais la rencontre peut venir plus tôt. Voilà tout ce qui me vient à présent; mais je sens que j'oublie bien des choses. Mille pardons et embrassements.

LETTRE DCXXVIII.

AU MÊME.

Ile de Saint-Pierre, le 17 octobre 1765.

On me chasse d'ici, mon cher hôte. Le climat de Berlin est trop rude pour moi; je me détermine à passer en Angleterre, où j'aurois dû d'abord aller. J'aurois grand besoin de tenir conseil avec vous; mais je ne puis aller à Neuchâtel : voyez si vous pourriez par charité vous dérober à vos affaires pour faire un tour jusqu'ici. Je vous embrasse.

LETTRE DCXXIX.

A M. DE GRAFFENRIED,

BAILLI A NIDAU.

Ile de Saint-Pierre, le 17 octobre 1765.

Monsieur,

J'obéirai à l'ordre de leurs excellences avec le regret de sortir de votre gouvernement et de votre voisinage, mais avec la consolation d'emporter votre estime et celle des honnêtes gens. Nous entrons dans une saison dure, surtout pour un pauvre infirme : je ne suis point préparé pour un long voyage, et mes affaires demanderoient quelques préparations. J'aurois souhaité, monsieur, qu'il vous eût plu de me marquer si l'on m'ordonnoit de partir sur-le-champ, ou si l'on vouloit bien m'accorder quelques semaines pour prendre les arrangements nécessaires à ma situation. En attendant qu'il vous plaise de me prescrire un terme, que je m'efforcerai même d'abréger, je supposerai qu'il m'est permis de séjourner ici jusqu'à ce que j'aie mis l'ordre le plus pressant à mes affaires. Ce qui me rend ce retard presque indispensable est que, sur les indices que je croyois sûrs, je me suis arrangé pour passer ici le reste de ma vie avec l'agrément tacite du souverain. Je voudrois être sûr que ma visite ne vous déplairoit pas; quelque précieux que me soient les moments en cette occasion, j'en déroberai de bien agréables pour aller vous renouveler, monsieur, les assurances de mon respect.

LETTRE DCXXX.

AU MÊME.

Ile de Saint-Pierre, le 20 octobre 1765.

Monsieur,

Le triste état où je me trouve et la confiance que j'ai dans vos bontés me déterminent à vous supplier de vouloir bien faire agréer à leurs excellences une proposition qui tend à me délivrer une fois pour toutes des tourments d'une vie orageuse, et qui va mieux, ce me semble, au but de ceux qui me poursuivent que ne fera mon éloignement. J'ai consulté ma situation, mon âge, mon humeur, mes forces; rien de tout cela ne me permet d'entreprendre en ce moment, et sans préparation, de longs et pénibles voyages, d'aller errant dans des pays froids, et de me fatiguer à chercher au loin un asile, dans une saison où mes infirmités ne me permettent pas même de sortir de la chambre. Après ce qui s'est passé, je ne puis me résoudre à rentrer dans le territoire de Neuchâtel, où la protection du prince et du gouvernement ne sauroit me garantir des fureurs d'une populace excitée qui ne connoît aucun frein; et vous comprenez, monsieur, qu'aucun des états voisins ne voudra ou n'osera donner retraite à un malheureux si durement chassé de celui-ci.

Dans cette extrémité, je ne vois pour moi qu'une seule ressource, et, quelque effrayante qu'elle paroisse, je la prendrai non seulement sans répugnance, mais avec empressement, si leurs excellences veulent bien y consentir; c'est qu'il leur plaise que je passe en prison le reste de mes jours dans quelqu'un de leurs châteaux, ou tel autre lieu de leurs états qu'il leur semblera bon de choisir. J'y vivrai à mes dépens, et je donnerai sûreté de n'être jamais à leur charge; je me soumets à n'avoir ni papier ni plume, ni aucune communication au dehors, si ce n'est pour l'absolue nécessité et par le canal de ceux qui seront chargés de moi;

seulement qu'on me laisse, avec l'usage de quelques livres, la liberté de me promener quelquefois dans un jardin, et je suis content.

Ne croyez point, monsieur, qu'un expédient si violent en apparence soit le fruit du désespoir; j'ai l'esprit très-calme en ce moment : je me suis donné le temps d'y bien penser, et c'est d'après la profonde considération de mon état que je m'y détermine. Considérez, je vous supplie, que si ce parti est extraordinaire, ma situation l'est encore plus : mes malheurs sont sans exemple; la vie orageuse que je mène sans relâche, depuis plusieurs années, seroit terrible pour un homme en santé; jugez ce qu'elle doit être pour un pauvre infirme épuisé de maux et d'ennuis, et qui n'aspire qu'à mourir en paix. Toutes les passions sont éteintes dans mon cœur; il n'y reste que l'ardent désir du repos et de la retraite; je les trouverois dans l'habitation que je demande. Délivré des importuns, à couvert de nouvelles catastrophes, j'attendrois tranquillement la dernière, et, n'étant plus instruit de ce qui se passe dans le monde, je ne serois plus attristé de rien. J'aime la liberté, sans doute, mais la mienne n'est point au pouvoir des hommes, et ce ne seront ni des murs ni des clefs qui me l'ôteront. Cette captivité, monsieur, me paroît si peu terrible, je sens si bien que je jouirois de tout le bonheur que je puis encore espérer dans cette vie, que c'est par-là même que, quoiqu'elle doive délivrer mes ennemis de toute inquiétude à mon égard, je n'ose espérer de l'obtenir : mais je ne veux rien avoir à me reprocher vis-à-vis de moi, non plus que vis-à-vis d'autrui : je veux pouvoir me rendre témoignage que j'ai tenté tous les moyens praticables et honnêtes qui pouvoient m'assurer le repos, et prévenir les nouveaux orages qu'on me force d'aller chercher.

Je connois, monsieur, les sentiments d'humanité dont votre âme généreuse est remplie : je sens tout ce qu'une grâce de cette espèce peut vous coûter à demander; mais quand vous aurez compris que, vu ma situation, cette grâce en seroit en effet une très-grande pour moi, ces mêmes sentiments, qui font votre répugnance, me sont garants que vous saurez la surmonter. J'attends, pour prendre définitivement mon parti, qu'il vous plaise de m'honorer de quelque réponse.

Daignez, monsieur, je vous supplie, agréer mes excuses et mon respect.

LETTRE DCXXXI.

AU MÊME.

Le 22 octobre 1765.

Je puis, monsieur, quitter samedi prochain l'île de Saint-Pierre, et je me conformerai en cela à l'ordre de leurs excellences; mais, vu l'étendue de leurs états et ma triste situation, il m'est absolument impossible de sortir le même jour de l'enceinte de leur territoire. J'obéira en tout ce qui me sera possible. Si leurs excellences me veulent punir de ne l'avoir pas fait, elles peuvent disposer à leur gré de ma personne et de ma vie : j'ai appris à m'attendre à tout de la part des hommes ; ils ne prendront point mon ame au dépourvu.

Recevez, homme juste et généreux, les assurances de ma respectueuse reconnoissance, et d'un souvenir qui ne sortira jamais de mon cœur.

LETTRE DCXXXII.

A M. DU PEYROU.

Vendredi matin, 25 octobre 1765.

Je vous prie de tâcher d'obtenir de quelqu'un qui connoisse cette route un itinéraire exact, avec les noms des villes, bourgs, lieux, et bonnes auberges. Vous pourrez me l'envoyer à Bâle ou à Francfort, par une adresse que je demanderai à M. de Luze. Je pars à l'instant. Je vous embrasse mille fois.

LETTRE DCXXXIII.

A M. DE GRAFFENRIED.

Bienne, le 25 octobre 1765.

Je reçois, monsieur, avec reconnoissance les nouvelles marques de vos attentions et de vos bontés pour moi; mais je n'en profiterai pas pour le présent : les prévenances et sollicitations de MM. de Bienne me déterminent à passer quelque temps avec eux, et, ce qui me flatte, à votre voisinage. Agréez, monsieur, je vous supplie, mes remerciements, mes salutations et mon respect.

LETTRE DCXXXIV.

A M. DU PEYROU.

Bienne, le 27 octobre 1765.

J'ai cédé, mon cher hôte, aux caresses et aux sollicitations; je reste à Bienne, résolu d'y passer l'hiver, et j'ai lieu de croire que je l'y passerai tranquillement. Cela fera quelque changement dans nos arrangements, et mes effets pouvant me venir joindre avec mademoiselle Le Vasseur, je pourrai, pendant l'hiver, faire moi-même le catalogue de mes livres. Ce qui me flatte dans tout ceci est que je reste votre voisin, avec l'espoir de vous voir quelquefois dans vos moments de loisir. Donnez-moi de vos nouvelles et de celles de nos amis. Je vous embrasse de tout mon cœur.

LETTRE DCXXXV.

AU MÊME.

Bienne, lundi 28 octobre 1765.

On m'a trompé, mon cher hôte; je pars demain matin avant qu'on me chasse. Donnez-moi de vos nouvelles à Bâle. Je vous recommande ma pauvre gouvernante. Je ne puis écrire à personne, quelque désir que j'en aie; je n'ai pas même le temps de respirer, ni la force. Je vous embrasse.

LETTRE DCXXXVI.

AU MÊME.

A Bâle, 30 octobre.

J'arrive malade, mais sans grand accident. M. de Luze a eu soin de me pourvoir d'une chambre, sans quoi je n'en aurois point trouvé, vu la foire. Je partirai pour Strasbourg le plus tôt qu'il me sera possible, peut-être dès demain; mais je suis parfaitement sûr maintenant qu'il m'est totalement impossible de soutenir à présent le voyage de Berlin. J'ignore absolument ce que je ferai; je renvoie à délibérer à Strasbourg. Je souhaite fort d'y recevoir de vos nouvelles. Je compte loger à l'*Esprit*, chez M. Weisse; cependant, n'étant encore bien sûr de rien, ne m'écrivez à cette adresse que ce qui peut se perdre sans inconvénient. Mon cher hôte, aimez-moi toujours. Je vous aime et vous embrasse de tout mon cœur.

LETTRE DCXXXVII.

A M. DE LUZE.

Strasbourg, le 4 novembre 1765.

J'arrive, monsieur, du plus détestable voyage, à tous égards, que j'aie fait de ma vie. J'arrive excédé, rendu; mais enfin j'arrive, et, grâce à vous, dans une maison où je puis me remettre et reprendre haleine à mon aise, car je ne puis songer à reprendre de long-temps ma route; et, si j'en ai encore une pareille à celle que je viens de faire, il me sera totalement impossible de la soutenir.

Je ne me prévaux point sitôt de votre lettre pour M. Zollicoffer; car j'aime fort le plaisir de prince de garder l'incognito le plus long-temps qu'on peut. Que ne puis-je le garder le reste de ma vie! je serois encore un heureux mortel. Je ne sais au reste comment m'accueilleront les François; mais, s'ils font tant que de me chasser, ils ne choisiront pas le temps que je suis malade, et s'y prendront moins brutalement que les Bernois. Je suis d'une lassitude à ne pouvoir tenir la plume. Le cocher veut repartir dès aujourd'hui. Je n'écris donc point à M. du Peyrou : veuillez suppléer à ce que je ne puis faire; je lui écrirai dans la semaine infailliblement. Il faut que je lui parle de vos attentions et de vos bontés mieux que je ne peux faire à vous-même. Ma manière d'en remercier est d'en profiter; et, sur ce pied, l'on ne peut être mieux remercié que vous l'êtes : mais il est juste que je lui parle de l'effet qu'a produit sa recommandation. Bonjour, monsieur; bonne foire et bon voyage. J'espère avoir le plaisir de vous embrasser encore ici.

LETTRE DCXXXVIII.

A M. DU PEYROU.

Strasbourg, le 5 novembre 1765.

Je suis arrivé, mon cher hôte, à Strasbourg samedi, tout-à-fait hors d'état de continuer ma route, tant par l'effet de mon mal et de la fatigue, que par la fièvre et une chaleur d'entrailles qui s'y sont jointes. Il m'est aussi impossible d'aller maintenant à Potzdam qu'à la Chine, et je ne sais plus trop ce que je vais devenir, car probablement on ne me laissera pas long-temps ici. Quand on est une fois au point où je suis, on n'a plus de projets à faire; il ne reste qu'à se résoudre à toutes choses, et plier la tête sous le pesant joug de la nécessité.

J'ai écrit à milord Maréchal; je voudrois attendre ici sa réponse. Si l'on me chasse, j'irai chercher de l'autre côté du Rhin quelque humanité, quelque hospitalité; si je n'en trouve plus nulle part, il faudra bien chercher quelque moyen de s'en passer. Bonjour, non plus mon hôte, mais toujours mon ami. George Keitt et vous m'attachez encore à la vie; de tels liens ne se rompent pas aisément.

Je vous embrasse.

LETTRE DCXXXIX.

AU MÊME.

Strasbourg, le 10 novembre 1765.

Rassurez-vous, mon cher hôte, et rassurez nos amis sur les dangers auxquels vous me croyez exposé. Je ne reçois ici que des marques de bienveillance, et tout ce qui commande dans la ville et dans la province paroît s'accorder à me favoriser. Sur ce que m'a dit M. le maréchal, que je vis hier, je dois me regarder comme aussi en sûreté à Strasbourg qu'à Berlin. M. Fischer m'a servi avec toute la chaleur et tout le zèle d'un ami, et il a eu le plaisir de trouver tout le monde aussi bien disposé qu'il pouvoit le désirer. On me fait apercevoir bien agréablement que je ne suis plus en Suisse.

Je n'ai que le temps de vous marquer ce mot pour vous rassurer sur mon compte.

Je vous embrasse de tout mon cœur.

LETTRE DCXL.

AU MÊME.

Strasbourg, le 17 novembre 1765.

Je reçois, mon cher hôte, votre lettre n° 6. Vous aurez vu par les miennes que je renonce absolument au voyage de Berlin, du moins pour cet hiver, à moins que milord Maréchal, à qui j'ai écrit, ne fût d'un avis contraire. Mais je le connois; il veut mon repos sur toute chose, ou plutôt il ne veut que cela. Selon toute apparence, je passerai l'hiver ici. On ne peut rien ajouter aux marques de bienveillance, d'estime, et même de respect, qu'on m'y donne, depuis M. le maréchal et les chefs du pays, jusqu'aux derniers du peuple. Ce qui vous surprendra est que les gens d'église semblent vouloir renchérir encore sur les autres. Ils ont l'air de me dire dans leurs manières: *Distinguez-nous de vos ministres, vous voyez que nous ne pensons pas comme eux.*

Je ne sais pas encore de quels livres j'aurai besoin; cela dépendra beaucoup du choix de ma demeure, mais, en quelque lieu que ce soit, je suis absolument déterminé à reprendre la botanique. En conséquence, je vous prie de vouloir bien faire trier d'avance tous les livres qui en traitent, figures et autres, et les bien encaisser. Je voudrois aussi que mes herbiers et plantes sèches y fussent joints; car, ne connoissant pas à beaucoup près toutes les plantes qui y sont, j'en peux tirer encore beaucoup d'instruction sur les plantes de la Suisse, que je ne trouverai pas ailleurs. Sitôt que je serai arrêté, je consacrerai le goût que j'ai pour les herbiers à vous en faire un aussi complet qu'il me sera possible, et dont je tâcherai que vous soyez content.

Mon cher hôte, je ne donne pas ma confiance à demi; visitez, arrangez tous mes papiers, lisez et feuilletez tout sans scrupule. Je vous plains de l'ennui que vous donnera tout ce fatras sans choix, et je vous remercie de l'ordre que vous y voudrez mettre. Tâchez de ne pas changer les numéros des paquets, afin qu'ils nous servent toujours d'indication pour les papiers dont je puis avoir besoin. Par exemple, je suis dans le cas de désirer beaucoup de faire usage ici de deux pièces qui sont dans le numéro 12; l'une est *Pygmalion*, et l'autre l'*Engagement téméraire*. Le directeur du spectacle a pour moi mille attentions; il m'a donné pour mon usage une petite loge grillée; il m'a fait faire une clef d'une petite porte pour entrer incognito; il fait jouer les pièces qu'il juge pouvoir me plaire. Je voudrois tâcher de reconnoître ses honnêtetés, et je crois que quelque barbouillage de ma façon, bon ou mauvais, lui seroit utile par la bienveillance que le public a pour moi, et qui s'est bien marquée au *Devin du village*. Si j'osois espérer que vous vous laissassiez tenter à la proposition de M. de Luze, vous apporteriez ces pièces vous-mêmes, et nous nous amuserions à les faire répéter. Mais, comme il n'y a nulle copie de *Pygmalion*, il en faudroit faire faire une par précaution, surtout si, ne venant pas vous-même, vous preniez le parti d'envoyer le paquet par la poste à l'adresse de M. Zollicoffer, ou par occasion. Si vous venez, mandez-le-moi à l'avance, et donnez-moi le temps de la réponse. Selon les réponses que j'attends, je pourrois, si la chose ne vous étoit pas trop importune, vous prier de permettre que mademoiselle Le Vasseur vînt avec vous.

Je vous embrasse.

Je reçois en ce moment le numéro 7. Écrivez toujours par M. Zollicoffer.

LETTRE DCXLI.

A M. D'IVERNOIS.

Strasbourg, le 21 novembre 1765.

Ne soyez point en peine de moi, monsieur; grâce au ciel, je ne suis plus en Suisse, je le sens

tous les jours à l'accueil dont on m'honore ici ;
mais ma santé est dans un délabrement facile à
imaginer. Mes papiers et mes livres sont restés dans
un désordre épouvantable ; la malle que vous savez
a été remise à M. Martinet, châtelain du Val-de-
Travers ; vos papiers sont restés parmi les miens ;
n'en soyez point en peine ; ils se retrouveront,
mais il faut du temps. Vous pouvez m'écrire ici ou
à l'adresse de M. du Peyrou à Neuchâtel. Vous
pouvez aussi, et même je vous en prie, tirer sur
moi à vue pour l'argent que je vous dois et dont
j'ignore la somme. Je ne vous dis rien de vos parents ; mais malgré ce que vous m'avez fait dire
par M. Desarts, je compte et compterai toujours
sur votre amitié, comme vous pouvez toujours
compter sur la mienne. Je vous embrasse de tout
mon cœur.

LETTRE DCXLII.

A M. DU PEYROU.

Strasbourg, le 25 novembre 1765.

J'ai, mon cher hôte, votre numéro 8 et tous
les précédents. Ne soyez point en peine du passeport ; ce n'est pas une chose si absolument nécessaire que vous le supposez, ni si difficile à renou-

veler au besoin; mais il me sera toujours précieux par la main dont il me vient et par les soins dont il est la preuve.

Quelque plaisir que j'eusse à vous voir, le changement que j'ai été forcé de mettre dans ma manière de vivre ralentit mon empressement à cet égard. Les fréquents dîners en ville, et la fréquentation des femmes et des gens du monde, à quoi je m'étois livré d'abord, en retour de leur bienveillance, m'imposoient une gêne qui a tellement pris sur ma santé, qu'il a fallu tout rompre et redevenir ours par nécessité. Vivant seul ou avec Fischer, qui est un très-bon garçon, je ne serois à portée de partager aucun amusement avec vous, et vous iriez sans moi dans le monde, ou bien ne vivant qu'avec moi vous seriez dans cette ville sans la connoître. Je ne désespère pas des moyens de nous voir plus agréablement et plus à notre aise; mais cela est encore dans les futurs contingents: d'ailleurs, n'étant pas encore décidé sur moi-même, je ne le suis pas sur le voyage de mademoiselle Le Vasseur. Cependant, si vous venez, vous êtes sûr de me trouver encore ici; et, dans ce cas, je serois bien aise d'en être instruit d'avance, afin de vous faire préparer un logement dans cette maison; car je ne suppose pas que vous vouliez que nous soyons séparés.

L'heure presse, le monde vient; je vous quitte brusquement; mais mon cœur ne vous quitte pas.

LETTRE DCXLIII.

A M. DE LUZE.

Strasbourg, le 27 novembre 1765.

Je me réjouis, monsieur, de votre heureuse arrivée à Paris, et je suis sensible aux bons soins dont vous vous êtes occupé pour moi dès l'instant même; c'est une suite de vos bontés pour moi, qui ne m'étonne plus, mais qui me touche toujours. J'ai différé d'un jour à vous répondre, pour vous envoyer la copie que vous me demandez, et que vous trouverez ci-jointe : vous pouvez la lire à qui il vous plaira; mais je vous prie de ne pas la laisser transcrire. Il est superflu de prendre de nouvelles informations sur la sûreté de mon passage à Paris: j'ai là-dessus les meilleures assurances; mais j'ignore encore si je serai dans le cas de m'en prévaloir, vu la saison, vu mon état qui ne me permet pas à présent de me mettre en route. Sitôt que je serai déterminé de manière ou d'autre, je vous le manderai. Je vous prie de me maintenir dans les bons souvenirs de madame de Faugnes, et de lui dire que l'empressement de la revoir, ainsi que M. de Faugnes, et d'entretenir chez eux une connoissance qui s'est faite chez vous, entre pour beaucoup dans le désir que j'ai de passer par Paris.

J'ajoute de grand cœur, et j'espère que vous n'en doutez pas, que ma tentation d'aller en Angleterre s'augmente extrêmement par l'agrément de vous y suivre, et de voyager avec vous. Voilà quant à présent tout ce que je puis dire sur cet article : je ne tarderai pas à vous parler plus positivement ; mais jusqu'à présent cet arrangement est très-douteux. Recevez mes plus tendres salutations ; je vous embrasse, monsieur, de tout mon cœur.

Prêt à fermer ma lettre, je reçois la vôtre sans date, qui contient les éclaircissements que vous avez eu la bonté de prendre avec Guy : ce qui me détermine absolument à vous aller joindre aussitôt que je serai en état de soutenir le voyage. Faites-moi entrer dans vos arrangements pour celui de Londres : je me réjouis beaucoup de le faire avec vous. Je ne joins pas ici ma lettre à M. de Graffenried, sur ce que vous me marquez qu'elle court Paris. Je marquerai à M. Guy le temps précis de mon départ ; ainsi vous en pourrez être informé par lui. Qu'il ne m'envoie personne, je trouverai ici ce qu'il me faut. Rey m'a envoyé son commis, pour m'emmener en Hollande : il s'en retournera comme il est venu.

LETTRE DCXLIV.

A M. DU PEYROU.

Strasbourg, le 30 novembre 1765.

Tout bien pesé, je me détermine à passer en Angleterre. Si j'étois en état, je partirois dès demain; mais ma rétention me tourmente si cruellement, qu'il faut laisser calmer cette attaque, employant ma ressource ordinaire. Je compte être en état de partir dans huit ou dix jours; ainsi ne m'écrivez plus ici, votre lettre ne m'y trouveroit pas; avertissez, je vous prie, mademoiselle Le Vasseur de la même chose : je compte m'arrêter à Paris quinze jours ou trois semaines; je vous enverrai mon adresse avant de partir. Au reste, vous pouvez toujours m'écrire par M. de Luze, que je compte joindre à Paris pour faire avec lui le voyage. Je suis très-fâché de n'avoir pas encore écrit à madame de Luze. Elle me rend bien peu de justice si elle est inquiète de mes sentiments; ils sont tels qu'elle les mérite, et c'est tout dire. Je m'attache aussi très-véritablement à son mari. Il a l'air froid et le cœur chaud; il ressemble en cela à mon cher hôte : voilà les gens qu'il me faut.

J'approuve très-fort d'user sobrement de la poste, qui en Suisse est devenue un brigandage public : elle est plus respectée en France, mais les ports y sont exorbitants, et j'ai, depuis mon arrivée ici, plus de cent francs de ports de lettres. Retenez et lisez les lettres qui vous viennent pour moi ; ne m'envoyez que celles qui l'exigent absolument ; il suffit d'un petit extrait des autres.

Je reçois en ce moment votre paquet n° 10. Vous devez avoir reçu une de mes lettres où je vous priois d'ouvrir toutes celles qui vous venoient à mon adresse : ainsi vos scrupules sont fort mal placés. Je ne sais si je vous écrirai encore avant mon départ ; mais ne m'écrivez plus ici. Je vous embrasse de la plus tendre amitié.

LETTRE DCXLV.

A M. D'IVERNOIS.

Strasbourg, le 2 décembre 1765.

Vous ne doutez pas, monsieur, du plaisir avec lequel j'ai reçu vos deux lettres et celles de M. Deluc. On s'attache à ce qu'on aime à proportion des maux qu'il nous coûte. Jugez par-là si mon cœur est toujours au milieu de vous. Je suis arrivé dans cette ville malade et rendu de fatigue. Je m'y repose avec le plaisir qu'on a de se retrouver parmi des humains, en sortant du milieu des bêtes féroces. J'ose dire que depuis le commandant de la province jusqu'au dernier bourgeois de Strasbourg, tout le monde désireroit de me voir passer ici mes jours : mais telle n'est pas ma vocation. Hors d'état de soutenir la route de Berlin, je prends le parti de passer en Angleterre. Je m'arrêterai quinze jours ou trois semaines à Paris, et vous pouvez m'y donner de vos nouvelles chez la veuve Duchesne, libraire, rue Saint-Jacques.

Je vous remercie de la bonté que vous avez eue de songer à mes commissions. J'ai d'autres prunes à digérer; ainsi disposez des vôtres. Quant aux bilboquets et aux mouchoirs, je voudrois bien que vous pussiez me les envoyer à Paris, car ils me feroient grand plaisir; mais, à cause que les mouchoirs sont neufs, j'ai peur que cela ne soit difficile. Je suis maintenant très en état d'acquitter votre petit mémoire sans m'incommoder. Il n'en sera pas de même lorsque, après les frais d'un voyage long et coûteux, j'en serai à ceux de mon premier établissement en Angleterre : ainsi, je voudrois bien que vous voulussiez tirer sur moi à Paris à vue le montant du mémoire en question. Si vous voulez absolument remettre cette affaire au temps où je serai plus tranquille, je vous prie au moins de me marquer à combien tous vos déboursés se montent, et permettre que je vous en fasse mon billet. Considérez, mon bon ami, que vous avez une nombreuse famille à qui vous devez compte de l'emploi de votre temps, et que le partage de votre fortune, quelque grande qu'elle puisse être, vous oblige à n'en rien laisser dissiper, pour laisser tous vos enfants dans une aisance honnête. Moi, de mon côté, je serai inquiet sur cette petite dette tant qu'elle ne sera pas ou payée ou réglée. Au reste, quoique cette violente expulsion me dérange, après un peu d'embarras je me trouverai du pain et le nécessaire pour le reste de mes jours, par des arrangements dont je dois vous avoir parlé; et quant à présent rien ne me manque. J'ai tout l'argent qu'il me faut pour mon voyage et au-delà, et, avec un peu d'économie, je compte me retrouver bientôt au courant comme auparavant. J'ai cru vous devoir ces détails pour tranquilliser votre honnête cœur sur le compte d'un homme que vous aimez. Vous sentez que, dans le désordre et la précipitation d'un départ brusque, je n'ai pu emmener mademoiselle Le Vasseur errer avec moi dans cette saison, jusqu'à ce que j'eusse un gîte; je l'ai laissée à l'île Saint-Pierre, où elle est très-bien et avec de très-honnêtes gens. Je pense à la faire venir ce printemps en Angleterre, par le bateau qui part d'Yverdun tous les ans. Bonjour, monsieur; mille tendres salutations à votre chère famille et à tous nos amis; je vous embrasse de tout mon cœur.

LETTRE DCXLVI.

A. M. DAVID HUME.

Strasbourg, le 4 décembre 1765.

Vos bontés, monsieur, me pénètrent autant qu'elles m'honorent. La plus digne réponse que je puisse faire à vos offres est de les accepter, et je les accepte. Je partirai dans cinq ou six jours pour aller me jeter entre vos bras ; c'est le conseil de milord Maréchal, mon protecteur, mon ami, mon père ; c'est celui de madame de Boufflers, dont la bienveillance éclairée me guide autant qu'elle me console ; enfin j'ose dire c'est celui de mon cœur, qui se plaît à devoir beaucoup au plus illustre de mes contemporains, dont la bonté surpasse la gloire. Je soupire après une retraite solitaire et libre où je puisse finir mes jours en paix. Si vos soins bienfaisants me la procurent, je jouirai tout ensemble et du seul bien que mon cœur désire, et du plaisir de le tenir de vous. Je vous salue, monsieur, de tout mon cœur.

LETTRE DCXLVII.

A M. DE LUZE.

Paris, le 16 décembre 1765.

J'arrive chez madame Duchesne plein du désir de vous voir, de vous embrasser, et de concerter avec vous le prompt voyage de Londres, s'il y a moyen. Je suis ici dans la plus parfaite sûreté [1]. Cependant, pour éviter d'être accablé, je veux y rester le moins qu'il me sera possible, et garder le plus parfait incognito, s'il se peut : ainsi ne me décelez, je vous prie, à qui que ce soit. Je voudrois vous aller voir; mais, pour ne pas promener mon bonnet dans les rues, je désire que vous puissiez venir vous-même le plus tôt qu'il se pourra. Je vous embrasse, monsieur, de tout mon cœur [2].

[1] Il avoit un passeport du ministère bon pour trois mois.

[2] * Cette intention si formelle de garder *le plus parfait incognito*, et l'empressement que nous le verrons bientôt montrer de quitter ce *théâtre public* (lettre ci-après du 20 décembre), suffisent pour démentir ce qui est raconté à ce sujet dans la Correspondance de Grimm (première partie, tome v, page 124).

« Rousseau est revenu à Paris le 17 décembre. Le lendemain il
« s'est promené au Luxembourg en habit arménien... Il s'est aussi
« promené tous les jours à une certaine heure sur le boulevart dans
« la partie la plus proche de son logement. Cette affectation de se
« montrer au public sans nécessité, en dépit du décret de prise
« de corps, a choqué le ministre, qui avoit cédé aux instances de

LETTRE DCXLVIII.

A M. DU PEYROU.

Paris, le 17 décembre 1765.

J'arrive d'hier au soir, mon aimable hôte et ami. Je suis venu en poste, mais avec une bonne chaise, et à petites journées. Cependant j'ai failli mourir en route; j'ai été forcé de m'arrêter à Épernay, et j'y ai passé une telle nuit, que je n'espérois plus revoir le jour : toutefois me voici à Paris dans un état assez passable. Je n'ai vu personne encore, pas même M. de Luze, mais je lui ai écrit en arrivant. J'ai le plus grand besoin de repos; je sortirai le moins que je pourrai. Je ne veux pas m'exposer derechef aux dîners et aux fatigues de Strasbourg. Je ne sais si M. de Luze est toujours d'humeur de passer à Londres; pour moi, je suis déterminé à partir le plus tôt qu'il me sera possible, et tandis qu'il me reste encore des forces, pour arriver enfin en lieu de repos.

Je viens en ce moment d'avoir la visite de M. de

« ses protecteurs, en lui accordant la permission de traverser le
« royaume pour se rendre en Angleterre. On lui a fait dire par la
« police de partir sans autre délai, s'il ne vouloit être arrêté. En
« conséquence il quitta Paris le 4 janvier, accompagné de D.
« Hume. »

Luze, qui m'a remis votre billet du 7, daté de Berne. J'ai écrit en effet la lettre à M. le bailli de Nidau ; mais je ne voulus point vous en parler pour ne point vous affliger : ce sont, je crois, les seules réticences que l'amitié permette.

Voici une lettre pour cette pauvre fille qui est à l'île : je vous prie de la lui faire passer le plus promptement qu'il se pourra ; elle sera utile à sa tranquillité. Dites, je vous supplie, à madame la commandante [1] combien je suis touché de son souvenir, et de l'intérêt qu'elle veut bien prendre à mon sort. J'aurois absolument passé des jours bien doux près de vous et d'elle ; mais je n'étois pas appelé à tant de bien. Faute du bonheur que je ne dois plus attendre, cherchons du moins la tranquillité. Je vous embrasse de tout mon cœur.

LETTRE DCXLIX.

A M. D'IVERNOIS.

Paris, le 18 décembre 1765.

Avant-hier au soir, monsieur, j'arrivai ici très-fatigué, très-malade, ayant le plus grand besoin de repos. Je n'y suis point incognito, et je n'ai pas

---

[1] * C'étoit la mère de du Peyrou, veuve d'un commandant de Surinam.

besoin d'y être : je ne me suis jamais caché, et je ne veux pas commencer. Comme j'ai pris mon parti sur les injustices des hommes, je les mets au pis sur toutes choses, et je m'attends à tout de leur part, même quelquefois à ce qui est bien. J'ai écrit en effet la lettre à M. le bailli de Nidau ; mais la copie que vous m'avez envoyée est pleine de contre-sens ridicules et de fautes épouvantables. On voit de quelle boutique elle vient. Ce n'est pas la première fabrication de cette espèce, et vous pouvez croire que des gens si fiers de leurs iniquités ne sont guère honteux de leurs falsifications. Il court ici des copies plus fidèles de cette lettre, qui viennent de Berne, et qui font assez d'effet. M. le dauphin lui-même, à qui on l'a lue dans son lit de mort, en a paru touché, et a dit là-dessus des choses qui feroient bien rougir mes persécuteurs s'ils les savoient, et qu'ils fussent gens à rougir de quelque chose.

Vous pouvez m'écrire ouvertement chez madame Duchesne où je suis toujours. Cependant j'apprends à l'instant que M. le prince de Conti a eu la bonté de me faire préparer un logement au Temple, et qu'il désire que je l'aille occuper. Je ne pourrai guère me dispenser d'accepter cet honneur ; mais, malgré mon délogement, vos lettres sous la même adresse me parviendront également.

LETTRE DCL.

AU MÊME.

Paris, le 20 décembre 1765.

Votre lettre, mon bon ami, m'alarme plus qu'elle ne m'instruit. Vous me parlez de milord Maréchal pour avoir la protection du roi; mais de quel roi entendez-vous parler? Je puis me faire fort de celle du roi de Prusse; mais de quoi vous serviroit-elle auprès de la médiation? Et s'il est question du roi de France, quel crédit milord Maréchal a-t-il à sa cour? Employer cette voie seroit vouloir tout gâter.

Mon bon ami, laissez faire vos amis, et soyez tranquille. Je vous donne ma parole que si la médiation a lieu, les misérables qui vous menacent ne vous feront aucun mal par cette voie-là. Voilà sur quoi vous pouvez compter. Cependant ne négligez pas l'occasion de voir M. le résident, pour parer aux préventions qu'on peut lui donner contre vous : du reste, je vous le répète, soyez tranquille; la médiation ne vous fera aucun mal.

Je déloge dans deux heures pour aller occuper au Temple l'appartement qui m'y est destiné. Vous pourrez m'écrire *à l'hôtel de Saint-Simon, au Temple, à Paris*. Je vous embrasse de la plus tendre amitié.

LETTRE DCLI.

A M. DE LUZE.

22 décembre 1765.

L'affliction, monsieur, où la perte d'un père tendrement aimé plonge en ce moment madame de Verdelin, ne me permet pas de me livrer à des amusements, tandis qu'elle est dans les larmes. Ainsi nous n'aurons point de musique aujourd'hui. Je serai cependant chez moi ce soir comme à l'ordinaire; et s'il entre dans vos arrangements d'y passer, ce changement ne m'ôtera pas le plaisir de vous y voir. Mille salutations.

LETTRE DCLII.

A MADAME LATOUR.

A Paris, le 24 décembre 1765.

J'ai reçu vos deux lettres, madame; toujours des reproches! Comme, dans quelque situation que je puisse être, je n'ai jamais autre chose de vous, je me le tiens pour dit, et m'arrange un peu là-dessus.

Mon arrivée et mon séjour ici ne sont point un secret. Je ne vous ai point été voir parce que je ne vais voir personne, et qu'il ne me seroit pas possible, avec la meilleure santé et le plus grand loisir, de suffire, dans un si court espace, à tous les devoirs que j'aurois à remplir. C'en seroit remplir un bien doux d'aller vous rendre mes hommages; mais, outre que j'ignore si vous pardonneriez cette indiscrétion à un homme avec lequel vous ne voulez qu'une correspondance mystérieuse, ce seroit me brouiller avec tous mes anciens amis de donner sur eux aux nouveaux la préférence; et, comme je n'en ai pas trop, que tous me sont chers, je n'en veux perdre aucun, si je puis, par ma faute.

LETTRE DCLIII.

A M. DU PEYROU.

A Paris, le 24 décembre 1765.

Je vous envoie, mon cher hôte, l'incluse ouverte, afin que vous voyiez de quoi il s'agit. Tout le monde me conseille de faire venir tout de suite mademoiselle Le Vasseur, et je compte sur votre amitié et sur vos soins, pour lui procurer les moyens de venir le plus promptement et le plus commodément qu'il sera possible. Je voudrois qu'elle vînt tout de suite, ou qu'elle attendît le mois d'avril, parce que je crains pour elle les approches de l'équinoxe où la mer est très-orageuse. Disposez de tout selon votre prudence, en faisant, pour l'amour de moi, grande attention à sa commodité et à sa sûreté.

Notre voyage est arrangé pour le commencement de janvier; M. de Luze aura pu vous en rendre compte. J'ai l'honneur d'être, en attendant, l'hôte de M. le prince de Conti. Il a voulu que je fusse logé et servi avec une magnificence qu'il sait bien n'être pas selon mon goût; mais je comprends que, dans la circonstance, il a voulu donner en cela un témoignage public de l'estime dont il m'honore. Il désiroit beaucoup me retenir tout-à-fait, et m'établir dans un de ses châteaux à douze lieues d'ici; mais il y avoit à cela une condition nécessaire que je n'ai pu me résoudre d'accepter, quoiqu'il ait employé durant deux jours consécutifs toute son éloquence, et il en a beaucoup, pour me persuader. L'inquiétude où il étoit sur mes ressources m'a déterminé à lui exposer nos arrangements; j'ai fait, par la même raison, la même confidence à tous mes amis devenus les vôtres, et qui, j'ose le dire, ont conçu pour vous la vénération qui vous est due. Cependant, une inquiétude déplacée sur tous les hasards leur a fait exiger de moi une promesse dont il faut que je m'acquitte, très-persuadé que c'est un soin bien superflu; c'est de vous prier de prendre les mesures convenables pour que, si j'avois le malheur de vous perdre, je ne fusse pas exposé à mourir de faim. Au reste, c'est un arrangement entre vous et vos héritiers, sur lequel il me suffit de la parole que vous m'avez donnée.

On se fait une fête en Angleterre d'ouvrir une souscription pour l'impression de mes ouvrages. Si vous voulez en tirer parti, j'ose vous assurer que le produit en peut être immense, et plus grand de mon vivant qu'après ma mort. Si cette idée pouvoit vous déterminer à y faire un voyage, je désirerois autant de la voir exécutée, que je le craignois en toute autre occasion.

Je ne voudrois pas, mon cher hôte, séparer mes livres; il faut vendre tout ou m'envoyer tout. Je pense que les livres, l'herbier, et les estampes, le tout bien emballé, peut m'être envoyé par la Hollande, sans que les frais soient immenses, et je ne doute pas que MM. Portalès, et surtout M. Paul, qui m'a fait des offres si obligeantes, ne veuille bien se charger de ce soin. Toutefois, si vous trouvez l'occasion de vous défaire du tout, sauf les livres de botanique dont j'ai absolument besoin, j'y consens. Je pense que vous ferez bien aussi de m'envoyer toutes les lettres et autres papiers relatifs à mes mémoires, parce que mon projet est de rassembler et transcrire d'abord toutes mes pièces justificatives; après quoi je vous renverrai les originaux à mesure que je les transcrirai. Vous devez en avoir déjà la première liasse; j'attends, pour faire la seconde, une trentaine de lettres de 1758, qui doivent être entre vos mains. *Pygmalion* ne m'est plus nécessaire, n'étant plus à Strasbourg; mais je ne serois pas fâché de pouvoir lire à mes amis le *Lévite d'Éphraïm*, dont beaucoup de gens me parlent avec curiosité.

Je vous écris avec beaucoup de distraction, parce qu'il me vient du monde sans cesse, et que je n'ai pas un moment à moi. Extérieurement, je suis forcé d'être à tous les survenants; intérieurement, mon cœur est à vous, soyez-en sûr. Je vous embrasse.

Si vous me répondez sur-le-champ, je pourrai recevoir encore votre lettre, soit sous le pli de M. de Luze, soit directement *à l'hôtel de Saint-Simon, au Temple*.

LETTRE DCLIV.

A M. DE LUZE.

26 décembre 1765.

Je ne saurois, monsieur, durer plus long-temps sur ce théâtre public. Pourriez-vous, par charité, accélérer un peu notre départ? M. Hume consent à partir le jeudi 2 à midi pour aller coucher à Senlis. Si vous pouvez vous prêter à cet arrangement, vous me ferez le plus grand plaisir. Nous n'aurons pas la berline à quatre, ainsi vous prendrez votre chaise de poste, M. Hume la sienne, et nous changerons de temps en temps. Voyez, de grâce, si tout cela vous convient, et si vous voulez m'envoyer quelque chose à mettre dans ma malle. Mille tendres salutations.

LETTRE DCLV.

A M. D'IVERNOIS.

Paris, le 30 décembre 1765.

Je reçois, mon bon ami, votre lettre du 23. Je suis très-fâché que vous n'ayez pas été voir M. de Voltaire. Avez-vous pu penser que cette démarche me feroit de la peine? que vous connoissez mal mon cœur! Eh! plût à Dieu qu'une heureuse réconciliation entre vous, opérée par les soins de cet homme illustre, me faisant oublier tous ses torts, me livrât sans mélange à mon admiration pour lui! Dans les temps où il m'a le plus cruellement traité, j'ai toujours eu beaucoup moins d'aversion pour lui que d'amour pour mon pays. Quel que soit l'homme qui vous rendra la paix et la liberté, il me sera toujours cher et respectable. Si c'est Voltaire, il pourra du reste me faire tout le mal qu'il voudra; mes vœux constants, jusqu'à mon dernier soupir, seront pour son bonheur et pour sa gloire.

Laissez menacer les jongleurs; *tel fiert qui ne tue pas* [1]. Votre sort est presque entre les mains de M. de Voltaire; s'il est pour vous, les jongleurs vous feront fort peu de mal. Je vous conseille et vous exhorte, après que vous l'aurez suffisamment sondé, de lui donner votre confiance. Il n'est pas croyable que, pouvant être l'admiration de l'univers, il veuille en devenir l'horreur; il sent trop bien l'avantage de sa position pour ne pas la mettre à profit pour sa gloire. Je ne puis penser qu'il veuille, en vous trahissant, se couvrir d'infamie. En un mot, il est votre unique ressource : ne vous l'ôtez pas. S'il vous trahit, vous êtes perdu, je l'avoue; mais vous l'êtes également s'il ne se mêle pas de vous. Livrez-vous donc à lui rondement et franchement, gagnez son cœur par cette confiance; prêtez-vous à tout accommodement raisonnable. Assurez les lois et la liberté; mais sacrifiez l'amour-propre à la paix. Surtout aucune mention de moi, pour ne pas aigrir ceux qui me haïssent; et si M. de Voltaire vous sert comme il le doit, s'il entend sa

---

[1] * C'étoit la devise de la maison de Solar qu'il expliqua dans un repas. Voyez *Confessions*, liv. III.

gloire, comblez-le d'honneurs, et consacrez à Apollon pacificateur, *Phœbo pacatori*, la médaille que vous m'aviez destinée.

LETTRE DCLVI.

A M. DU PEYROU.

A Paris, le 1ᵉʳ janvier 1766.

Je reçois, mon cher hôte, votre lettre du 24, n° 13; je pars demain pour le public, et samedi réellement. Toujours embarrassé de mes préparatifs et de mes continuelles audiences, je ne puis vous écrire que quelques mots rapidement.

N'ayant pas le temps suffisant pour relire vos lettres avec attention, je ne les ferai pas imprimer, d'autant que c'est la chose la moins nécessaire. On ne peut rien ajouter au mépris et à l'horreur qu'on a ici pour vos ministres; et cette affaire commence à être si vieille, que, selon l'esprit léger du pays, on ne pourroit se résoudre à y revenir sans ennui. J'apprends que la cour vous donne un gouverneur; j'imagine que cette nouvelle ne fait pas un grand plaisir au sicaire et à ses satellites.

Je ne sais quel parti aura pris mademoiselle Le Vasseur. On l'attend ici; mais le froid est si terrible que je souffre à imaginer cette pauvre fille en route, seule, et par le temps qu'il fait. Dirigez tout pour le mieux, soit pour accélérer son départ, soit pour le retarder jusqu'après l'équinoxe. Il faut nécessairement l'un ou l'autre; le pis seroit de temporiser.

Tâchez, je vous en prie, de m'envoyer par mademoiselle Le Vasseur toutes les lettres, mémoires, brouillons, etc., depuis 1758 jusqu'à 1762, mois de juin inclusivement, c'est-à-dire jusqu'à mon départ de Paris, attendu que la première chose que je vais faire sera de mettre au net toute cette suite de pièces, de peur d'en perdre la trace. Mon voyage ici ne m'a pas été tout-à-fait inutile pour mon objet. J'y ai acquis, sur la source de mes malheurs, des lumières nouvelles dont il sera bon que le public à venir soit instruit. Je vous recommande mes plantes sèches. Ce recueil fait en Suisse me sera bien précieux en Angleterre, où j'espère m'en occuper. Si vous pouvez remettre à mademoiselle Le Vasseur une copie du *Lévite*, ou un brouillon qui doit être parmi mes papiers, je vous en serai fort obligé. Vous savez qu'il y a parmi mes estampes une épreuve d'une petite fille qui baise un oiseau, et que cette épreuve vous étoit destinée. Je vous en parle, parce que cette estampe est charmante, et qu'elle ne se vend point. Il doit y en avoir deux en noir et une en rouge; choisissez. M. Watelet a ranimé ici mon goût pour les estampes, par celles dont il m'a fait cadeau. Je veux vous faire faire connoissance avec lui. Lorsque vous ferez imprimer mes écrits, il se chargera volontiers de la direction des planches, et c'est un grand point que cet article soit bien exécuté.

J'ai cherché le moment pour écrire à M. de Vautravers, à qui je dois des remerciements; je n'ai pu le trouver dans ce tourbillon de Paris, où je suis entraîné : je suis ici dans mon hôtel de Saint-Simon, comme Sancho dans son île de Barataria, en représentation toute la journée. J'ai du monde de tous états, depuis l'instant où je me lève jusqu'à celui où je me couche, et je suis forcé de m'habiller en public. Je n'ai jamais tant souffert; mais heureusement cela va finir.

On écrit de Genève que vous êtes en relation avec M. de Voltaire; je suis persuadé qu'il n'en est rien; non que cela me fît aucune peine, mais parce que vous ne m'en avez rien dit. Je suis obligé de partir, sans pouvoir vous donner aucune adresse pour Londres; mais, par le moyen de M. de Luze, j'espère que notre communication sera bientôt ouverte. J'ai le cœur attendri des bontés de madame la commandante, et de l'intérêt qu'elle prend à mon sort. Je connois son excellent cœur, elle est votre mère; je suis malheureux, comment ne s'intéresseroit-elle pas à moi? Quand je pense à vous, j'ai cent mille choses à vous dire; quand je vous écris, rien ne me vient, j'achève de perdre entièrement la mémoire. Grâce au ciel, ce n'est pas d'elle que dépendent les souvenirs qui m'attachent à vous. Je vous embrasse tendrement.

~~~~~~~~~~~~~~~~~~~~~~~~~~~

LETTRE DCLVII.

A MADAME DE CRÉQUI.

Au Temple, le 1er janvier 1766.

Le désir de vous revoir, madame, formoit un de ceux qui m'attiroient à Paris. La nécessité, la dure nécessité, qui gouverne toujours ma vie, m'empêche de le satisfaire. Je pars avec la cruelle certitude de ne vous revoir jamais : mais mon sort n'a point changé mon ame ; l'attachement, le respect, la reconnoissance, tous les sentiments que j'eus pour vous dans les moments les plus heureux, m'accompagneront dans mes richesses jusqu'à mon dernier soupir [1].

[1] * *M'accompagneront dans mes richesses...* C'est le texte de l'édition originale donnée par Pougens en 1798 (petit in-12, page 33). Mais le mot *richesses* n'offre ici aucun sens ; c'est sans doute *détresses* ou *traverses* qu'il faudroit substituer. (*Note de M. Petitain.*)

LETTRE DCLVIII.

A MADAME LATOUR.

Le 2 janvier 1766.

Je pars, chère Marianne, avec le regret de n'avoir pu vous revoir. Je n'ai pas plus oublié que vous ma promesse ; mais ma situation la rendoit conditionnelle : plaignez-moi sans me condamner. Depuis que je vous ai vue, j'ai un nouvel intérêt de n'être pas oublié de vous. Je vous écrirai, je vous donnerai mon adresse. Je désire extrêmement que vous m'aimiez, que vous ne me fassiez plus de reproches, et encore plus de n'en point mériter. Mais il est trop tard pour me corriger de rien ; je resterai tel que je suis, et il ne dépend pas plus de moi d'être plus aimable, que de cesser de vous aimer.

LETTRE DCLIX.

A MADAME LA COMTESSE DE BOUFFLERS.

Londres, 18 janvier 1766.

Nous sommes arrivés ici, madame, lundi dernier, après un voyage sans accident ; je n'ai pu, comme je l'espérois, me transporter d'abord à la campagne. M. Hume a eu la bonté d'y venir hier faire une tournée avec moi, pour chercher un logement. Nous avons passé à Fulham, chez le jardinier auquel on avoit songé; nous avons trouvé une maison très-malpropre, où il n'a qu'une seule chambre à donner, laquelle a deux lits, dont l'un est maintenant occupé par un malade, et qu'il n'a pas même voulu nous montrer. Nous avons vu quelques endroits sur lesquels nous ne sommes pas encore décidés, mon désir ardent étant de m'éloigner davantage de Londres, et M. Hume pensant que cela ne se peut sans savoir l'anglois; je ne puis mieux faire que de m'en rapporter entièrement à la direction d'un conducteur si zélé. Cependant je vous avoue, madame, que je ne renoncerois pas facilement à la solitude dont je m'étois flatté, et où je comptois nourrir à mon aise les précieux souvenirs des bontés de M. le prince de Conti et des vôtres.

M. Hume m'a dit qu'il couroit à Paris une prétendue lettre que le roi de Prusse m'a écrite. Le roi de Prusse m'a honoré de sa protection la plus décidée et des offres les plus obligeantes; mais il ne m'a jamais écrit. Comme toutes ces fabrications ne tarissent point, et ne tariront vraisemblablement pas sitôt, je désirerois ardemment qu'on voulût bien me les laisser ignorer, et que mes ennemis en fussent pour les tourments qu'il leur plaît de se donner sur mon compte, sans me les faire partager dans ma retraite. Puissé-je ne plus rien savoir de ce qui se passe en terre ferme, hors ce qui intéresse les personnes qui me sont chères ! J'apprends, par une lettre de Neuchâtel, que mademoiselle Le Vasseur est actuellement en route pour Paris; peut-être au moment où vous recevrez cette lettre, madame, sera-t-elle déjà chez madame la maréchale : je prends la liberté de la recommander de nouveau à votre protection, et aux bons conseils de miss Beckett. Je souhaite qu'elle vienne me joindre le plus tôt qu'il lui sera possible : elle s'adressera à Calais, à M. *Morel Disque*, négociant; et à Douvres, à M. *Minet*, maître des paquebots, qui l'adressera à M. Steward, à Londres.

Je ne puis rien vous dire de ce pays, madame, que vous ne sachiez mieux que moi; il me paroît qu'on m'y voit avec plaisir, et cela m'y attache. Cependant j'aimerois mieux la Suisse que l'Angleterre, mais j'aime mieux les Anglois que les Suisses. Votre séjour chez cette nation, quoique court, lui a laissé des impressions qui m'en donnent de bien favorables sur son compte. Tout le monde m'y parle de vous, même en songeant moins à moi qu'à soi. On s'y souvient de vos voyages comme d'un bonheur pour l'Angleterre, et je suis sûr d'y trouver partout la bienveillance, en me vantant de la vôtre. Cependant, comme tout ce qu'on dit ne vaut pas, à mon gré, ce que je sens, je voudrois de l'hôtel de Saint-Simon avoir été transporté dans la plus profonde solitude : j'aurois été bien sûr de n'y jamais rester seul. Mon amour pour la retraite ne m'a pourtant pas fait encore accepter aucun des logements qu'on m'a offerts en campagne. Me voilà devenu difficile en hôte.

Lorsque vous voudrez bien, madame, me faire dire un mot de vos nouvelles, soit directement, soit par M. Hume, permettez que je vous prie de m'en faire donner aussi sur la santé de madame la maréchale.

Après avoir écrit cette lettre, j'apprends que M. Hume a trouvé un seigneur du pays de Galles, qui, dans un vieux monastère où loge un de ses fermiers, lui fait offre pour moi d'un logement précisément tel que je le désire. Cette nouvelle, madame, me comble de joie. Si dans cette contrée, si éloignée et si sauvage, je puis passer en paix les derniers jours de ma vie, oublié des hommes, cet intervalle de repos me fera bientôt oublier toutes mes misères, et je serois redevable à M. Hume de tout le bonheur auquel je puisse encore aspirer.

LETTRE DCLX.

A M. DU PEYROU.

A Londres, le 27 janvier 1766.

Je reçois, mon cher hôte, votre n° 16. Je vous écrivis, il y a quelques jours; mais comme il y eut quelque quiproquo sur l'affranchissement de ma lettre, et qu'elle pourroit être perdue, je vous en répéterai les articles les plus importants, avec les changements que de nouvelles instructions m'engagent d'y faire.

Rey me marque qu'il désireroit bien d'avoir un exemplaire de vos lettres et des piéces pour et contre : faites en sorte de les lui envoyer. On ne connoissoit ici que votre première lettre; Beckett et de Hondt la faisoient traduire et imprimer, je leur ai fourni le reste. Mais M. Hume seroit d'avis qu'on fît encore une lettre sur ma retraite à l'île de Saint-Pierre, puis à Bienne, et enfin en France, et ici. Vous devriez, mon cher hôte, faire cette lettre adressée à M. Hume, qui en sera charmé, et auquel vous aurez des choses si honnêtes à dire sur les tendres soins qu'il a pris de moi, et sur l'accueil distingué qu'il m'a procuré en Angleterre. L'éloge de la nation vient là comme de cire; en vérité elle le mérite bien, et c'est une bonne leçon pour les autres. Il me semble que vous pouvez traiter l'affaire de Berne sans vous compromettre, et même, en louant la majeure et plus saine partie du gouvernement, qui a désapprouvé assez hautement ce coup fourré; mais, pour ces manants de Bienne, ils méritent en vérité d'être traînés par les boues. Vous pourrez joindre pour nouvelles pièces justificatives les nouveaux rescrits de la cour, les arrêts du conseil d'état, et même les certificats donnés au sicaire, commentés en peu de mots, ou sans commentaire, et vous pouvez parler d'une prétendue lettre du roi de Prusse, à moi adressée, et sûrement de fabrication genevoise, qui a couru Paris, et qui est en opposition parfaite avec les sentiments, les discours, les rescrits, et la conduite du roi dans toute cette affaire. Si vous voulez entreprendre ce petit travail, il faut vous presser, car nous avons fait suspendre l'impression du reste pour attendre ce complément que vous pourriez envoyer aussi à Rey, au moyen de quoi Félice et les autres fripons seroient assez penauds, voyant vos lettres, qu'ils prennent tant de peine à supprimer, publiques en Hollande et traduites à Londres. Le sujet est assez beau, ce me semble, et le correspondant que je vous donne ne fournit pas moins. Je vous recommande aussi les deux baillis qui m'ont protégé, chacun dans son gouvernement, M. de Moiry et M. de Graffenried. M. Hume croit que ma lettre à ce dernier doit entrer dans les pièces justificatives. Vous pourrez faire adresser votre paquet bien au net à M. Hume, dans *Yorck-Buildings, Buckingham street, London*. S'il arrivoit que vous ne voulussiez pas vous charger de cette nouvelle besogne, il faudroit en avertir. Au reste, priez-le de revoir et de retoucher; il écrit et parle le françois comme l'anglois, c'est tout dire.

Je suis absolument déterminé pour l'habitation du pays de Galles, et je compte m'y rendre au commencement du printemps. En attendant l'arrivée de mademoiselle Le Vasseur, je vais habiter un village auprès de Londres, appelé Chiswick, où je l'attendrai et où nous prendrons quelques semaines de repos, car on n'en peut avoir ici par l'affluence du monde dont on est accablé. Cependant je ne rends aucune visite, et l'on ne s'en fâche pas. Les manières angloises sont fort de mon goût; ils savent marquer de l'estime sans flagorneries; ce sont les antipodes du babillage de Neuchâtel. Mon séjour ici fait plus de sensation que je n'aurois pu croire. M. le prince héréditaire, beau-frère du roi, m'est venu voir, mais incognito, ainsi n'en parlez pas. Louez, en général, le bon accueil, mais sans aucun détail. Je vous écris sans règle et sans ordre, sûr que vous ne montrez mes lettres à personne.

Je vous avoue que je n'aime pas trop votre correspondance avec M. Misoprist, et surtout l'inpression dont vous vous chargez. Je ne reconnois pas là votre sagesse ordinaire. Ignorez-vous que jamais homme n'eut avec Voltaire des affaires de cette espèce qu'il ne s'en soit repenti? Dieu veuille qu'ainsi ne soit pas de vous!

Je vous remercie de vos bons soins au sujet de MM. Guinand et Hankey. Je ne serai pas à portée, vivant à soixante lieues de Londres, de leur demander de l'argent quand j'en aurai besoin. Il vaudra mieux que vous preniez la peine de m'envoyer périodiquement des billets, ou lettres sur eux, que je pourrai négocier dans la province. Puisque mademoiselle Le Vasseur n'a pas pris les trente louis que je vous avois laissés, vous m'obligerez de m'envoyer sur ces messieurs un papier de cette somme, déduction faite des divers déboursés que vous avez faits pour moi. M. Hume me fera parvenir votre lettre. Je ne vois plus M. de Luzé, et malheureusement nous avons perdu son adresse. Je vous embrasse tendrement. Mille respects à la bonne maman, et amitiés à tous vos amis.

Comme M. Hume ne résidera pas toujours à Londres, vous pourrez faire adresser ou remettre vos lettres à M. *Steward, Yorck-Buildings, Buckingham street.*

Je rouvre ma lettre pour vous dire qu'après y avoir mieux pensé je ne suis point d'avis que vous écriviez cette nouvelle lettre, pour éviter toute nouvelle tracasserie, surtout avec vos voisins.

Restons en paix, mon cher hôte; cultivez la philosophie, amusez-vous à la botanique, laissez les prêtres pour ce qu'ils sont, et surtout ne vous mêlez point de faire imprimer les écrits de Voltaire, car infailliblement vous en auriez du chagrin; mais ramassez toujours les pièces qui regardent mon affaire pour l'objet que vous savez.

LETTRE DCLXI.

A M. D'IVERNOIS.

Chiswick, le 29 janvier 1766.

Je suis arrivé heureusement dans ce pays : j'y ai été accueilli, et j'en suis très-content : mais ma santé, mon humeur, mon état, demandent que je m'éloigne de Londres; et pour ne plus entendre parler, s'il est possible, de mes malheurs, je vais dans peu me confiner dans le pays de Galles. Puissé-je y mourir en paix! c'est le seul vœu qui me reste à faire. Je vous embrasse tendrement.

LETTRE DCLXII.

A MADAME LA COMTESSE DE BOUFFLERS.

A Chiswich, le 6 février 1766.

J'ai changé d'habitation, madame, depuis que j'ai eu l'honneur de vous écrire. M. de Luze, qui aura celui de vous remettre cette lettre, et qui m'est venu voir dans ma nouvelle habitation, pourra vous en rendre compte; quelque agréable qu'elle soit, j'espère n'y demeurer que jusqu'après l'arrivée de mademoiselle Le Vasseur, dont je n'ai aucune nouvelle et dont je suis fort en peine, ayant calculé, sur le jour de son départ et sur l'empressement que je lui connois, qu'elle devroit naturellement être arrivée. Lorsqu'elle le sera, et qu'elle aura pris le repos dont sûrement elle aura grand besoin, nous partirons pour aller, dans le pays de Galles, occuper le logement dont je vous ai parlé, madame, dans ma précédente lettre. Je soupire incessamment après cet asile paisible, où l'on me promet le repos, et dont, si je le trouve, je ne sortirai jamais. Cependant M. Hume, plus difficile que moi sur mon bien, craint que je ne le trouve pas si loin de Londres. Depuis l'engagement du pays de Galles, on lui a proposé d'autres habitations qui lui paroissent préférables, entre autres une dans l'île de Wight, offerte par M. Stanley. L'île de Wight est plus à portée, dans un climat plus doux et moins pluvieux que le pays de Galles, et le logement y sera probablement plus commode. Mais le pays est découvert; de grands vents; des montagnes pelées; peu d'arbres, beaucoup de monde; les vivres aussi chers qu'à Londres. Tout cela ne m'accommode pas du tout. Le pays de Galles ressemble entièrement à la Suisse, excepté les habitants. Voilà précisément ce qu'il me faut. Si je me logeois pour mes amis et que M. Hume restât à Londres, je serois tenté d'y rester aussi. Mais comme lui-même, en suivant ce principe, a choisi Paris et que je ne puis pas l'y suivre, je suis réduit à me loger pour moi. En ce cas, c'est en Galles qu'il faut que j'aille ; car enfin, quoi qu'on puisse dire, personne ne connoît mieux que moi ce qui me convient. C'est beaucoup, sans doute, de trouver sur la terre un endroit où l'on me laisse : mais, si j'en trouve en même temps un où je me plaise, n'est-ce pas encore plus ? Si je vais dans l'île de Wight, j'en voudrai sortir ; mais si je vais au pays de Galles j'y voudrai mourir. Pensez-y, madame, je vous en supplie. M. Hume m'a menacé de vous mettre dans son parti. Je vous avoue que je meurs d'envie de gagner de vitesse ; et je sens que je ne serai jamais assez bien pour moi-même, si vous ne me trouvez bien aussi. J'en dirois presque autant à M. Hume pour tous les soins qu'il a pris et qu'il prend de moi. Je n'imagine pas comment, sans lui, j'aurois pu faire pour me tirer d'affaire.

LETTRE DCLXIII.

A M. DU PEYROU.

A Chiswick, le 15 février 1766.

J'ai reçu presque à la fois deux bien grands plaisirs, mademoiselle Le Vasseur et votre n° 17; j'apprends par l'une et par l'autre combien vous êtes occupé de vos affaires, et encore plus des miennes. La nouvelle arrivée n'a rien eu de plus pressé que d'entrer avec moi dans les détails de vos bontés pour elle, qui m'ont touché, sans doute, mais qui ne m'ont pas surpris. Je n'ajoute rien là-dessus; vous savez pourquoi. Je n'attends plus, pour me mettre en route avec elle pour le pays de Galles, qu'un peu de repos pour elle, et un temps plus doux pour tous les deux. La Tamise a été prise, la gelée a été terrible; nous avons eu l'un des plus rudes hivers dont j'aie connoissance; il semble que la charité chrétienne de messieurs de Berne l'ait choisi tout exprès pour me faire voyager.

Mademoiselle Le Vasseur ne m'a point apporté la petite caisse, qui n'a dû arriver à Paris que le jour qu'elle en est partie. J'espère que madame de Faugnes aura la bonté d'en prendre soin; je l'ai recommandée aussi à M. de Luze, qui partit samedi dernier en bonne santé, mais fort peu content de Londres. Au moyen de toutes vos précautions, j'ai lieu d'espérer que ces papiers me parviendront sains et saufs. Cependant, je ne puis me défendre d'en être un peu inquiet, vu l'importance dont ils sont pour les recueils dont je vais m'occuper.

Dans mes deux précédentes lettres, j'entrois dans de longs détails sur l'envoi de mes livres et papiers. J'ai quelque lieu de craindre que la première n'ait été perdue; mais la deuxième suffit pour vous guider dans l'envoi que vous voulez m'en faire, et qui réellement me fera grand plaisir dans ma retraite; ce qui m'en feroit bien plus encore seroit l'espoir de vous y voir un jour. Si jamais M. de Cerjeat vous y attire, j'aurai bien des raisons de l'aimer. Je n'ai pas ouï parler de lui, et je ne cherche pas de nouvelles connoissances; mais, s'il cherche à me voir, je le recevrai comme votre ami, et j'oublierai qu'il croit aux miracles.

Je ne vois pas sans inquiétude votre commerce avec M. Misoprist; j'ai peur qu'il n'en résulte enfin quelque chagrin pour vous. Je ne vous conseille point de faire imprimer son manuscrit; quant à la *lettre véritable,* ce peut être une plaisanterie sans conséquence. Cependant, je trouve qu'il est au-dessous de vous de vous occuper de ce cuistre de Montmollin, et de sa vile séquelle. Oubliez que toute cette canaille existe; ces gens-là n'ont du sentiment qu'aux épaules, et l'on ne peut leur répondre qu'à coups de bâton. Je ne sais ce qu'a dit le moine Bergeon, et ne m'en soucie guère. Quand vous aurez prouvé que tous ces gens-là sont des fripons, vous n'aurez dit que ce que tout le monde sait. Cependant, n'oubliez pas de rassembler toutes les pièces qui me regardent, et de me les envoyer quand vous en aurez l'occasion. Je n'ai vu qu'une seule des lettres de Voltaire dont vous me parlez; c'est, je crois, la dix-septième ou dix-huitième lettre. Je n'ai point vu non plus la prétendue lettre du roi de Prusse, à moi adressée; et pourquoi vous l'attribuez à M. Horace Walpole, c'est ce que je ne sais point du tout.

On travaille ici à traduire vos lettres, et j'ai donné pour cela mon exemplaire corrigé comme j'ai pu; mais l'ouvrage va si lentement, et la traduction est si mauvaise, que j'aimerois, je crois, presque autant que tout cela ne parût point du tout. Rey auroit désiré les avoir pour les imprimer, et je vous avoue que je suis surpris que vous ne vous serviez pas de lui pour toutes ces petites pièces, dont vous pourriez vous faire envoyer des exemplaires par la poste, plutôt que des imprimeurs autour de vous, qui, environnés des pièges de nos ennemis, y sont infailliblement pris, soit comme fripons, soit comme dupes. Il me paroît certain que Félice a supprimé vos lettres avec autant de soin qu'il a répandu celles de ce misérable. On trouve partout les siennes; on n'entend parler des vôtres nulle part, et assurément ce n'est pas la préférence du mérite qui fait ici celle du cours. Ou n'imprimez rien, ou n'imprimez qu'au loin, comme j'ai fait.

J'attends aujourd'hui M. Guinand, avec qui je prendrai des arrangements pour notre correspondance. J'espère vous écrire encore avant mon départ; cependant je ne puis causer tranquillement avec vous que de ma retraite.

Je ne sais pas trop ce que signifie Misoprist; il me paroît qu'il signifie ennemi de je ne sais quoi, quoique je m'en doute et vous aussi.

LETTRE DCLXIV.

A M. D'IVERNOIS.

Chiswick, le 23 février 1766.

Je reçois, monsieur, votre lettre du premier de ce mois. Je sens la douleur qu'a dû vous causer la perte de madame votre mère, et l'amitié me la fait partager. C'est le cours de la nature, que les parents meurent avant leurs enfants, et que les enfants de ceux-ci restent pour les consoler. Vous avez dans votre famille et dans vos amis de quoi ne vous laisser sentir d'une telle perte que ce que votre bon naturel ne lui peut refuser.

Vous n'avez pas dû penser que je voulusse être redevable à M. de Voltaire de mon rétablissement. Qu'il vous serve utilement, et qu'il continue au surplus ses plaisanteries sur mon compte; elles ne me feront pas plus de chagrin que de mal. J'aurois pu m'honorer de son amitié s'il en eût été capable; je n'aurois jamais voulu de sa protection: jugez si j'en veux, après ce qui s'est passé. Son apologie est pitoyable; il ne me croit pas si bien instruit. Parlez-lui toujours de ma part en termes honnêtes; n'acceptez ni ne refusez rien. Le moins d'explication que vous aurez avec lui sur mon compte sera le mieux, à moins que vous n'aperceviez clairement qu'il revient de bonne foi : mais il a tous les torts, il faut qu'il fasse toutes les avances; et voilà ce qu'il ne fera jamais. Il veut pardonner et protéger : nous sommes fort loin de compte.

Je ne connois point M. de Guerchi, ambassadeur de France en cette cour; et quand je le connoîtrois, je doute que sa recommandation ni celle d'un autre fût de quelque poids dans vos affaires. Votre sort est décidé à Versailles. M. de Beauteville ne fera qu'exécuter l'arrêt prononcé. Toutefois je tente de lui écrire, quoique je sois très-peu connu de lui. Je voudrois qu'il vous connût et qu'il vous aimât, ce qui est à peu près la même chose. Une lettre sert au moins à faire connoissance : vous pourrez donc lui rendre la mienne après l'avoir cachetée, si vous le jugez à propos. Je vous l'envoie à Bordeaux pour plus de sûreté; mais surtout n'en parlez ni ne la montrez à personne. Je vous en ferai peut-être passer à Genève un double par duplicata pour plus de sûreté.

Je vous suis obligé de votre lettre de crédit; je serai peut-être dans le cas d'en faire usage. Selon mes arrangements avec M. du Peyrou, il a écrit à son banquier de me donner l'argent que je lui demanderois. Je lui ai demandé vingt-cinq louis; il ne m'a fait aucune réponse. Je ne suis pas d'humeur de demander deux fois : ainsi quand j'aurai découvert l'adresse de MM. Lucadou et Drake, que vous ne m'avez pas donnée, je les prierai peut-être de m'avancer cette somme, et j'en ferai le reçu de manière qu'il vous serve d'assignation pour être remboursé par M. du Peyrou.

J'aurois à vous consulter sur autre chose. J'ai chez madame Boy de La Tour trois mille livres de France, et mademoiselle Le Vasseur quatre cents. L'augmentation de dépense que le séjour d'Angleterre va m'occasioner me fait désirer de placer ces sommes en rentes viagères sur la tête de mademoiselle Le Vasseur. Le petit revenu de cet argent doubleroit de cette manière, et ne seroit pas perdu pour cette pauvre fille à ma mort. Il se fait, à ce qu'on dit, un emprunt en France; croyez-vous que je pourrois placer là mon argent sans risque? y serois-je à temps? pourriez-vous vous charger de cette affaire? à qui faudroit-il que je remisse le billet pour retirer cet argent, et cela pourroit-il se faire convenablement sans en avoir prévenu madame Boy de La Tour? Voyez. Dans l'éloignement où je vais être de Londres, les correspondances seront longues et difficiles; c'est pour cela que je voudrois, en partant, emporter assez d'argent pour avoir le temps de m'arranger. D'ailleurs, j'écrirai peu; j'attendrai des occasions pour éviter d'immenses ports de lettres, et je ne recevrai point de lettres par la poste. J'aurai soin de donner une adresse à M. Casenove avant de partir; ce que je compte faire dans quinze jours au plus tard. Bon voyage, heureux retour. Je vous embrasse.

Je suppose que vous avez reçu la lettre que je vous ai écrite de Londres il y a environ trois semaines ou un mois.

Il me vient une pensée. Une histoire de la médiation pourroit devenir un ouvrage intéressant. Recueillez, s'il se peut, des pièces, des anecdotes, des faits, sans faire semblant de rien. Je regrette plusieurs pièces qui étoient dans la malle, et qui seroient nécessaires. Ceci n'est qu'un projet qui, j'espère, ne s'exécutera jamais; au moins de ma part. Toutefois, de ma part ou d'une autre, un bon recueil de matériaux auroit tôt ou tard son emploi. En faisant un peu causer Voltaire, l'on en pourroit tirer d'excellentes choses. Je vous conseille de le voir quelquefois; mais surtout ne me compromettez pas.

Je ne comprends pas ce que j'ai pu vous envoyer à la place de cette lettre que je vous écrivois, en vous envoyant celle pour M. de Beauteville. Je me hâte de réparer cette étourderie. Voici votre lettre. Vous pourrez juger si ce que j'ai pu vous envoyer à la place demande de m'être renvoyé. Pour moi, je n'en sais rien.

LETTRE DCLXV.

A M. LE CHEVALIER DE BEAUTEVILLE.

A Chiswick, le 23 février 1766.

Monsieur,

C'est au nom, cher à votre cœur, de feu M. le maréchal de Luxembourg, que j'ose rappeler à votre souvenir un homme à qui l'honneur de son amitié valut celui d'être connu de vous. Dans la noble fonction que va remplir V. E. vous entendrez quelquefois parler de cet infortuné. Vous connoîtrez ses malheurs dans leur source, et vous jugerez s'ils étoient mérités. Toutefois, quelque confiance qu'il ait en vos sentiments intègres et généreux, il n'a rien à demander pour lui-même : il sait endurer des torts qui ne seront point réparés; mais il ose, monsieur, présenter à V. E. un homme de bien, son ami, et digne de l'être de tous les honnêtes gens. Vous voudrez connoître la vérité, et prêter à ses défenseurs une oreille impartiale. M. d'Ivernois est en état de vous la dire et par lui-même et par ses amis, tous estimables par leurs mœurs, par leurs vertus, et par leur bon sens. Ce ne sont pas des hommes brillants, intrigants, versés dans l'art de séduire; mais ce sont de dignes citoyens, distingués autant par une conduite sage et mesurée, que par leur attachement à la constitution et aux lois. Daignez, monsieur, leur accorder un accueil favorable, et les écouter avec bonté. Ils vous exposeront leurs raisons et leurs droits avec toute la candeur et la simplicité de leur caractère, et je m'assure que vous trouverez en eux mon excuse pour la liberté que je prends de vous les présenter.

Je supplie votre excellence d'agréer mon profond respect.

LETTRE DCLXVI.

A M. LE COMTE ORLOFF,

Sur l'offre à lui faite par ce seigneur d'une retraite dans une de ses terres en Russie.

Halton, le 23 février 1766.

Vous vous donnez, M. le comte, pour avoir des singularités : en effet, c'en est presque une d'être bienfaisant sans intérêt ; et c'en est une bien plus grande de l'être de si loin pour quelqu'un qu'on ne connoît pas. Vos offres obligeantes, le ton dont vous me les avez faites, et la description de l'habitation que vous me destinez, seroient assurément très-capables de m'y attirer, si j'étois moins infirme, plus allant, plus jeune, et que vous fussiez plus près du soleil : je craindrois d'ailleurs qu'en voyant celui que vous honorez d'une invitation, vous n'y eussiez quelque regret : vous vous attendriez à une manière d'homme de lettres, un beau diseur, qui devroit payer en frais d'esprit et de paroles votre généreuse hospitalité, et vous n'auriez qu'un bonhomme bien simple, que son goût et ses malheurs ont rendu fort solitaire, et qui, pour tout amusement, herborisant toute la journée, trouve dans ce commerce avec les plantes cette paix si douce à son cœur, que lui ont refusée les humains.

Je n'irai donc pas, monsieur, habiter votre maison; mais je me souviendrai toujours avec reconnoissance que vous me l'avez offerte, et je regretterai quelquefois de n'y être pas pour cultiver les bontés et l'amitié du maître.

Agréez, monsieur le comte, je vous supplie, mes remerciements très-sincères et mes très-humbles salutations.

LETTRE DCLXVII.

A M. DU PEYROU.

A Chiswick, le 2 mars 1766.

Depuis votre n° 17, mon cher hôte, je n'ai rien reçu de vous, et, comme vous m'avez accoutumé à des lettres plus fréquentes, ce retard m'alarme un peu sur votre santé. Je vous ai écrit deux fois par M. Guinand; si vous eussiez reçu mes lettres, vous ne les auriez pas laissées sans réponse. Comme la conduite de M. Guinaud me le rend un peu suspect, je prends le parti de vous écrire par d'autres voies, jusqu'à nouvel avis de votre part. En général, je serai plus tranquille sur notre correspondance, quand personne de Neuchâtel, ni qui tienne aux Neuchâtelois, n'y aura part.

Mademoiselle Le Vasseur m'a remis le paquet que vous lui avez confié ; j'y ai trouvé les papiers cotés dans la lettre, et entre autres celui que vous me priez de ne pas décacheter ; vous serez obéi fidèlement, mon cher hôte ; et, comme le cas que vous exceptez n'est pas dans l'ordre naturel, j'espère que ni elle, ni moi, ne serons pas assez malheureux pour que le paquet soit jamais décacheté.

Je n'entends plus parler ni de de Hondt ni de vos lettres, dont je lui ai donné le seul exemplaire qui me restoit, pour le faire traduire et imprimer. Il seroit singulier que vos taupes, qui travaillent toujours sous terre, eussent poussé jusque-là leurs chemins obscurs. Rey est le seul libraire à qui je me fie ; il y a du malheur que jamais vous ne vous soyez adressé à lui : il est sûr et ardent ; l'ouvrage auroit couru partout, malgré le sicaire et les brigands de sa bande ; c'est maintenant une vieille affaire qu'il est inutile de renouveler. Mais ne manquez pas, je vous prie, de m'envoyer avec mes livres un autre exemplaire de vos lettres, et deux ou trois de *la Vision*.

Certaines instructions m'ont un peu dégoûté, non du pays de Galles, mais de la maison que j'y devois habiter. Je ne sais pas encore où je me fixerai ; chacun me tiraille de son côté ; et quand je prends une résolution, tous conspirent à m'en faire changer. Je compte pourtant être absolument déterminé dans moins de quinze jours ; et j'aurai soin de vous informer de la résolution que j'aurai prise. En attendant, vous pouvez m'écrire sous le couvert de *MM. Lucadou and Drake, marchants, in Union-Court, Brood-street, London*. Donnez-moi de vos nouvelles. Je vous embrasse.

Recevez mille remerciements et salutations de mademoiselle Le Vasseur, qui vous prie aussi de joindre ses respects aux miens près de madame la commandante.

LETTRE DCLXVIII.

AU MÊME.

A Chiswick, le 14 mars 1766.

Enfin, mon cher hôte, après un silence de six semaines, votre n° 18 vient me tirer de peine. Je vois que mes lettres ne vous parviennent pas fidèlement. Tâchons donc d'établir une règle plus lente, puisqu'il le faut, mais plus sûre. Je vous écrirai sous l'adresse de Paris que vous me marquez, et vous pourrez, par la même voie, m'écrire sous celle-ci :

To MM. Lucadou and Drake, Union-Court, London.

En quelque lieu de l'Angleterre que je sois, ces messieurs auront soin de m'y faire passer vos lettres; mais ne vous chargez d'aucunes lettres, et ne donnez mon adresse à personne.

J'ai reçu les 30 livres sterling dont vous m'avez envoyé l'assignation, et vous voyez que cette voie est la plus prompte pour cet effet. Je ne voulois pas m'éloigner de Londres que je ne fusse bien pourvu d'argent, à cause du temps qu'il me faudra pour m'ouvrir des correspondances sûres et commodes pour en recevoir. En attendant, j'ai été faire une promenade dans la province de Surrey, où j'ai été extrêmement tenté de me fixer; mais le trop grand voisinage de Londres, ma passion croissante pour la retraite, et je ne sais quelle fatalité qui me détermine indépendamment de la raison, m'entraînent dans les montagnes de Derbyshire, et je compte partir mercredi prochain pour aller finir mes jours dans ce pays-là. Je brûle d'y être pour respirer après tant de fatigues et de courses, et pour m'entretenir avec vous plus à mon aise que je n'ai pu faire jusqu'à présent. Je vous décrirai mon habitation, mon cher hôte, dans l'espoir de vous y voir quelque jour user de votre droit, puis user davantage du mien dans la vôtre. Si cette douce idée ne me consoloit dans ma tristesse, je craindrois que l'air épais de cette île ne prît à la fin trop sur mon humeur.

M. Hume m'a donné l'adresse ci-jointe pour son ami, M. Walpole, qui part de Paris dans un mois d'ici; mais, par des raisons trop longues à déduire par lettres, je voudrois qu'on n'employât cette voie que faute de toute autre. On m'a parlé de la prétendue lettre du roi de Prusse, mais on ne m'avoit point dit qu'elle eût été répandue par M. Walpole; et quand j'en ai parlé à M. Hume, il ne m'a dit ni oui ni non.

Je n'entends point parler des traductions de vos lettres : M. Hume m'a pourtant dit qu'elles alloient leur train; mais on ne m'a rien montré. Ces relations ne peuvent faire aucune sensation dans ce pays, où l'on ne sait pas même que j'ai eu des affaires à Neuchâtel, dont les prêtres ne sont connus que par le sort du pauvre Petit-Pierre. Ces misérables sont partout si méprisés, que s'occuper d'eux, c'est grêler sur le persil. Croyez-moi, oubliez-les totalement; à quelque prix que ce soit, ils sont trop honorés de notre souvenir. On sait ici que j'ai été persécuté à Genève, et l'on en est indigné. Le clergé anglois me regarde à peu près comme un confesseur de la foi. Du reste, il se tient ici, comme dans toute grande ville, beaucoup de propos ineptes, bons et mauvais. Le public en général ne vaut pas la peine qu'on s'occupe de lui.

Comment va votre bâtiment? Est-il confirmé que vous aurez de l'eau? Quoique absent, je m'intéresserai toujours à votre demeure, et mon cœur y habitera toujours.

LETTRE DCLXIX.

A M. HUME.

Wootton, le 22 mars 1766.

Vous voyez déjà, mon cher patron, par la date de ma lettre, que je suis arrivé au lieu de ma destination ; mais vous ne pouvez voir tous les charmes que j'y trouve ; il faudroit connoître le lieu et lire dans mon cœur. Vous y devez lire au moins les sentiments qui vous regardent, et que vous avez si bien mérités. Si je vis dans cet agréable asile aussi heureux que je l'espère, une des douceurs de ma vie sera de penser que je vous les dois. Faire un homme heureux, c'est mériter de l'être. Puissiez-vous trouver en vous-même le prix de tout ce que vous avez fait pour moi ! Seul, j'aurois pu trouver de l'hospitalité peut-être ; mais je ne l'aurois jamais aussi bien goûtée qu'en la tenant de votre amitié. Conservez-la-moi toujours, mon cher patron ; aimez-moi pour moi qui vous dois tant, pour vous-même ; aimez-moi pour le bien que vous m'avez fait. Je sens tout le prix de votre sincère amitié ; je la désire ardemment ; j'y veux répondre par toute la mienne, et je sens dans mon cœur de quoi vous convaincre un jour qu'elle n'est pas non plus sans quelque prix. Comme, pour des raisons dont nous avons parlé, je ne veux rien recevoir par la poste, je vous prie, lorsque vous ferez la bonne œuvre de m'écrire, de remettre votre lettre à M. Davenport. L'affaire de ma voiture n'est pas arrangée, parce que je sais qu'on m'en a imposé : c'est une petite faute qui peut n'être que l'ouvrage d'une vanité obligeante, quand elle ne revient pas deux fois. Si vous y avez trempé, je vous conseille de quitter, une fois pour toutes, ces petites ruses qui ne peuvent avoir un bon principe quand elles se tournent en piéges contre la simplicité. Je vous embrasse, mon cher patron, avec le même cœur que j'espère et désire trouver en vous.

LETTRE DCLXX.

AU MÊME.

Wootton, le 29 mars 1766.

Vous avez vu, mon cher patron, par la lettre que M. Davenport a dû vous remettre, combien je me trouve ici placé selon mon goût. J'y serois peut-être plus à mon aise si l'on y avoit pour moi moins d'attentions ; mais les soins d'un si galant homme sont trop obligeants pour s'en fâcher ; et comme tout est mêlé d'inconvénients dans la vie, celui d'être trop bien est un de ceux qui se tolèrent le plus aisément. J'en trouve un plus grand à ne pouvoir me faire bien entendre des domestiques, ni surtout à entendre un mot de ce qu'ils me disent. Heureusement mademoiselle Le Vasseur me sert d'interprète, et ses doigts parlent mieux que ma langue. Je trouve même à mon ignorance un avantage qui pourra faire compensation, c'est d'écarter les oisifs en les ennuyant. J'ai eu hier la visite de M. le ministre, qui, voyant que je ne lui parlois que françois, n'a pas voulu me parler anglois; de sorte que l'entrevue s'est passée à peu près sans mot dire. J'ai pris goût à l'expédient; je m'en servirai avec tous mes voisins, si j'en ai; et, dussé-je apprendre l'anglois, je ne leur parlerai que françois, surtout si j'ai le bonheur qu'ils n'en sachent pas un mot. C'est à peu près la ruse des singes, qui, disent les Nègres, ne veulent pas parler, quoiqu'ils le puissent, de peur qu'on ne les fasse travailler.

Il n'est point vrai du tout que je sois convenu avec M. Gosset de recevoir un modèle en présent. Au contraire, je lui en demandai le prix, qu'il me dit être d'une guinée et demie, ajoutant qu'il m'en vouloit faire la galanterie, ce que je n'ai point accepté. Je vous prie donc de vouloir bien lui payer le modèle en question, dont M. Davenport aura la bonté de vous rembourser. S'il n'y consent pas, il faut le lui rendre et le faire acheter par une autre main. Il est destiné pour M. du Peyrou, qui depuis long-temps désire avoir mon portrait, et en a fait faire un en miniature qui n'est point du tout ressemblant. Vous êtes pourvu mieux que lui ; mais je suis fâché que vous m'ayez ôté par une diligence aussi flatteuse le plaisir de remplir le même devoir envers vous. Ayez la bonté, mon cher patron, de faire remettre ce modèle à MM. Guinand et Hankey, *Little-Saint-Hellen's, Bishopsgate street*, pour l'envoyer à M. du Peyrou par la première occasion sûre. Il gèle ici depuis que j'y suis ; il a neigé tous les jours ; le vent coupe le visage ; malgré cela, j'aimerois mieux habiter le trou d'un des lapins de cette garenne que le plus bel appartement de Londres. Bonjour, mon cher patron ; je vous embrasse de tout mon cœur.

LETTRE DCLXXI.

A M. DU PEYROU.

A Wootton en Derbyshire, le 29 mars 1766.

Après tant de fatigues et de courses, j'arrive enfin dans un asile agréable et solitaire, où j'espère pouvoir respirer en paix. Je vous dois la description de mon séjour et le détail de mes voyages ; jusqu'ici je n'ai pu vous écrire qu'à la hâte, et toujours interrompu. Sitôt que j'aurai repris haleine, mes premiers soins seront de m'occuper de vous et avec vous. Quant à présent, un voyage de cinquante lieues avec tout mon équipage, les soins d'un nouvel établissement, les communications qu'il faut m'assurer, et surtout le besoin d'un peu de repos, me font continuer de ne vous écrire, mon cher hôte, que pour les choses pressantes et nécessaires, et tel étoit, par votre amitié pour moi, l'avis de mon arrivée au refuge que j'ai choisi.

Par le prix excessif des ports, et par l'indiscrétion des écrivains, je suis forcé de renoncer absolument à rien recevoir par la poste. Cela, et l'éloignement des grandes routes, retardera beaucoup nos lettres; mais elles n'en arriveront pas moins sûrement, si l'on suit bien mes directions. Dans un mois ou cinq semaines d'ici, le maître de cette maison vient de Londres y faire un voyage. Il m'apportera tout ce qu'on lui remettra jusqu'à ce temps-là. C'est un homme de distinction et de probité, auquel on peut prendre toute confiance.

Je vous destine un petit cadeau qui, j'espère, vous fera plaisir; c'est mon portrait en relief, très-bien fait et très-ressemblant. J'écris aujourd'hui à vos banquiers, pour qu'ils aient la bonté de s'en charger, et de vous le faire parvenir. Si j'étois à portée de prendre ce soin moi-même, je ne les en chargerois pas; mais l'impossibilité de mieux faire est mon excuse auprès de vous. Un bon peintre d'ici m'a aussi peint à l'huile pour M. Hume ; le roi a voulu voir son ouvrage, et il a si bien réussi qu'on croit qu'il sera gravé. Si l'estampe est bonne, j'aurai soin qu'elle vous parvienne aussi. Ne croyez pas que ce soient des cadeaux. Si jamais il passe à Neuchâtel un bon peintre, je meurs d'envie de vous vendre bien cher mon portrait.

Le besoin de vous voir augmente de jour en jour ; je ne me flatte pas de le satisfaire cette année ; mais marquez-moi si, pour l'année prochaine, je ne puis rien espérer. Si vous ne voulez pas venir jusqu'ici, j'irai au-devant de vous à Londres, et il ne faut pas moins que cet objet pour m'y faire retourner ; mais je pense que vous ne serez pas fâché de voir un peu l'Angleterre et la retraite que je me suis choisie ; je crois que vous en serez content. Je sens tous les jours mieux que je n'ai que deux amis sûrs : mon cœur a besoin de se consoler avec l'un de l'absence de l'autre. En attendant, ne donnez, à mon sujet, votre confiance à personne au monde qu'au seul milord Maréchal. Quoi qu'on vous dise, quoi qu'on vous écrive pour mes intérêts, tenez-vous en garde, et, sans montrer de défiance, ne vous livrez point. Cet avis peut devenir important à votre ami. J'ai dit à tout le monde mes arrangements ; ce secret m'eût trop pesé sur le cœur, mais que personne que vous seul ne s'en mêle, ni ne sache même où et quand vous avez l'intention d'exécuter l'entreprise qui regarde mes écrits.

J'attends avec ardeur mes livres de botanique; pour les autres, quand vous en différeriez l'envoi jusqu'à l'autre année, il n'y auroit peut-être pas un grand mal. Je n'entends plus parler de l'impression de vos lettres; cela, et d'autres choses, me rend de Hondt un peu suspect. Je crois cependant qu'on peut se servir de lui pour l'envoi de mes livres. Le comte de Bintinck s'attend qu'ils lui seront adressés, et ensuite à son fils qui est ici : mais je n'aime pas avoir obligation à ces grands seigneurs. Je me remets de tout à votre prudence.

Milord Maréchal me marque qu'il écrit à ses gens d'affaires de vous remettre les trois cents guinées, s'ils ne l'ont pas encore fait. A cause du grand éloignement, je prends le parti de numéroter mes lettres, à votre exemple, à commencer par celle-ci. La dernière de vous que j'ai reçue étoit le n° 19. Mes tendres respects à la bonne maman. Je vous embrasse de tout mon cœur.

Ne m'envoyez, avec mes livres, aucun de mes papiers, qu'à mesure que je vous les demanderai, et que je vous renverrai les autres. Je vous prie de ne pas oublier mon livre de musique vert, car j'ai ici une épinette. Du reste, tout est déjà rassemblé ici, moi, ma gouvernante, mon bagage, et jusqu'à Sultan, qui m'a donné des peines incroyables. Il a été perdu deux fois, et mis dans les papiers publics. Est-il confirmé que vous avez de l'eau ? Votre maison s'avance-t-elle ? Le temps d'herboriser approche, en profiterez-vous ? Je vous le conseille extrêmement. Si les attaques de goutte ne vous font pas grâce, du moins elles viendront plus tard, et ce seroit toujours un grand avantage de gagner une année en dix. Mais il faut oublier que vous êtes encore jeune, jusqu'à ce que vous preniez le parti de vous marier.

LETTRE DCLXXII.

A M. J. F. COINDET,

Chez MM. Thélusson et Necker, à Paris.

A Wootton en Derbyshire, le 29 mars 1766.

J'ai reçu vos lettres, cher Coindet, et celle de madame de Chenonceaux. J'ai différé de vous répondre jusqu'au moment où j'arriverois en lieu de repos où je puisse respirer. J'en avois grand besoin, je vous jure, et le voisinage de Londres m'étoit aussi importun que Londres même par l'extrême affluence des curieux. J'ai répondu sur-le-champ à la dernière lettre de madame de Chenonceaux; le sujet le demandoit absolument. Il m'importe extrêmement de savoir si ma lettre lui est parvenue et si elle n'a pas éprouvé de retard, pour juger de la fidélité des gens à qui je l'ai confiée. J'ai aussi reçu indirectement des nouvelles de M. Watelet et de nouvelles preuves de ses soins bienfaisants par ses recommandations en ma faveur. Un des plus doux emplois de mes loisirs sera de lui écrire quelquefois. Je voudrois qu'il fût tenté de venir voir ma solitude; elle ne seroit pas indigne, à quelques égards, d'occuper ses regards et ses talents. Je suis fâché de ne pouvoir faire aucun usage de l'adresse que vous m'avez donnée; mais je suis à cinquante lieues de Londres, et bien résolu de n'y retourner que quand je ne pourrai faire autrement. Me voilà comme régénéré par un nouveau baptême, ayant été bien mouillé en passant la mer. J'ai dépouillé le vieil homme, et, hors quelques amis parmi lesquels je vous compte, j'oublie tout ce qui se rapporte à cette terre étrangère qui s'appelle le continent. Les auteurs, les décrets, les livres, cette âcre fumée de gloire qui fait pleurer, tout cela sont des folies de l'autre monde auxquelles je ne prends plus de part et que je me vais hâter d'oublier. Je ne puis jouir encore ici des charmes de la campagne, ce pays étant enseveli sous la neige; mais, en attendant, je me repose de mes longues courses, je prends haleine, je jouis de moi, et me rends le témoignage que, pendant quinze ans que j'ai eu le malheur d'exercer le triste métier d'homme de lettres, je n'ai contracté aucun des vices de cet état; l'envie, la jalousie, l'esprit d'intrigue et de charlatanerie, n'ont pas un instant approché de mon cœur. Je ne me sens pas même aigri par les persécutions, par les infortunes, et je quitte la carrière aussi sain de cœur que j'y suis entré. Voilà, cher Coindet, la source du bonheur que je vais goûter dans ma retraite, si l'on veut bien m'y laisser en paix. Les gens du monde ne conçoivent pas qu'on puisse vivre heureux et content vis-à-vis de soi; et moi, je ne conçois pas qu'on puisse être heureux d'une autre manière. De quoi sera-t-on content dans la vie si on ne l'est pas du seul homme qu'on ne quitte point? Voilà bien de la morale pour un homme du monde, mais pas trop pour un ermite. Au lieu de vous parler de vous, je vous parle de moi; cela n'est pas fort poli, sans doute, mais cela est tout naturel. Usez-en de même avec moi, parlez-moi de vous à votre tour, et soyez sûr de me faire grand plaisir. La difficulté est de me faire parvenir vos lettres; car, pour plusieurs bonnes raisons, je n'en reçois aucune par la poste, qui ne vient pas jusqu'au village voisin de cette maison. En attendant d'autres arrangements plus commodes, faites remettre votre lettre à Londres, chez M. Davenport, *next door lord Egremont*[1], *Piccadilly*. Par ce moyen elle me parviendra. Je vous embrasse de tout mon cœur.

[1] Près de l'hôtel du lord Égremont.

Rappelez-moi quelquefois, je vous prie, au souvenir de M. et madame d'Azincourt.

Je serois bien aise de savoir exactement votre adresse, afin de pouvoir vous écrire par occasions quand elles se présenteront.

LETTRE DCLXXIII.

AU ROI DE PRUSSE.

Wootton, le 30 mars 1760.

Sire,

Je dois au malheur qui me poursuit deux biens qui m'en consolent : la bienveillance de milord Maréchal, et la protection de votre majesté. Forcé de vivre loin de l'état où je suis inscrit parmi vos peuples, je garde l'amour des devoirs que j'y ai contractés. Permettez, sire, que vos bontés me suivent avec ma reconnoissance, et que j'aie toujours l'honneur d'être votre protégé, comme je serai toujours votre plus fidèle sujet.

LETTRE DCLXXIV.

A M. LE CHEVALIER D'ÉON.

Wootton, le 31 mars 1766.

J'étois, monsieur, à la veille de mon départ pour cette province, lorsque je reçus le paquet que vous m'avez adressé; et, ne l'ayant ouvert qu'ici, je n'ai pu lire plus tôt la lettre que vous m'avez fait l'honneur de m'écrire. Je n'ai même encore pu que parcourir rapidement vos Mémoires. C'en est assez pour confirmer l'opinion que j'avois des rares talents de l'auteur, mais non pas pour juger du fond de la querelle entre vous et M. de Guerchi. J'avoue pourtant, monsieur, que, dans le principe, je crois voir le tort de votre côté; et il ne me paroît pas juste que, comme ministre, vous vouliez, en votre nom et à ses frais, faire la même dépense qu'il eût faite lui-même; mais, sur la lecture de vos Mémoires, je trouve dans la suite de cette affaire des torts beaucoup plus graves du côté de M. Guerchi; et la violence de ses poursuites n'aura, je pense, aucun de ses propres amis pour approbateur. Tout ce que prouve l'avantage qu'il a sur vous à cet égard, c'est qu'il est le plus fort, et que vous êtes le plus foible. Cela met contre lui tout le préjugé de l'injustice; car le pouvoir et l'impunité rendent les forts audacieux; le bon droit seul est l'arme des foibles; et cette arme leur crève ordinairement dans les mains. J'ai éprouvé tout cela comme vous, monsieur; et ma vie est un tissu de preuves en faits que la justice a toujours tort contre la puissance. Mon sort est tel que j'ai dû l'attendre de ce principe. J'en suis accablé sans en être surpris; je sais que tel est l'ordre, pas moral, mais naturel des choses. Qu'un prêtre huguenot me fasse lapider par la canaille, qu'un conseil ou qu'un parlement me décrète, qu'un sénat m'outrage de gaieté de cœur, qu'il me chasse barbarement, au cœur de l'hiver, moi malade, sans ombre de plainte, de justice et de raison, j'en souffre sans doute; mais je ne m'en fâche pas plus que de voir détacher un rocher sur ma tête, au moment que je passe au-dessous de lui. Monsieur, les vices des hommes sont en grande partie l'ouvrage de leur situation; l'injustice marche avec le pouvoir. Nous qui sommes victimes et persécutés, si nous étions à la place de ceux qui nous poursuivent, nous serions peut-être tyrans et persécuteurs comme eux. Cette réflexion, si humiliante pour l'humanité, n'ôte pas le poids des disgrâces, mais elle en ôte l'indignation qui les rend accablantes. On supporte son sort avec plus de patience quand on le sent attaché à notre constitution.

Je ne puis qu'applaudir, monsieur, à l'article qui termine votre lettre. Il est convenable que vous soyez aussi content de votre religion que je le suis de la mienne, et que nous restions chacun dans la nôtre en sincérité de cœur. La vôtre est fondée sur la soumission, et vous vous soumettez. La mienne est fondée sur la discussion, et je raisonne. Tout cela est fort bien pour gens qui ne veulent être ni prosélytes ni missionnaires, comme je pense que nous ne voulons l'être, ni vous ni moi. Si mon principe me paroît le plus vrai, le vôtre me paroît le plus commode; et un grand avantage que vous avez est que votre clergé s'y tient bien, au lieu que le nôtre, composé de petits barbouillons, à qui l'arrogance a tourné la tête, ne sait ni ce qu'il veut ni ce qu'il dit, et n'ôte l'infaillibilité à l'Église qu'afin de l'usurper chacun pour soi. Monsieur, j'ai éprouvé, comme vous, des tracasseries d'ambassadeurs : que Dieu vous préserve de celles des prêtres! Je finis par ce vœu salutaire, en vous saluant très-humblement, monsieur, et de tout mon cœur.

LETTRE DCLXXV.

A M. D'IVERNOIS.

Wootton, le 31 mars 1766.

Je vous écrivis avant-hier, mon ami, et je reçus le même soir votre lettre du 15. Elle avoit été ouverte et recachetée. Elle me vint par M. Hume, très-lié avec le fils de Tronchin le jongleur, et demeurant dans la même maison; très-lié encore à Paris avec mes plus dangereux ennemis, et auquel, s'il n'est pas un fourbe, j'aurai intérieurement bien des réparations à faire. Je lui dois de la reconnoissance pour tous les soins qu'il a pris de moi dans un pays dont j'ignore la langue. Il s'occupe beaucoup de mes petits intérêts, mais ma réputation n'y gagne pas, et je ne sais comment il arrive que les papiers publics, qui parloient beaucoup de moi, et toujours avec honneur, avant notre arrivée, depuis qu'il est à Londres, n'en parlent plus, ou n'en parlent que désavantageusement. Toutes mes affaires, toutes mes lettres passent par ses mains : celles que j'écris n'arrivent point; celles que je reçois ont été ouvertes. Plusieurs autres faits me rendent tout suspect de sa part, jusqu'à son zèle. Je ne puis voir encore quelles sont ses intentions, mais je ne puis m'empêcher de les croire sinistres; et je suis fort trompé si toutes nos lettres ne sont éventées par les jongleurs, qui tâcheront infailliblement d'en tirer parti contre nous. En attendant que je sache mieux sur quoi compter, voyez de cacheter plus soigneusement vos lettres, et je verrai de mon côté de m'ouvrir avec vos correspondants une communication directe, sans passer par ce dangereux entrepôt.

Puisqu'un associé vous étoit nécessaire, je crois

que vous avez bien fait de choisir M. Deluc. Il joint
la probité avec les lumières et l'activité dans le
travail : trouvant tout cela dans votre association,
et l'y portant vous-même, il y aura bien du malheur si vous n'avez pas lieu tous deux d'en être
contents. J'y gagnerai beaucoup moi-même si elle
vous procure du loisir pour me venir voir. J'imagine que, si vous préveniez de ce dessein M. du
Peyrou, il ne seroit pas impossible que vous fissiez le voyage ensemble, en l'avançant ou retardant selon qu'il conviendroit à tous deux. J'ai
grand besoin d'épancher mon cœur, et de consulter de vrais amis sur ma situation. Je croyois être
à la fin de mes malheurs, et ils ne font que de
commencer. Livré sans ressource à de faux amis,
j'ai grand besoin d'en trouver de vrais qui me
consolent et qui me conseillent. Lorsque vous voudrez partir, avertissez-m'en d'avance, et mandez-moi si vous passerez par Paris; j'ai des commissions pour ce pays-là que des amis seuls peuvent
faire. Je ne saurois, quant à présent, vous envoyer de procuration, n'ayant point ici aux environs de notaire, surtout qui parle françois, et
étant bien éloigné de savoir assez d'anglois pour
dire des choses aussi compliquées. Comme l'affaire ne presse pas, elle s'arrangera entre nous
lors de votre voyage. En attendant, veillez à vos
affaires particulières et publiques. Songez bien
plus aux intérêts de l'état qu'aux miens. Que votre

constitution se rétablisse, s'il est possible; oubliez tout autre objet pour ne songer qu'à celui-là; et du reste pourvoyez-vous de tout ce qui peut rendre votre voyage utile autant qu'il peut l'être à tous égards.

Vous m'obligerez de communiquer à M. du Peyrou cette lettre, du moins le commencement. Je suis très en peine pour établir de lui à moi une correspondance prompte et sûre. Je ne connois que vous en qui je me fie, et qui soyez posté pour cela; mais un expédient aussi indiscret ne se propose guère, et ne peut avoir que la nécessité pour excuse. Au reste, nous sommes sûrs les uns des autres; renonçons à de fréquentes lettres que l'éloignement expose à trop de frais et de risques; n'écrivons que quand la nécessité le requiert; examinons bien le cachet avant de l'ouvrir, l'état des lettres, leurs dates, les mains par où elles passent. Si on les intercepte encore, il est impossible qu'avec ces précautions ces abus durent longtemps. Je ne serois pas étonné que celle-ci fût encore ouverte et même supprimée, parce que, la poste étant loin d'ici, il faut nécessairement un intermédiaire entre elle et moi; mais avec le temps je parviendrai à désorienter les curieux; et, quant à présent, ils n'en apprendront pas plus qu'ils n'en savent. Je vous embrasse de tout mon cœur.

LETTRE DCLXXVI.

A MILORD STRAFFORD.

Wootton, 3 avril 1766.

Les témoignages de votre souvenir, milord, et de vos bontés pour moi, me feront toujours autant de plaisir que d'honneur. J'ai regret de n'avoir pu profiter à Chiswick de la dernière promenade que vous y avez faite. J'espère réparer bientôt cette perte en ce pays. Je voudrois être plus jeune et mieux portant, j'irois vous rendre quelquefois mes devoirs en Yorkshire; mais quinze lieues sont beaucoup pour un piéton presque sexagénaire; car, dès que je suis une fois en place, je ne voyage plus pour mon plaisir autrement qu'à pied. Toutefois je ne renonce pas à cette entreprise; et vous pouvez vous attendre à voir quelque jour un pauvre garçon herboriste aller vous demander l'hospitalité. Pour vous, milord, qui avez des chevaux et des équipages, si vous faites quelque pélerinage équestre dans ce canton, et quelque station dans la maison que j'habite, outre l'honneur qu'en recevra le maître du logis, vous ferez une œuvre pie en faveur d'un exilé de la terre ferme, prisonnier, mais bien volontaire, dans le pays de la liberté. Agréez, milord, je vous supplie, mes salutations et mon respect.

LETTRE DCLXXVII.

A MADAME LA COMTESSE DE BOUFFLERS.

A Wootton, le 5 avril 1766.

Vous avez assurément, madame, et vous aurez toute ma vie, le droit de me demander compte de moi. J'attendois, pour remplir un devoir qui m'est si cher, qu'arrivé dans un lieu de repos j'eusse un moment à donner à mes plaisirs. Grâce aux soins de M. Hume, ce moment est enfin venu, et je me hâte d'en profiter. J'ai cependant peu de choses à vous dire sur les détails que vous me demandez. Vivant dans un pays dont j'ignore la langue, et toujours sous la conduite d'autrui, je n'ai guère qu'à suivre les directions qu'on me donne. D'ailleurs, loin du monde et de la capitale, ignorant tout ce qu'on y dit, et ne désirant pas l'apprendre, je sais ce qu'on veut me dire et rien de plus. Peu de gens sont moins instruits que moi de ce qui me regarde.

Les petits évènements de mon voyage ne méritent pas, madame, de vous en occuper. Durant la traversée de Calais à Douvres, qui se fit de nuit et dura douze heures, je fus moins malade que M. Hume; mais je fus mouillé et gelé, et j'ai plutôt senti la mer que je ne l'ai vue. J'ai été accueilli à

Londres, j'ai eu beaucoup de visites, beaucoup d'offres de service, des habitations à choisir. J'en ai enfin choisi une dans cette province : je suis dans la maison d'un galant homme dont M. Hume m'a dit beaucoup de bien qui n'a été démenti par personne. Il a paru vouloir me mettre à mon aise : j'ignore encore ce qu'il en sera, mais ses attentions seules m'empêchent d'oublier que je suis dans la maison d'autrui.

Vous voulez, madame, que je vous parle de la nation anglaise; il faudroit commencer par la connoître, et ce n'est pas l'affaire d'un jour. Trop bien instruit par l'expérience, je ne jugerai jamais légèrement, ni des nations, ni des hommes, même de ceux dont j'aurai à me plaindre ou à me louer. D'ailleurs je ne suis point à portée de connoître les Anglois par eux-mêmes : je les connois par l'hospitalité qu'ils ont exercée envers moi, et qui dément la réputation qu'on leur donne. Il ne m'appartient pas de juger mes hôtes. On m'a trop bien appris cela en France pour que je puisse l'oublier ici.

Je voudrois vous obéir en tout, madame; mais, de grâce, ne me parlez plus de faire des livres, ni même des gens qui en font. Nous avons des livres de morale cent fois plus qu'il n'en faut, et nous n'en valons pas mieux. Vous craignez pour moi le désœuvrement et l'ennui de la retraite : vous vous trompez, madame, je ne suis jamais moins ennuyé ni moins oisif que quand je suis seul. Il me reste, avec les amusements de la botanique, une occupation bien chère et à laquelle j'aime chaque jour davantage à me livrer. J'ai ici un homme qui est de ma connoissance, et que j'ai grande envie de connoître mieux. La société que je vais lier avec lui m'empêchera d'en désirer aucune autre. Je l'estime assez pour ne pas craindre une intimité à laquelle il m'invite; et, comme il est aussi maltraité que moi par les hommes, nous nous consolerons mutuellement de leurs outrages, en lisant dans le cœur de notre ami qu'il ne les a pas mérités.

Vous dites qu'on me reproche des paradoxes. Eh! madame, tant mieux. Soyez sûre qu'on me reprocheroit moins de paradoxes, si l'on pouvoit me reprocher des erreurs. Quand on a prouvé que je pense autrement que le peuple, ne me voilà-t-il pas bien réfuté! Un saint homme de moine, appelé Cachot[1], vient en revanche de faire un gros livre pour prouver qu'il n'y a rien à moi dans les miens, et que je n'ai rien dit que d'après

---

[1] * Ce saint homme s'appeloit Cajot. Son livre est intitulé les *Plagiats de M. J. J. Rousseau de Genève sur l'éducation*, par D. J. C. B. (Dom Joseph Cajot, bénédictin), 1765, 1 vol. in-12. Les autres critiques prétendoient que l'Émile ne contenoit que des nouveautés hardies. Celui-ci dit qu'il ne renferme rien de nouveau. Il appelle Jean-Jacques *un rapetasseur d'écrits, un homme enguenillé des ouvrages d'autrui*, négoce auquel il doit sa frêle renommée.

les autres. Je suis d'avis de laisser, pour toute réponse, aux prises avec sa révérence ceux qui me reprochent, à si grands cris, de vouloir penser seul autrement que tout le monde.

J'ai eu de vous, madame, une seule lettre : aucune nouvelle de madame la maréchale, depuis l'arrivée de mademoiselle Le Vasseur, pas même par M. de La Roche; j'en suis très en peine, à cause de l'état de sa santé. Les communications avec le continent me deviennent plus difficiles de jour en jour. Les lettres que j'écris n'arrivent pas; celles que je reçois ont été ouvertes. Dans un pays où, par l'ignorance de la langue, on est à la discrétion d'autrui, il faut être heureux dans le choix de ceux à qui l'on donne sa confiance, et, à juger par l'expérience, j'aurois tort de compter sur le bonheur. Il en est un cependant dont je suis jaloux et que je ne mériterai jamais de perdre; c'est la continuation des bontés de M. le prince de Conti, qui a daigné m'en donner de si éclatantes marques, de la bienveillance de madame la maréchale, et de la vôtre, dont mon cœur sent si bien le prix. Madame, quelque sort qui m'attende encore, et dans quelque lieu que je vive et que je meure, mes consolations seront bien douces, tant que je ne serai point oublié de vous.

LETTRE DCLXXVIII.

A MILORD ***.

Le 7 avril 1766.

Ce n'est plus de mon chien qu'il s'agit, milord, c'est de moi-même. Vous verrez par la lettre ci-jointe pourquoi je souhaite qu'elle paroisse dans les papiers publics, surtout dans le Saint-James Chronicle, s'il est possible. Cela ne sera pas aisé, selon mon opinion, ceux qui m'entourent de leurs embûches ayant ôté à mes vrais amis et à moi-même tout moyen de faire entendre la voix de la vérité. Cependant il convient que le public apprenne qu'il y a des traîtres secrets qui, sous le masque d'une amitié perfide, travaillent sans relâche à me déshonorer. Une fois averti, si le public veut encore être trompé, qu'il le soit; je n'aurai plus rien à lui dire. J'ai cru, milord, qu'il ne seroit pas au-dessous de vous de m'accorder votre assistance en cette occasion. A notre première entrevue, vous jugerez si je la mérite, et si j'en ai besoin. En attendant, ne dédaignez pas ma confiance; on ne m'a pas appris à la prodiguer; les trahisons que j'éprouve doivent lui donner quelque prix.

LETTRE DCLXXIX.

A L'AUTEUR DU SAINT-JAMES CHRONICLE.

Wootton, le 7 avril 1766.

Vous avez manqué, monsieur, au respect que tout particulier doit aux têtes couronnées, en attribuant publiquement au roi de Prusse une lettre pleine d'extravagance et de méchanceté, dont par cela seul vous deviez savoir qu'il ne pouvoit être l'auteur. Vous avez même osé transcrire sa signature comme si vous l'aviez vue écrite de sa main. Je vous apprends, monsieur, que cette lettre a été fabriquée à Paris, et, ce qui navre et déchire mon cœur, que l'imposteur a des complices en Angleterre.

Vous devez au roi de Prusse, à la vérité, à moi, d'imprimer la lettre que je vous écris et que je signe, en réparation d'une faute que vous vous reprocheriez sans doute, si vous saviez de quelles noirceurs vous vous rendez l'instrument. Je vous fais, monsieur, mes sincères salutations.

LETTRE DCLXXX.

A MADAME LA COMTESSE DE BOUFFLERS.

Wootton, le 9 avril 1766.

C'est à regret, madame, que je vais affliger votre bon cœur; mais il faut absolument que vous connoissiez ce David Hume, à qui vous m'avez livré, comptant me procurer un sort tranquille. Depuis notre arrivée en Angleterre, où je ne connois personne que lui, quelqu'un qui est très au fait, et fait toutes mes affaires, travaille en secret, mais sans relâche, à m'y déshonorer, et réussit avec un succès qui m'étonne. Tout ce qui vient de m'arriver en Suisse a été déguisé; mon dernier voyage de Paris et l'accueil que j'y ai reçu ont été falsifiés. On a fait entendre que j'étois généralement méprisé et décrié en France pour ma mauvaise conduite, et que c'est pour cela principalement que je n'osois m'y montrer. On a mis dans les papiers publics que, sans la protection de M. Hume, je n'aurois osé dernièrement traverser la France pour m'embarquer à Calais, mais qu'il m'avoit obtenu le passeport dont je m'étois servi. On a traduit et imprimé comme authentique la fausse lettre du roi de Prusse, fabriquée par d'Alembert, et répandue à Paris par leur ami commun Walpole. On a pris à tâche de me présenter à Londres avec mademoiselle Le Vasseur dans tous les jours qui pouvoient jeter sur moi du ridicule. On a fait supprimer, chez un libraire, une édition et traduction qui s'alloit faire des lettres de M. du Peyrou. Dans moins de six semaines, tous les papiers publics, qui d'abord ne parloient de moi qu'avec honneur, ont changé de langage, et n'en ont plus parlé qu'avec mépris.

La cour et le public ont de même rapidement changé sur mon compte ; et les gens surtout avec qui M. Hume a le plus de liaisons sont ceux qui se distinguent par le mépris le plus marqué, affectant, pour l'amour de lui, de vouloir me faire la charité plutôt qu'honnêteté, sans le moindre témoignage d'affection ni d'estime, et comme persuadés qu'il n'y a que des services d'argent qui soient à l'usage d'un homme comme moi. Durant le voyage, il m'avoit parlé du jongleur Tronchin comme d'un homme qui avoit fait près de lui des avances traîtresses, et dont il étoit fondé à se défier : il se trouve cependant qu'il loge à Londres avec le fils dudit jongleur, vit avec lui dans la plus grande intimité, et vient de le placer auprès de M. Michel, ministre à Berlin, où ce jeune homme va, sans doute, chargé d'instructions qui me regardent. J'ai eu le malheur de loger deux jours chez M. Hume, dans cette même maison, venant de la campagne à Londres. Je ne puis vous exprimer à quel point la haine et le dédain se sont manifestés contre moi dans les hôtesses et les servantes, et de quel accueil infâme on y a régalé mademoiselle Le Vasseur. Enfin je suis presque assuré de reconnoître, au ton haineux et méprisant, tous les gens avec qui M. Hume vient d'avoir des conférences; et je l'ai vu cent fois, même en ma présence, tenir indirectement les propos qui pouvoient le plus indisposer contre moi ceux à qui il parloit. Deviner quel est son but c'est ce qui m'est difficile, d'autant plus qu'étant à sa discrétion et dans un pays dont j'ignore la langue, toutes mes lettres ont passé jusqu'ici par ses mains; qu'il a toujours été très-avide de les voir et de les avoir; que de celles que j'ai écrites, peu sont parvenues; que presque toutes celles que j'ai reçues avoient été ouvertes; et celles d'où j'aurois pu tirer quelque éclaircissement, probablement supprimées. Je ne dois pas oublier deux petites remarques : l'une, que le premier soir depuis notre départ de Paris, étant couchés tous trois dans la même chambre, j'entendis au milieu de la nuit David Hume s'écrier plusieurs fois à pleine voix : *Je tiens J. J. Rousseau!* ce que je ne pus alors interpréter que favorablement; cependant il y avoit dans le ton je ne sais quoi d'effrayant et de sinistre que je n'oublierai jamais. La seconde remarque vient d'une espèce d'épanchement que j'eus avec lui après une autre occasion de lettre que je vais vous dire. J'avois écrit le soir sur sa table à madame de Chenonceaux. Il étoit très-inquiet de savoir ce que j'écrivois, et ne pouvoit presque s'abstenir d'y lire. Je ferme ma lettre sans la lui montrer : il la demande avidement, disant qu'il l'enverra le lendemain par la poste; il faut bien la donner; elle reste sur sa table. Lord Newnham arrive; David sort un moment, je ne sais pourquoi. Je reprends ma lettre en disant que j'aurai le temps de l'envoyer le lendemain : milord Newnham s'offre de l'envoyer par le paquet de l'ambassadeur de France; j'accepte. David rentre; tandis que lord Newnham fait son enveloppe, il tire son cachet; David offre le sien avec tant d'empressement qu'il faut s'en servir par préférence. On sonne, lord Newnham donne la lettre au domestique pour l'envoyer sur-le-champ chez l'ambassadeur. Je me dis en moi-même : Je suis sûr que David va suivre le domestique. Il n'y manqua pas, et je parierois tout au monde que ma lettre n'a pas été rendue, ou qu'elle avoit été décachetée.

A souper, il fixoit alternativement sur mademoiselle Le Vasseur et sur moi des regards qui m'effrayèrent et qu'un honnête homme n'est guère assez malheureux pour avoir reçus de la nature. Quand elle fut montée pour s'aller coucher dans le chenil qu'on lui avoit destiné, nous restâmes quelque temps sans rien dire : il me fixa de nouveau du même air; je voulus essayer de le fixer à mon tour, il me fut impossible de soutenir son affreux regard. Je sentis mon ame se troubler, j'étois dans une émotion horrible. Enfin le remords de mal juger d'un si grand homme sur des apparences prévalut ; je me précipitai dans ses bras tout en larmes, en m'écriant : Non, David Hume n'est pas un traître, cela n'est pas possible ; et, s'il n'étoit pas le meilleur des hommes, il faudroit qu'il en fût le plus noir. A cela mon homme, au lieu de s'attendrir avec moi, ou de se mettre en colère, au lieu de me demander des explications, reste tranquille, répond à mes transports par quelques caresses froides, en me frappant de petits coups sur le dos, et s'écriant plusieurs fois : Mon cher monsieur ! Quoi donc, mon cher monsieur ? J'avoue que cette manière de recevoir mon épanchement me frappa plus que tout le reste. Je partis le lendemain pour cette province, où j'ai rassemblé de nouveaux faits, réfléchi, combiné et conclu, en attendant que je meure.

J'ai toutes mes facultés dans un bouleversement qui ne me permet pas de vous parler d'autre chose. Madame, ne vous rebutez pas par mes misères, et daignez m'aimer encore, quoique le plus malheureux des hommes.

J'ai vu le docteur Gatti en grande liaison avec notre homme : et deux seules entrevues m'ont appris certainement que, quoi que vous en puissiez dire, le docteur Gatti ne m'aime pas. Je dois vous avertir aussi que la boîte que vous m'avez envoyée par lui avoit été ouverte, et qu'on y avoit mis un autre cachet que le vôtre. Il y a presque de quoi rire à penser combien mes curieux ont été punis.

LETTRE DCLXXXI.

A MM. BECKET ET DE HONDT,

LIBRAIRES A LONDRES.

Wootton, le 9 avril 1766.

J'étois surpris, messieurs, de ne point voir paroître la traduction et l'impression des lettres de M. du Peyrou, que je vous ai remises et dont vous me paroissiez si empressés : mais en lisant dans les papiers publics une prétendue lettre du roi de Prusse à moi adressée, j'ai d'abord compris pourquoi celles de M. du Peyrou ne paroissoient point. A la bonne heure, messieurs, puisque le public veut être trompé, qu'on le trompe ; j'y prends quant à moi fort peu d'intérêt, et j'espère que les noires vapeurs qu'on y excite à Londres ne troubleront pas la sérénité de l'air que je respire ici. Mais il me paroît que, ne faisant aucun usage de cet exemplaire, vous auriez dû songer à me le rendre avant que je vous en fisse souvenir. Ayez la bonté, messieurs, je vous prie, de faire remettre cet exemplaire à mon adresse, chez M. Davenport, demeurant près du lord Égremont, en Piccadilly. Je vous fais, messieurs, mes très-humbles salutations [1].

LETTRE DCLXXXII.

A M. F. H. ROUSSEAU.

Wootton, le 10 avril 1766.

Je me reprocherois, mon cher cousin, de tarder plus long-temps à vous remercier des visites et amitiés que vous m'avez faites pendant mon séjour à Londres et au voisinage. Je n'ai point oublié vos offres obligeantes, et je m'en prévaudrai dans l'occasion avec confiance, sûr de trouver toujours en vous un bon parent, comme vous le trouverez toujours en moi. Je n'ai pas oublié non plus que j'avois compté parler de vos vues à un certain homme au sujet du voyage d'Italie. Sur la conduite extraordinaire et peu nette de cet homme, il m'est d'abord venu des soupçons et ensuite des lumières

---

[1] * Les lettres dont il s'agit ont été imprimées en françois, et publiées à Londres chez les mêmes libraires, in-12, 1766. — Des circonstances tout-à-fait indépendantes de la volonté de ces libraires en avoient retardé l'impression.

qui m'ont empêché de lui parler, et qui, je crois, vous en empêcheront de même, quand vous saurez que cet homme, à l'abri d'une amitié traîtresse, a formé avec deux ou trois complices l'honnête projet de déshonorer votre parent; qu'il est en train d'exécuter ce projet, si on le laisse faire. Ce qui me frappe le plus en cette occasion, c'est la légèreté, et, j'ose dire, l'étourderie avec laquelle les Anglois, sur la foi de deux ou trois fourbes dont la conduite double et traîtresse devroit les saisir d'horreur, jugent du caractère et des mœurs d'un étranger qu'ils ne connoissent point, et qu'ils savent être estimé, honoré, et respecté dans les lieux où il a passé sa vie. Voilà ce singulier abrégé de mon histoire, où l'on me donne entre autres pour fils d'un musicien, courant Londres comme une pièce authentique. Voilà qu'on imprime effrontément dans leurs feuilles que M. Hume a été mon protecteur en France, et que c'est lui qui m'a obtenu le passeport avec lequel j'ai passé dernièrement à Paris. Voilà cette prétendue lettre du roi de Prusse imprimée dans leurs feuilles, et les voilà, eux, ne doutant pas que cette lettre, chef-d'œuvre de galimatias et d'impertinence, n'ait réellement été écrite par ce prince, sans que pas un seul s'avise de penser qu'il seroit pourtant bon de m'entendre et de savoir ce que j'ai à dire à tout cela. En vérité, de si mauvais juges de la réputation ne méritent pas qu'un homme sensé se mette fort en peine de celle qu'il peut avoir parmi eux : ainsi je les laisse dire, en attendant que le moment vienne de les faire rougir. Quoi qu'il en soit, s'il y a des lâches et des traîtres dans ce pays, il y a aussi des gens d'honneur et d'une probité sûre auxquels un honnête homme peut sans honte avoir obligation. C'est à eux que je veux parler de vous si l'occasion s'en présente, et vous pouvez compter que je ne la laisserai pas échapper. Adieu, mon cher cousin, portez-vous bien et soyez toujours gai. Pour moi, je n'ai pas trop de quoi l'être; mais j'espère que les noires vapeurs de Londres ne troubleront pas la sérénité de l'air que je respire ici. Je vous embrasse de tout mon cœur.

LETTRE DCXXXIII.

A LORD***.

Wootton, le 19 avril 1766.

Je ne saurois, milord, attendre votre retour à Londres pour vous faire les remerciements que je vous dois. Vos bontés m'ont convaincu que j'avois eu raison de compter sur votre générosité. Pour excuser l'indiscrétion qui m'y a fait recourir, il suffit de jeter un coup d'œil sur ma situation. Trompé par des traîtres qui, ne pouvant me déshonorer dans les lieux où j'avois vécu, m'on entraîné dans un pays où je suis méconnu et dont j'ignore la langue, afin d'y exécuter plus aisément leur abominable projet, je me trouve jeté dans cette île après des malheurs sans exemple. Seul, sans appui, sans amis, sans défense, abandonné à la témérité des jugements public, et aux effets qui en sont la suite ordinaire, surtout chez un peuple qui naturellement n'aime pas les étrangers, j'avois le plus grand besoin d'un protecteur qui ne dédaignât pas ma confiance; et où pouvois-je mieux le chercher que parmi cette illustre noblesse à laquelle je me plaisois à rendre honneur, avant de penser qu'un jour j'aurois besoin d'elle pour m'aider à défendre le mien?

Vous me dites, milord, qu'après s'être un peu amusé, votre public rend ordinairement justice; mais c'est un amusement bien cruel, ce me semble, que celui qu'on prend aux dépens des infortunés, et ce n'est pas assez de finir par rendre justice quand on commence par en manquer. J'apportois au sein de votre nation deux grands droits qu'elle eût dû respecter davantage : le droit sacré de l'hospitalité, et celui des égards que l'on doit aux malheureux : j'y apportois l'estime universelle et le respect même de mes ennemis. Pourquoi m'at-on dépouillé chez vous de tout cela? Qu'ai-je fait pour mériter un traitement si cruel? En quoi me suis-je mal conduit à Londres, où l'on me traitoit si favorablement avant que j'y fusse arrivé? Quoi! milord, des diffamations secrètes, qui ne devroient produire qu'une juste horreur pour les fourbes qui les répandent, suffiroient pour détruire l'effet de cinquante ans d'honneur et de mœurs honnêtes! Non, les pays où je suis connu ne me jugeront point d'après votre public mal instruit; l'Europe entière continuera de me rendre la justice qu'on me refuse en Angleterre; et l'éclatant accueil que, malgré le décret, je viens de recevoir à Paris à mon passage, prouvé que, partout où ma conduite est connue, elle m'attire l'honneur qui m'est dû. Cependant si le public françois eût été aussi prompt à mal juger que le vôtre, il en eût eu le même sujet. L'année dernière on fit courir à Genève un libelle affreux sur ma conduite à Paris. Pour toute réponse, je fis imprimer ce libelle à Paris même. Il y fut reçu comme il méritoit de l'être, et il semble que tout ce que les deux sexes ont d'illustre et de vertueux dans cette capitale ait voulu me venger par les plus grandes marques d'estime des outrages de mes vils ennemis.

Vous direz, milord, qu'on me connoît à Paris et qu'on ne me connoît pas à Londres : voilà précisément de quoi je me plains. On n'ôte point à un homme d'honneur, sans le connoître et sans l'entendre, l'estime publique dont il jouit. Si jamais je vis en Angleterre aussi long-temps que j'ai vécu en France, il faudra bien qu'enfin votre public me rende son estime; mais quel gré lui en saurai-je lorsque je l'y aurai forcé?

Pardonnez, milord, cette longue lettre : me pardonneriez-vous mieux d'être indifférent à ma réputation dans votre pays? Les Anglois valent bien qu'on soit fâché de les voir injustes, et qu'afin qu'ils cessent de l'être on leur fasse sentir combien ils le sont. Milord, les malheureux sont malheureux partout. En France, on les décrète; en Suisse, on les lapide; en Angleterre on les déshonore : c'est leur vendre cher l'hospitalité.

LETTRE DCLXXXIV.

A M......

Avril 1766.

J'apprends, monsieur, avec quelque surprise, de quelle manière on me traite à Londres dans un public plus léger que je n'aurois cru. Il me semble qu'il vaudroit beaucoup mieux refuser aux infortunés tout asile que de les accueillir pour les insulter, et je vous avoue que l'hospitalité vendue au prix du déshonneur me paroît trop chère. Je trouve aussi que pour juger un homme qu'on ne connoît point, il faudroit s'en rapporter à ceux qui le connoissent; et il me paroît bizarre qu'emportant de tous les pays où j'ai vécu l'estime et la considération des honnêtes gens et du public, l'Angleterre, où j'arrive, soit le seul où on me la refuse. C'est en même temps ce qui me console : l'accueil que je viens de recevoir à Paris, où j'ai passé ma vie, me dédommage de tout ce qu'on dit à Londres. Comme les Anglois, un peu légers à juger, ne sont pourtant pas injustes, si jamais je vis en Angleterre aussi long-temps qu'en France, j'espère à la fin n'y être pas moins estimé. Je sais que tout ce qui se passe à mon égard n'est point naturel, qu'une nation tout entière ne change pas immédiatement du blanc au noir sans cause, et que cette cause secrète est d'autant plus dangereuse qu'on s'en défie moins : c'est cela même qui devroit ouvrir les yeux du public sur ceux qui le mènent; mais ils se cachent avec trop d'adresse pour qu'il s'avise de les chercher où ils sont. Un jour il en saura davantage, et il rougira de sa légèreté. Pour vous, monsieur, vous avez trop de sens et vous êtes trop équitable pour être compté parmi ces juges plus sévères que judicieux. Vous m'avez honoré de votre estime, je ne mériterai jamais de la perdre; et comme vous avez toute la mienne, j'y joins la confiance que vous méritez.

LETTRE DCLXXXV.

A MADAME DE LUZE.

Wootton, le 10 mai 1766.

Suis-je assez heureux, madame, pour que vous pensiez quelquefois à mes torts, et pour que vous me sachiez mauvais gré d'un si long silence? J'en serois trop puni si vous n'y étiez pas sensible. Dans le tumulte d'une vie orageuse, combien j'ai regretté les douces heures que je passois près de vous! combien de fois les premiers moments du repos après lequel je soupirois ont été consacrés d'avance au plaisir de vous écrire! J'ai maintenant celui de remplir cet engagement, et les agréments du lieu que j'habite m'invitent à m'y occuper de vous, madame, et de M. de Luze, qui m'en a fait trouver beaucoup à y venir. Quoique je n'aie point directement de ses nouvelles, j'ai su qu'il étoit arrivé à Paris en bonne santé; et j'espère qu'au moment où j'écris cette lettre il est heureusement de retour près de vous. Quelque intérêt que je prenne à ses avantages, je ne puis m'empêcher de lui envier celui-là, et je vous jure, madame, que cette paisible retraite perd pour moi beaucoup de son prix, quand je songe qu'elle est à trois cents lieues de vous. Je voudrois vous la décrire avec tous ses charmes, afin de vous tenter, je n'ose dire de m'y venir voir, mais de la venir voir; et moi j'en profiterois.

Figurez-vous, madame, une maison seule, non fort grande, mais fort propre, bâtie à mi-côte sur le penchant d'un vallon, dont la pente est assez interrompue pour laisser des promenades de plain-pied sur la plus belle pelouse de l'univers. Au-devant de la maison règne une grande terrasse, d'où l'œil suit dans une demi-circonférence quelques lieues d'un paysage formé de prairies, d'arbres, de fermes éparses, de maisons plus ornées, et bordé en forme de bassin par des coteaux élevés qui bornent agréablement la vue quand elle ne pourroit aller au-delà. Au fond du vallon, qui sert à la fois de garenne et de pâturage, on entend murmurer un ruisseau qui, d'une montagne voisine, vient couler parallèlement à la maison, et dont les petits détours, les cascades, sont dans une telle direction, que des fenêtres et de la terrasse l'œil peut assez long-temps suivre son cours. Le vallon est garni, par places, de rochers et d'arbres où l'on trouve des réduits délicieux, et qui ne laissent pas de s'éloigner assez de temps en temps du ruisseau pour offrir sur ses bords des promenades commodes, à l'abri des vents et même de la pluie; en sorte que par le plus vilain temps du monde je vais tranquillement herboriser sous les roches avec les moutons et les lapins; mais, hélas! madame, je n'y trouve point de *scordium!*

Au bout de la terrasse à gauche sont des bâtiments rustiques et le potager; à droite sont des bosquets et un jet d'eau. Derrière la maison est un pré entouré d'une lisière de bois, laquelle, tournant au-delà du vallon, couronne le parc, si l'on peut donner ce nom à une enceinte à laquelle on a laissé toutes les beautés de la nature. Ce pré mène, à travers un petit village qui dépend de la maison, à une montagne qui en est à une demi-lieue, et dans laquelle sont diverses mines de plomb que l'on exploite. Ajoutez qu'aux environs on a le choix des promenades, soit dans des prairies charmantes, soit dans des bois, soit dans des jardins à l'anglaise, moins peignés, mais de meilleur goût que ceux des François.

La maison, quoique petite, est très-logeable et bien distribuée. Il y a dans le milieu de la façade un avant-corps à l'anglaise, par lequel la chambre du maître de la maison, et la mienne, qui est au-dessus, ont une vue de trois côtés. Son appartement est composé de plusieurs pièces sur le devant, et d'un grand salon sur le derrière : le mien est distribué de même, excepté que je n'occupe que deux chambres, entre lesquelles et le salon est une espèce de vestibule ou d'antichambre fort singulière, éclairée par une large lanterne de vitrage au milieu du toit.

Avec cela, madame, je dois vous dire qu'on fait

ici bonne chère à la mode du pays, c'est-à-dire simple et saine, précisément comme il me la faut. Le pays est humide et froid; ainsi les légumes ont peu de goût, le gibier aucun; mais la viande y est excellente, le laitage abondant et bon. Le maître de cette maison la trouve trop sauvage et s'y tient peu. Il en a de plus riantes qu'il lui préfère, et auxquelles je la préfère, moi, par la même raison. J'y suis non seulement le maître, mais mon maître; ce qui est bien plus. Point de grand village aux environs: la ville la plus voisine en est à deux lieues; par conséquent peu de voisins désœuvrés. Sans le ministre, qui m'a pris dans une affection singulière, je serois ici dix mois de l'année absolument seul.

Que pensez-vous de mon habitation, madame? la trouvez-vous assez bien choisie, et ne croyez-vous pas que pour en préférer une autre il faille être ou bien sage ou bien fou? Hé bien, madame, il s'en prépare une peu loin de Biez, plus près du Tertre, que je regretterai sans cesse, et où, malgré l'envie, mon cœur habitera toujours. Je ne la regretterois pas moins quand celle-ci m'offriroit tous les autres biens possibles, excepté celui de vivre avec ses amis. Mais au reste, après vous avoir peint le beau côté, je ne veux pas vous dissimuler qu'il y en a d'autres, et que, comme dans toutes les choses de la vie, les avantages y sont mêlés d'inconvénients. Ceux du climat sont grands, il est tardif et froid; le pays est beau, mais triste; la nature y est engourdie et paresseuse; à peine avons-nous déja des violettes, les arbres n'ont encore aucunes feuilles; jamais on n'y entend de rossignols; tous les signes du printemps disparoissent devant moi. Mais ne gâtons pas le tableau vrai que je viens de faire; il est pris dans le point de vue où je veux vous montrer ma demeure, afin que vos idées s'y promènent avec plaisir. Ce n'est qu'auprès de vous, madame, que je pouvois trouver une société préférable à la solitude. Pour la former dans cette province, il y faudroit transporter votre famille entière, une partie de Neuchâtel, et presque tout Yverdun. Encore après cela, comme l'homme est insatiable, me faudroit-il vos bois, vos monts, vos vignes, enfin tout jusqu'au lac et ses poissons. Bonjour, madame; milles tendres salutations à M. de Luze. Parlez quelquefois avec madame de Froment et madame de Sandoz de ce pauvre exilé. Pourvu qu'il ne le soit jamais de vos cœurs, tout autre exil lui seroit supportable.

LETTRE DCLXXXVI.

A M. DE LUZE.

Wootton, le 10 mai 1766.

Quoique ma longue lettre à madame de Luze soit, monsieur, à votre intention comme à la sienne, je ne puis m'empêcher d'y joindre un mot pour vous remercier et des soins que vous avez bien voulu prendre pour réparer la banqueroute que j'avois faite à Strasbourg sans en rien savoir, et de votre obligeante lettre du 10 avril. J'ai senti, à l'extrême plaisir que m'a fait sa lecture, combien je vous suis attaché et combien tous vos bons procédés pour moi ont jeté de ressentiment dans mon ame. Comptez, monsieur, que je vous aimerai toute ma vie, et qu'un des regrets qui me suivent en Angleterre est d'y vivre éloigné de vous. J'ai formé dans votre pays des attachements qui me le rendront toujours cher, et le désir de m'y revoir un jour, que vous voulez bien me témoigner, n'est pas moins dans mon cœur que dans le vôtre : mais comment espérer qu'il s'accomplisse ? Si j'avois fait quelque faute qui m'eût attiré la haine de vos compatriotes, si je m'étois mal conduit en quelque chose, si j'avois quelque tort à me reprocher, j'espérerois, en le réparant, parvenir à le leur faire oublier et à obtenir leur bienveillance; mais qu'ai-je fait pour la perdre? en quoi me suis-je mal conduit? à qui ai-je manqué dans la moindre chose? à qui ai-je pu rendre service que je ne l'aie pas fait? Et vous voyez comme ils m'ont traité. Mettez-vous à ma place, et dites-moi s'il est possible de vivre parmi des gens qui veulent assommer un homme sans grief, sans motif, sans plainte contre sa personne, et uniquement parce qu'il est malheureux. Je sens qu'il seroit à désirer, pour l'honneur de ces messieurs, que je retournasse finir mes jours au milieu d'eux : je sens que je le désirerois moi-même; mais je sens aussi que ce seroit une haute folie à laquelle la prudence ne me permet pas de songer. Ce qui me reste à espérer en tout ceci est de conserver les amis que j'ai eu le bonheur d'y faire, et d'être toujours aimé d'eux quoique absent. Si quelque chose pouvoit me dédommager de leur commerce, ce seroit celui du galant homme dont j'habite la maison, et qui n'épargne rien pour m'en rendre le séjour agréable ; tous les gentilshommes des environs, tous les ministres des paroisses voisines ont la bonté de me marquer des empressements qui me touchent, en ce qu'ils me montrent la disposition générale du pays : le peuple même, malgré mon équipage, oublie en ma faveur sa dureté ordinaire envers les étrangers. Madame de Luze vous dira comment est le pays; enfin j'y trouverois de quoi n'en regretter aucun autre, si j'étois plus près du soleil et de mes amis. Bonjour, monsieur ; je vous embrasse de tout mon cœur.

LETTRE DCLXXXVII.

A M. DU PEYROU.

A Wootton, le 10 mai 1766.

Hier, mon cher hôte, j'ai reçu, par M. Davenport, vos n°s 20, 21, 22 et 23, par lesquels je vois avec inquiétude que vous n'aviez point encore reçu mon n° 1 que je vous ai écrit d'ici, et où je vous priois de ne m'envoyer que mes livres de botanique, avec mon calepin, et d'attendre pour le reste à l'année prochaine; prière que je vous confirme avec instance, s'il en est encore temps. Je suis surtout très-fâché que vous m'envoyiez aussi des papiers que je ne vous ai point demandés, et sur lesquels j'étois tranquille, les sachant entre vos mains, au lieu qu'ils vont courir des hasards que vous ne pouvez prévoir, ne sachant pas comme moi tout ce qui se passe à Londres. Retirez-les, je vous en conjure, s'il est encore temps, et, pour Dieu, ne m'en envoyez plus désormais que je ne vous les demande. Ce n'étoit pas pour rien que j'avois numéroté les liasses que je vous laissois.

Ceux que vous avez envoyés à madame de Faugnes sont en route, et je compte les recevoir au premier jour. C'est un grand bonheur qu'ils n'aient pas été confiés à M. Walpole, que je regarde comme l'agent secret de trois ou quatre honnêtes gens de par le monde qui ont formé entre eux un complot auquel je ne comprends rien, mais dont je vois et sens l'exécution successive de jour en jour. La prétendue lettre du roi de Prusse est certainement de d'Alembert [1]; en y jetant les yeux, j'ai reconnu son style, comme si je la lui avois vu écrire : elle a été publiée, traduite dans les papiers, de même qu'une autre pièce du même auteur sur le même sujet. On a aussi imprimé et traduit une lettre de M. de Voltaire à moi adressée, auprès de laquelle le libelle de Vernes n'est que du miel. Mais cessons de parler de ces matières attristantes, et qui ne m'affligeroient pourtant guère, si mon cœur n'eût été navré par de plus sensibles coups. Mon cher hôte, je sens bien le prix d'un ami fidèle, et que ma confiance en vous redouble de charmes, par la difficulté de la placer aussi bien nulle part.

Je suis très en peine pour établir notre correspondance d'une manière stable et sûre ; car la résolution où je suis de rompre tout autre commerce de lettres ne me rend le vôtre que plus nécessaire.

[1] * Elle étoit de monsieur Walpole, mais corrigée par plusieurs hommes de lettres.

Ah! cher ami, que ne vous ai-je cru, et que n'ai-je resté à portée de passer mes jours auprès de vous? Je sens vivement la perte que j'ai faite, et je ne m'en consolerai jamais. Je suis en peine de plusieurs lettres que j'ai fait passer par MM. Lucadou et Drake, et dont je ne reçois aucune réponse. J'espère cependant qu'ils n'ont pas des commis négligents; il faut prendre patience, et continuer. M. Lucadou est un honnête homme, et ami de mes amis; je ne crains pas qu'il abuse de ma confiance, mais je crains de lui être importun.

Mon intention est bien de parler à milord Maréchal de M. d'Escherny, et de faire usage de sa petite note; mais ce n'est pas en ce moment de commotion que cela peut se faire. S'il est pressé, il faut, malgré moi, que je laisse à d'autres le plaisir de le servir. J'ai pour milord Maréchal le même embarras que pour vous de m'ouvrir une correspondance sûre; je me suis adressé à M. Rougemont, je n'en ai aucune réponse; j'ignore s'il a fait passer ma lettre, et s'il veut bien continuer.

Quant à ce qui regarde ma subsistance, nous prendrons là-dessus les moyens que vous jugerez à propos; et puisque vous pensez que je puis fournir de six mois en six mois des assignations sur vos banquiers de Paris, je le ferai; mais, de grâce, envoyez-moi le modèle de ces assignations; car je ne vois pas bien, je vous l'avoue, en quels termes elles doivent être conçues sur des banquiers que je ne connois pas, et qui ne me doivent rien.

Je finis à la hâte, en vous saluant de tout mon cœur. Mille respects à la chère et bonne maman.

LETTRE DCLXXXVIII.

A MADAME DE CRÉQUI.

Mai 1766.

Bien loin de vous oublier, madame, je fais un de mes plaisirs dans cette retraite de me rappeler les heureux temps de ma vie. Ils ont été rares et courts; mais leur souvenir les multiplie : c'est le passé qui me rend le présent supportable, et j'ai trop besoin de vous pour vous oublier. Je ne vous écrirai pas pourtant, madame, et je renonce à tout commerce de lettres, hors les cas d'absolue nécessité. Il est temps de chercher le repos, et je sens que je n'en puis avoir qu'en renonçant à toute correspondance hors du lieu que j'habite. Je prends donc mon parti, trop tard, sans doute, mais assez tôt pour jouir des jours tranquilles qu'on voudra bien me laisser. Adieu, madame. L'amitié dont vous m'avez honoré me sera toujours présente et chère; daignez aussi vous en souvenir quelquefois.

LETTRE DCLXXXIX.

A M. DE MALESHERBES.

Wootton, le 10 mai 1766.

Ce n'est pas d'aujourd'hui, monsieur, que j'aime à vous ouvrir mon cœur et que vous le permettez. La confiance que vous m'avez inspirée m'a déjà fait sentir près de vous que l'affliction même a quelquefois ses douceurs ; mais ce prix de l'épanchement me devient bien plus sensible depuis que mes maux, portés à leur comble, ne me laissent plus dans la vie d'autre espoir que des consolations, et depuis qu'à mon dernier voyage à Paris j'ai si bien achevé de vous connoître. Oui, monsieur, avouer un tort, le déclarer, est un effort de justice assez rare ; mais s'accuser au malheureux qu'on a perdu, quoique innocemment, et ne l'en aimer que davantage, est un acte de force qui n'appartenoit qu'à vous. Votre ame honore l'humanité, et la rétablit dans mon estime. Je savois qu'il y avoit encore de l'amitié parmi les hommes ; mais sans vous j'ignorois qu'il y eût de la vertu.

Laissez-moi donc vous décrire mon état une seconde fois en ma vie. Que mon sort a changé depuis mon séjour de Montmorency ! Vous m'avez cru malheureux alors, et vous vous trompiez ; si vous me croyez heureux maintenant, vous vous trompez davantage. Vous allez connoître un genre de malheurs digne de couronner tous les autres, et qu'en vérité je n'aurois pas cru fait pour moi.

Je vivois en Suisse en homme doux et paisible, fuyant le monde, ne me mêlant de rien, ne disputant jamais, ne parlant pas même de mes opinions. On m'en chasse par des persécutions, sans sujet, sans motif, sans prétexte, les plus violentes, les moins méritées qu'il soit possible d'imaginer, et qu'on a la barbarie de me reprocher encore, comme si je me les étois attirées par vanité. Languissant, malade, affligé, je m'acheminois, à l'entrée de l'hiver, vers Berlin. A Strasbourg, je reçois de M. Hume les invitations les plus tendres de me livrer à sa conduite, et de le suivre en Angleterre, où il se charge de me procurer une retraite agréable et tranquille. J'avois eu déjà le projet de m'y retirer ; milord Maréchal me l'avoit toujours conseillé ; M. le duc d'Aumont avoit, à la prière de madame de Verdelin, demandé et obtenu pour moi un passeport. J'en fais usage ; je pars le cœur plein du bon David, je cours à Paris me jeter entre ses bras. M. le prince de Conti m'honore de l'accueil plus convenable à sa générosité qu'à ma situation, et auquel je me prête par devoir, mais avec répugnance, prévoyant combien mes ennemis m'en feroient payer cher l'éclat.

Ce fut un spectacle bien doux pour moi que

l'augmentation sensible de bienveillance pour M. Hume, que cette bonne œuvre produisit dans tout Paris : il devoit en être touché comme moi ; je doute qu'il le fût de la même manière. Quoi qu'il en soit, voilà de ces compliments à la françoise, que j'aime, et que les autres nations ne savent guère imiter.

Mais ce qui me fit une peine extrême fut de voir que M. le prince de Conti m'accabloit en sa présence de si grandes bontés, qu'elles auroient pu passer pour railleuses si j'eusse été moins à plaindre, ou que le prince eût été moins généreux : toutes les attentions étoient pour moi ; M. Hume étoit oublié en quelque sorte, ou invité à y concourir. Il étoit clair que cette préférence d'humanité dont j'étois l'objet en montroit pour lui une beaucoup plus flatteuse : c'étoit lui dire : *Mon ami Hume, aidez-moi à marquer de la commisération à cet infortuné.* Mais son cœur jaloux fut trop bête pour sentir cette distinction-là.

Nous partons. Il étoit si occupé de moi qu'il en parloit même durant son sommeil : vous saurez ci-après ce qu'il dit à la première couchée. En débarquant à Douvres, transporté de toucher enfin cette terre de liberté, et d'y être amené par cet homme illustre, je lui sautai au cou, je l'embrassai étroitement sans rien dire, mais en couvrant son visage de baisers et de pleurs. Ce n'est pas la seule fois ni la plus remarquable où il ait pu voir en moi les saisissements d'un cœur pénétré. Je ne sais pas trop ce qu'il fait de ces souvenirs, s'ils lui viennent, mais j'ai dans l'esprit qu'il en doit quelquefois être importuné.

Nous sommes fêtés arrivant à Londres; dans les deux chambres, à la cour même, on s'empresse à me marquer de la bienveillance et de l'estime. M. Hume me présente de très-bonne grâce à tout le monde, et il étoit naturel de lui attribuer, comme je faisois, la meilleure partie de ce bon accueil. L'affluence me fait trouver le séjour de la ville incommode : aussitôt les maisons de campagne se présentent en foule, on m'en offre à choisir dans toutes les provinces. M. Hume se charge des propositions; il me les fait, il me conduit même à deux ou trois campagnes voisines; j'hésite long-temps sur le choix; je me détermine enfin pour cette province. Aussitôt M. Hume arrange tout, les embarras s'aplanissent; je pars; j'arrive dans une habitation commode, agréable, et solitaire : le maître prévoit tout, rien ne me manque; je suis tranquille, indépendant. Voilà le moment si désiré où tous mes maux doivent finir : non, c'est là qu'ils commencent plus cruels que je ne les avois encore éprouvés.

Peut-être n'ignorez-vous pas, monsieur, qu'avant mon arrivée en Angleterre, elle étoit un des pays de l'Europe où j'avois le plus de réputation, j'oserois presque dire de considération; les papiers publics étoient pleins de mes éloges, et il n'y avoit qu'un cri d'indignation contre mes persécuteurs. Ce ton se soutient à mon arrivée; les papiers l'annoncèrent en triomphe; l'Angleterre s'honoroit d'être mon refuge, et elle en glorifioit avec justice ses lois et son gouvernement. Tout à coup, et sans aucune cause assignable, ce ton change, mais si fort et si vite, que dans tous les caprices du public on n'en vit jamais un plus étonnant. Le signal fut donné dans un certain magasin, aussi plein d'inepties que de mensonges, et où l'auteur, bien instruit, me donnoit pour fils de musicien. Dès ce moment tout part avec un accord d'insultes et d'outrages qui tient du prodige; des foules de livres et d'écrits m'attaquent personnellement, sans ménagement, sans discrétion, et nulle feuille n'oseroit paroître si elle ne contenoit quelque malhonnêteté contre moi. Trop accoutumé aux injures du public pour m'en affecter encore, je ne laissois pas d'être surpris de ce changement si brusque, de ce concert si parfaitement unanime, que pas un de ceux qui m'avoient tant loué ne dît un seul mot pour ma défense. Je trouvois bizarre que précisément après le retour de M. Hume, qui a tant d'influence ici sur les gens de lettres et de si grandes liaisons avec eux, sa présence eût produit un effet si contraire à celui que j'en pouvois attendre; que pas un de ses amis ne se fût montré le mien : et l'on voyoit bien que les gens qui me traitoient si mal n'étoient pas ses ennemis, puisqu'en faisant sonner haut sa qualité de ministre, ils disoient que je n'avois traversé la France que sous sa protection ; qu'il m'avoit obtenu un passeport de la cour de France ; et peu s'en falloit qu'ils n'ajoutassent que j'avois fait le voyage à ses frais. Une autre chose m'étonnoit davantage. Tous m'avoient également caressé à mon arrivée ; mais à mesure que notre séjour se prolongeoit, je voyois de la façon la plus sensible changer avec moi les manières de ses amis. Toujours, je l'avoue, ils ont pris les mêmes soins en ma faveur ; mais, loin de me marquer la même estime, ils accompagnoient leurs services de l'air dédaigneux le plus choquant : on eût dit qu'ils ne cherchoient à m'obliger que pour avoir droit de me marquer du mépris. Malheureusement ils s'étoient emparés de moi. Que faire, livré à leur merci dans un pays dont je ne savois pas la langue ? Baisser la tête et ne pas voir les affronts. Si quelques Anglois ont continué à me marquer de l'estime, ce sont uniquement ceux avec qui M. Hume n'a aucune liaison.

Les flagorneries m'ont toujours été suspectes. Il m'en a fait des plus basses et de toutes les façons ; mais je n'ai jamais trouvé dans son langage rien qui sentît la vraie amitié. On eût dit même qu'en voulant me faire des patrons il cherchoit à m'ôter leur bienveillance; il vouloit plutôt que j'en fusse assisté qu'aimé; et cent fois j'ai été surpris du tour révoltant qu'il donnoit à ma conduite près des gens qui pouvoient s'en offenser. Un exemple éclaircira ceci. M. Penneck, du Muséum, ami de milord Maréchal, et pasteur d'une paroisse où l'on vouloit m'établir, vient me voir; M. Hume, moi présent, lui fait mes excuses de ne l'avoir pas prévenu. *Le docteur Maty, lui dit-il, nous avoit invités pour jeudi au Muséum, où M. Rousseau devoit vous voir, mais il préféra d'aller avec madame Garrick à la comédie : on ne peut pas faire tant de choses en un jour.*

On répand à Paris une fausse lettre du roi de Prusse, qui depuis a été traduite et imprimée ici. J'apprends avec étonnement que c'est un M. Walpole, ami de M. Hume, qui fait courir cette lettre. Je lui demande si cela est vrai; au lieu de me répondre, il me demande froidement de qui je le tiens; et quelques jours après, il veut que je confie à ce même M. Walpole des papiers qui m'intéressent et que je cherche à faire venir en sûreté. Je vois cette prétendue lettre du roi de Prusse, et j'y reconnois à l'instant le style de M. d'Alembert, autre ami de M. Hume, et mon ennemi d'autant plus dangereux qu'il a soin de cacher sa haine. J'apprends que le fils du jongleur Tronchin, mon plus mortel ennemi, est non seulement un ami de M. Hume, mais qu'il loge avec lui; et quand

M. Hume voit que je sais cela, il m'en fait la confidence, m'assurant que le fils ne ressemble pas au père. J'ai logé deux ou trois nuits avec ma gouvernante dans cette même maison, chez M. Hume; et à l'accueil que nous ont fait ses hôtesses, qui sont ses amies, j'ai jugé de la façon dont lui, ou cet homme qu'il dit ne pas ressembler à son père, leur avoit parlé d'elle et de moi.

Tous ces faits combinés, et d'autres semblables que j'observe, me donnent insensiblement une inquiétude que je repousse avec horreur. Cependant les lettres que j'écris n'arrivent pas; plusieurs de celles que je reçois ont été ouvertes, et toutes ont passé par les mains de M. Hume : si quelqu'une lui échappe, il ne peut cacher l'ardente avidité de la voir. Un soir je vois encore chez lui une manœuvre de lettre dont je suis frappé. Voici ce que c'est que cette manœuvre, car il peut importer de la détailler. Je vous l'ai dit, monsieur; dans un fait je veux tout dire. Après soupé, gardant tous deux le silence au coin de son feu, je m'aperçois qu'il me regarde fixement, ce qui lui arrive souvent et d'une manière assez remarquable. Pour cette fois son regard ardent et prolongé devint presque inquiétant. J'essaie de le fixer à mon tour; mais en arrêtant mes yeux sur les siens je sens un frémissement inexplicable, et je suis bientôt forcé de les baisser. La physionomie et le ton du bon David sont d'un bon homme;

mais il faut que, pour me fixer dans nos tête-à-tête, ce bon homme ait trouvé d'autres yeux que les siens.

L'impression de ce regard me reste : mon trouble augmente jusqu'au saisissement. Bientôt un violent remords me gagne ; je m'indigne de moi-même. Enfin, dans un transport que je me rappelle encore avec délices, je me jette à son cou, je le serre étroitement, je l'inonde de mes larmes ; je m'écrie : *Non, non, David Hume n'est pas un traître ; s'il n'étoit pas le meilleur des hommes, il faudroit qu'il en fût le plus noir.* David Hume me rend mes embrassements, et, tout en me frappant de petits coups sur le dos, me répète plusieurs fois d'un ton tranquille : *Quoi! mon cher monsieur ! Eh! mon cher monsieur ! Quoi donc! mon cher monsieur!* Il ne me dit rien de plus ; je sens que mon cœur se resserre ; notre explication finit là ; nous allons nous coucher, et le lendemain je pars pour la province.

Je reviens maintenant à ce que j'entendis à Roye la première nuit qui suivit notre départ. Nous étions couchés dans la même chambre, et plusieurs fois au milieu de la nuit je l'entendis s'écrier avec une véhémence extrême : *Je tiens J. J. Rousseau!* Je pris ces mots dans un sens favorable qu'assurément le ton n'indiquoit pas ; c'est un ton dont il m'est impossible de donner l'idée, et qui n'a nul rapport à celui qu'il a pendant le jour, et qui correspond très-bien aux regards dont j'ai parlé. Chaque fois qu'il dit ces mots, je sentis un tressaillement d'effroi dont je n'étois pas le maître; mais il ne me fallut qu'un moment pour me remettre et rire de ma terreur; dès le lendemain, tout fut si parfaitement oublié, que je n'y ai pas même pensé durant tout mon séjour à Londres et au voisinage. Je ne m'en suis souvenu que depuis mon arrivée ici, en repassant toutes les observations que j'ai faites, et dont le nombre augmente de jour en jour; mais à présent je suis trop sûr de ne plus l'oublier. Cet homme, que mon mauvais destin semble avoir forgé tout exprès pour moi, n'est pas dans la sphère ordinaire de l'humanité, et vous avez assurément plus que personne le droit de trouver son caractère incroyable. Mon dessein n'est pas aussi que vous le jugiez sur mon rapport, mais seulement que vous jugiez de ma situation.

Seul dans un pays qui m'est inconnu, parmi des peuples peu doux, dont je ne sais pas la langue, et qu'on excite à me haïr, sans appui, sans ami, sans moyen de parer les atteintes qu'on me porte, je pourrois pour cela seul sembler fort à plaindre. Je vous proteste cependant que ce n'est ni aux désagréments que j'essuie, ni aux dangers que je peux courir que je suis sensible : j'ai même si bien pris mon parti sur ma réputation, que je ne songe plus à la défendre; je l'abandonne sans peine, au moins durant ma vie, à mes infatigables ennemis. Mais de penser qu'un homme avec qui je n'eus jamais aucun démêlé, un homme de mérite, estimable par ses talents, estimé par son caractère, me tend les bras dans ma détresse, et m'étouffe quand je m'y suis jeté; voilà, monsieur, une idée qui m'atterre. Voltaire, d'Alembert, Tronchin, n'ont jamais un instant affecté mon ame; mais, quand je vivrois mille ans, je sens que jusqu'à ma dernière heure jamais David Hume ne cessera de m'être présent.

Cependant j'endure mes maux avec assez de patience, et je me félicite surtout de ce que mon naturel n'en est point aigri : cela me les rend moins insupportables. J'ai repris mes promenades solitaires, mais au lieu d'y rêver, j'herborise; c'est une distraction dont je sens le besoin : malheureusement elle ne m'est pas ici d'une grande ressource; nous avons peu de beaux jours; j'ai de mauvais yeux, un mauvais microscope; je suis trop ignorant pour herboriser sans livres, et je n'en ai point encore ici : d'ailleurs mes nuits sont cruelles, mon corps souffre encore plus que mon cœur; la perte totale du sommeil me livre aux plus tristes idées; l'air du pays joint à tout cela sa sombre influence, et je commence à sentir fréquemment que j'ai trop vécu. Le pis est que je crains la mort encore, non seulement pour elle-même, non seulement pour n'avoir pas un de mes amis qui puisse adoucir mes dernières heures ; mais surtout pour l'abandon total où je laisserois ici la compagne de mes misères, livrée à la barbarie, ou, qui pis est, à l'insultante pitié de ceux dont les soins ne sont qu'un raffinement de cruauté pour faire endurer l'opprobre en silence. Je ne sais pas, en vérité, quelles ressources la philosophie offre à un homme dans mon état. Pour moi, je n'en vois que deux qui soient à mon usage, l'espérance et la résignation.

Le plaisir, monsieur, que j'ai de vous écrire est si parfaitement indépendant de l'attente d'une réponse, que je ne vous envoie pour cela aucune adresse, bien sûr que vous ne vous servirez pas de celle de M. Hume, avec qui j'ai rompu toute communication. Vos sentiments me sont connus ; il ne m'en faut pas davantage ; j'aurai l'équivalent de cent lettres dans l'assurance où je suis que vous pensez à moi quelquefois avec intérêt. Je prends le parti de supprimer désormais tout commerce de lettres, hors les cas d'absolue nécessité, de ne plus lire ni journaux ni nouvelles publiques, et de passer dans l'ignorance de ce qui se dit et se fait dans le monde les jours tranquilles qu'on voudra me laisser.

Je fais, monsieur, les vœux les plus vrais et les plus tendres pour votre félicité.

LETTRE DCXC.

A M. LE GÉNÉRAL CONWAY,

SECRÉTAIRE-GÉNÉRAL.

Le 22 mai 1766.

Monsieur,

Vivement touché des grâces dont il plaît à sa majesté de m'honorer, et de vos bontés qui me les ont attirées, j'y trouve dès à présent ce bien précieux à mon cœur d'intéresser à mon sort le meilleur des rois et l'homme le plus digne d'être aimé de lui. Voilà, monsieur, un avantage que je ne mériterai point de perdre. Mais il faut vous parler avec la franchise que vous aimez : après tant de malheurs, je me croyois préparé à tous les évènemens possibles ; il m'en arrive pourtant que je n'avois pas prévus, et qu'il n'est pas même permis à un honnête homme de prévoir : ils m'en affectent d'autant plus cruellement ; et le trouble où ils me jettent m'ôtant la liberté d'esprit nécessaire pour me bien conduire, tout ce que me dit la raison, dans un état aussi triste, est de suspendre ma résolution sur toute affaire importante, telle qu'est pour moi celle dont il s'agit. Loin de me refuser aux bienfaits du roi par l'orgueil qu'on m'impute; je le mettrois à m'en glorifier; et tout ce que j'y vois de pénible est de ne pouvoir m'en honorer aux yeux du public comme aux miens propres. Mais lorsque je les recevrai, je veux pouvoir me livrer tout entier aux sentiments qu'ils m'inspirent, et n'avoir le cœur plein que des bontés de sa majesté et des vôtres : je ne crains pas que cette façon de penser les puisse altérer. Daignez donc, monsieur, me les conserver pour des temps plus heureux : vous connoîtrez alors que je n'ai différé de m'en prévaloir que pour tâcher de m'en rendre plus digne.

Agréez, monsieur, je vous supplie, mes très-humbles salutations et mon respect.

LETTRE DCXCI.

A M. DU PEYROU.

À Wootton, le 31 mai 1766.

J'ai reçu, mon cher hôte, votre n° 24 par M. d'Ivernois; et je reçois en ce moment votre n° 25. Je vous remercie de l'inquiétude que vous y marquez sur mon état, excepté pourtant ce mot: *M'auriez-vous oublié ?* qu'un plus long silence ni rien au monde n'autoriseroit jamais. J'aurois cru qu'entre vous et moi nous n'en étions plus, depuis long-temps, à de pareilles craintes. Je vous écris rarement, je vous en ai prévenu; mais je vous écris régulièrement; et, lorsque vous vous livriez à ce cruel doute, vous avez dû recevoir mon n° 2. De grâce, entendons-nous bien. Je ne puis souvent écrire, surtout à présent que mon hôte et sa famille sont ici. Il y a, ce dont je gémis, trois cents lieues de distance entre nous; il faut plusieurs entrepôts à nos lettres, qui les retardent, et qui peuvent les retarder davantage. Enfin, vous pouvez au pis vous dire : Il est mort ou malade ; mais jamais : M'a-t-il oublié ?

Autre grief. M. Hume vous apprend, dites-vous, que la province de Derby m'a nommé un des commissaires des barrières, et vous me reprochez de ne vous en avoir rien dit. Vous auriez raison, si cela étoit vrai; mais je n'ai jamais ouï parler de pareille folie; je vous ai prévenu d'être en garde contre tout ce qui pouvoit venir de M. Hume, et de n'ajouter aucune foi à tout ce qu'on vous diroit de moi. De grâce, une fois pour toutes, n'en croyez que ce que je vous dirai moi-même; vous vous épargnerez bien des jugements injustes sur mon compte. Par une suite de cette même facilité à tout croire, vous voilà persuadé, sur le rapport de M. de Luze, que je désire voir mes écrits imprimés de mon vivant : j'ignore sur le rapport de qui M. de Luze lui-même a pu le croire ; ce n'est sûrement pas sur le mien, et je vous déclare et vous répète, pour la dernière fois, dans la sincérité de mon ame, que mon plus ardent désir est que le public n'entende plus parler de moi de mon vivant. Une fois pour toutes, croyez-moi sincère; ne vous gênez jamais sur cette affaire; mais soyez persuadé que, toutes choses égales, j'aime mieux qu'elle ne se fasse qu'après ma mort. Il est vrai que j'ai cru que les planches auroient pu se graver d'avance, et qu'elles auroient pu s'exécuter mieux de mon vivant.

Je me flatte que vous aurez reçu ma précédente assez à temps pour ne faire partir que mes livres de botanique et herbiers, et retenir le reste, quant à présent. Je suis très-content de mon habitation, de mon hôte, de mes voisins, à quelques inconvénients près; mais, puisqu'il y en a partout, le sage ne les fuit pas, il les supporte, et il m'en coûte peu d'être sage en cela. Mais je vous avoue (et que ceci soit à jamais entre nous deux sans aucune exception) que je sens cruellement votre absence, et que j'ai peine à me détacher de l'espoir de retourner un jour mourir auprès de vous. Mon cœur ne peut renoncer aux douces idées qu'il s'étoit faites; plus j'aime le recueillement et la retraite, plus l'intimité de l'amitié m'est nécessaire, surtout vers la fin de ma carrière et de mes jours, où je n'ai plus d'autre projet à former que l'usage du présent. Je pense aussi, et votre dernière lettre me le confirme, que je ne vous serois pas tout-à-fait inutile pour la douceur de la vie, surtout si vous ne vous mariez pas encore, comme j'y vois peu d'acheminement. C'est pourtant une chose à laquelle il est temps de songer ou jamais. Il y auroit là-dessus trop de choses à dire pour une lettre; c'est un beau texte pour quand vous viendrez me voir. Quoi qu'il en soit, nous avons en tout état de cause assez de goûts communs pour les cultiver ensemble avec agrément, et je ne doute pas qu'un jour ou l'autre l'entreprise du *Dictionnaire de Botanique* ne se réveille, et ne nous fournisse pour plusieurs années les plus agréables occupations. Je vous conseille de ne pas abandonner ce goût; il tient à des connoissances charmantes, et il peut les étendre à l'infini. Voilà, mon cher hôte, un château en Espagne, le seul qui me reste à faire, et auquel je n'ai pas la force de renoncer. Et pourquoi ne s'exécuteroit-il pas un jour? Laissons au public le temps de m'oublier, à vos gens de Neuchâtel celui de s'apaiser, peut-être de se repentir: préparons à loisir toutes choses dans le plus profond silence, et sans que personne au monde pénètre nos vues: rien ne nous presse, nous sommes les maîtres du temps. Dans quatre ou cinq ans, quand votre maison sera faite, et que vous l'habiterez, je ne vois point d'impossibilité que vous redeveniez dans le fait mon cher hôte. En attendant, je suis tranquille dans ma retraite; le pis sera d'y rester; j'espère au moins vous y voir quelquefois. Pensez à tout cela, et dites-m'en votre avis, mais surtout entre vous et moi sans aucun confident quelconque. Tout est manqué si ame vivante vient à pénétrer ce projet.

Je ne sais ce qu'est devenu le portrait que je vous avois destiné ; j'ai rompu toute correspondance avec M. Hume, et je suis déterminé, quoi qu'il arrive, à ne lui récrire jamais. Je regarde le triumvirat de Voltaire, de d'Alembert et de lui comme une chose certaine. Je ne pénètre point leur projet, mais ils en ont un. Je ne m'en tourmenterai plus ; je n'y songerai pas même, vous pouvez y compter. Mais, en attendant que la vérité se découvre, je ne veux avoir aucun commerce avec aucun des trois ; puissent-ils m'oublier comme je les oublie ! Quant au portrait, vous l'aurez, vous pouvez y compter : mais je vous demande du temps pour me mettre au fait de toute chose. Je veux, s'il se peut, me faire oublier à Londres comme ailleurs. Cela est très-nécessaire au repos de ma vie, et surtout à l'exécution de mon projet. Je vous embrasse.

Je voudrois bien que *la Vision* ne fût pas perdue ; n'en pourroit-on pas du moins avoir une copie de quelque façon ? Il me suffiroit de me l'envoyer cet automne par M. d'Ivernois.

Je dois vous avertir que je n'ai rien écrit à personne de semblable à ce que vous me marquez, et que depuis près de deux ans je n'ai plus de correspondance avec M. Moultou, ne sachant pas même où il est.

~~~~~~~~~~~~~~~~~~~~~~~~~~~~~~~~~~

LETTRE DCXCII.

A M. D'IVERNOIS.

Wootton, le 31 mai 1766.

M. Lucadou aura pu vous marquer, monsieur, combien j'étois en peine de vous, et votre lettre du 28 avril m'a tiré d'une grande inquiétude. Je suis dans la plus grande joie du projet que vous avez formé de me venir voir cette année : je suis fâché seulement que ce soit trop tard pour jouir des charmes du lieu que j'habite : il est délicieux dans cette saison, mais en novembre il sera triste ; il aura grand besoin que vous veniez en égayer l'habitant. Il faudra prévenir M. du Peyrou de votre voyage, au cas qu'il ait quelque chose à m'envoyer. J'aurois souhaité que vous pussiez venir ensemble, pour que le voyage fût plus agréable à tous les deux ; mais je trouverai mon compte à vous voir l'un après l'autre ; je serai tout entier à chacun des deux, et j'aurai deux fois du plaisir.

Si mes vœux pouvoient contribuer à rétablir

parmi vous les lois et la liberté, je crois que vous ne doutez pas que Genève ne redevînt une république; mais, messieurs, puisque les tourments que votre sort futur donne à mon cœur sont à pure perte, permettez que je cherche à les adoucir en pensant à vos affaires le moins qu'il est possible. Vous avez publié que je voulois écrire l'histoire de la médiation : je serois bien aise seulement d'en savoir l'histoire ; mais mon intention n'est assurément pas de l'écrire ; et, quand je l'écrirois, je me garderois de la publier. Cependant, si vous voulez me rassembler les pièces et mémoires qui regardent cette affaire, vous sentez qu'il n'est pas possible qu'ils me soient jamais indifférents; mais gardez-les pour les apporter avec vous, et ne m'en envoyez plus par la poste, car les ports en ce pays sont si exorbitants, que votre paquet précédent m'a coûté de Londres ici quatre livres dix sous de France. Au reste, je vous préviens, pour la dernière fois, que je ne veux plus faire souvenir le public que j'existe, et que de ma part il n'entendra plus parler de moi durant ma vie. Je suis en repos, je veux tâcher d'y rester. Par une suite du désir de me faire oublier, j'écris le moins de lettres qu'il m'est possible; hors trois amis, en vous comptant, j'ai rompu toute autre correspondance, et, pour quoi que ce puisse être, je n'en renouerai plus. Si vous voulez que je continue à vous écrire, ne montrez plus mes lettres et ne parlez plus de moi à personne, si ce n'est pour les commissions dont votre amitié me permet de vous charger.

Je voudrois bien que votre associé, que je salue, eût le temps d'en faire une avant votre départ. J'ai perdu presque tous mes microscopes; et ceux qui me restent sont ternis et incommodes, en ce qu'il me faudroit trois mains pour m'en servir : une pour tenir le microscope, une autre pour tenir la plante en état à son foyer, et la troisième pour ouvrir la fleur avec une pointe, et en tenir les parties soumises à l'inspection. N'y auroit-il point moyen d'avoir un microscope auquel on pût attacher l'objet dans la situation qu'on voudroit, sans avoir besoin de le tenir, afin d'avoir au moins une main libre et que l'objet ne vacillât pas tant ? Les ouvriers de Londres sont si exorbitamment chers, et je suis si peu à portée de me faire entendre, que je crois qu'il y auroit à gagner de toutes manières à faire faire mes petits instruments à Genève, surtout sous des yeux comme ceux de M. Deluc : il faudroit plusieurs verres au microscope, et tous extrêmement polis. Il me manque aussi quelques livres de botanique, mais nous serons à temps d'en parler quand vous serez sur votre départ, de même que de quelques commissions pour Paris, où je suppose que vous passerez, à moins que vous n'aimiez mieux vous embarquer à Bordeaux.

Voltaire a fait imprimer et traduire ici par ses amis une lettre à moi adressée, où l'arrogance et la brutalité sont portées à leur comble, et où il s'applique, avec une noirceur infernale, à m'attirer la haine de la nation. Heureusement la sienne est si maladroite, il a trouvé le secret d'ôter si bien tout crédit à ce qu'il peut dire, que cet écrit ne sert qu'à augmenter le mépris que l'on a ici pour lui. La sotte hauteur que ce pauvre homme affecte est un ridicule qui va toujours en augmentant. Il croit faire le prince, et ne fait en effet que le crocheteur. Il est si bête qu'il ne fait qu'apprendre à tout le monde combien il se tourmente de moi.

L'homme dont je vous ai parlé dans ma précédente lettre a placé O fils chez l'homme de B, qui va près de C. Vous comprenez de quelles commissions ce petit barbouillon peut être chargé; j'en ai prévenu D.

Vos offres au sujet de l'argent qui est chez madame Boy de La Tour sont assurément très-obligeantes; le mal que j'y vois est qu'elles ne sont pas acceptables : on ne place point au dix pour cent sur deux têtes. Sur celle de mademoiselle Le Vasseur passe, cela se peut accepter; A cette condition, je vous enverrai le billet pour retirer cet argent, ou bien nous arrangerons ici cette affaire à votre voyage. Je vous embrasse de tout mon cœur.

LETTRE DCXCIII.

A M. DU PEYROU.

Le 14 juin 1766.

C'est bien mon tour d'être inquiet de votre silence, et je le suis beaucoup, tant à cause de votre exactitude ordinaire, que des approches de la goutte que vous avez paru craindre. Veuille le ciel que vous n'ayez pas une si bonne excuse à me donner! Mais, si vous êtes pris en effet, ce dont je tremble, je vous prie en grâce de me faire écrire un mot par M. Jeannin; car j'aime encore mieux être sûr d'un mal que d'en redouter mille autres. Votre n° 25 est du 12 mai; depuis lors je n'ai rien reçu; et je ne sais pas encore si vous avez fait partir quelque chose par Mandrot, dont vous m'annonciez le départ pour le 24. Mon hôte (non pas l'hôte de mon cœur par excellence), M. Davenport, est venu passer ici trois semaines avec sa famille. C'est un très-galant homme, plein d'attentions et de soins. Je suis convenu avec lui de l'adresse suivante, sous laquelle vous pouvez m'écrire sans enveloppe, et sans que mon nom paroisse: Pourvu que vous mettiez très-exactement l'adresse comme elle est marquée, ni plus ni moins, et que vous fassiez mettre vos lettres à la poste à Londres ou à

Paris, en les affranchissant jusqu'à Londres, elles me parviendront sûrement, promptement, et personne ne les ouvrira que moi. M. Davenport, à Wootton Arsbornbag. *Derbyshire.*

Adieu, mon cher et très-cher hôte, je vous embrasse mille fois de tout mon cœur.

LETTRE DCXCIV.

AU MÊME.

Wootton, le 21 juin 1766.

J'ai reçu, mon cher hôte, votre n° 26 qui m'a fait grand bien. Je me corrigerai d'autant plus difficilement de l'inquiétude que vous me reprochez, que vous ne vous en corrigez pas trop bien vous-même quand mes lettres tardent à vous arriver : ainsi, médecin, guéris-toi toi-même ; mais non, mon cher ami, cette tendre inquiétude et la cause qui la produit est une trop douce maladie pour que ni vous ni moi nous en voulions guérir. Je prendrai toutefois les mesures que vous m'indiquez pour ne pas me tourmenter mal à propos; et, pour commencer, j'inscris aujourd'hui la date de cette lettre en recommençant par n° 1 afin de voir successivement une suite de numéros bien en ordre. Ma première ferveur d'arrangement est toujours une chose admirable ; malheureusement elle ne dure pas.

Je vous suis bien obligé des ordres que vous avez donnés à vos banquiers à mon sujet. Ma situation me force à me prévaloir des seize cents livres par an, même avant que vous ayez reçu les trois cents louis de milord Maréchal, qui, j'espère, ne tarderont pas beaucoup encore. Je n'ai point de scrupule sur cet arrangement, par rapport à vous dont je connois le cœur, et dont je suppose la fortune en état d'y répondre ; je n'en ai pas non plus par rapport à moi, dont le cœur répond au vôtre, et qui crois pouvoir vous fournir de quoi ne rien perdre avec moi, pourvu que vous puissiez attendre. S'il arrivoit que les tracas d'affaires d'intérêt dont vous m'avez parlé influasssent sur votre situation présente, j'exige qu'en pareil cas vous me le disiez franchement, parce que je puis trouver d'autres ressources, auxquelles je préfère le plaisir de tenir de vous ma subsistance, mais qui peuvent au besoin me servir de supplément. J'ai bien des choses à vous dire que je ne puis confier à une lettre qui peut s'égarer. Quand vous viendrez, je vous dirai ce qui s'est passé ; je crois que vous conviendrez que j'ai fait ce que j'ai dû faire; mais ce que je dois sur toute chose est de ne vous pas laisser mettre à l'étroit pour l'amour de moi. Ainsi promettez-moi de me parler sans détour dans l'occasion, et commencez dès à présent si vous êtes dans le cas.

J'aurois fort souhaité que vous n'eussiez pas fait partir mes livres ; mais c'est une affaire faite : je sens que l'objet de toute la peine que vous avez prise pour cela n'étoit que de me fournir des amusements dans ma retraite ; cependant vous vous êtes trompé. J'ai perdu tout goût pour la lecture, et, hors des livres de botanique, il m'est impossible de lire plus rien. Ainsi je prendrai le parti de faire rester tous ces livres à Londres, et de m'en défaire comme je pourrai, attendu que leur transport jusqu'ici me coûteroit beaucoup au-delà de leur valeur, que cette dépense me seroit fort onéreuse, que quand ils seroient ici je ne saurois pas trop où les mettre n'y qu'en faire. Je suis charmé qu'au moins vous n'ayez pas envoyé les papiers.

Soyez moins en peine de mon humeur, mon cher hôte, et ne le soyez point de ma situation. Le séjour que j'habite est fort de mon goût ; le maître de la maison est un très-galant homme, pour qui trois semaines de séjour qu'il a fait ici avec sa famille ont cimenté l'attachement que ses bons procédés m'avoient donné pour lui. Tout ce qui dépend de lui est employé pour me rendre le séjour de sa maison agréable. Il y a des inconvénients, mais où n'y en a-t-il pas ? Si j'avois à choisir de nouveau dans toute l'Angleterre, je ne choisirois pas d'autre habitation que celle-ci : ainsi j'y passerai très-patiemment tout le temps que j'y dois vivre ; et si j'y dois mourir, le plus grand mal que j'y trouve est de mourir loin de vous, et que l'hôte de mon cœur ne soit pas aussi celui de mes cendres; car je me souviendrai toujours avec attendrissement de notre premier projet, et les idées tristes, mais douces, qu'il me rappelle, valent sûrement mieux que celles du bal de votre folle amie. Mais je ne veux pas m'engager dans ces sujets mélancoliques qui vous feroient mal augurer de mon état présent, quoique à tort; et je vous dirai qu'il m'est venu cette semaine de la compagnie de Londres, hommes et femmes, qui tous, à mon accueil, à mon air, à ma manière de vivre, ont jugé, contre ce qu'ils avoient pensé avant de me voir, que j'étois heureux dans ma retraite; et il est vrai que je n'ai jamais vécu plus à mon aise, ni mieux suivi mon humeur du matin au soir. Il est certain que la fausse lettre du roi de Prusse et les premières clabauderies de Londres m'ont alarmé, dans la crainte que cela n'influât sur mon repos dans cette province, et qu'on n'y voulût renouveler les scènes de Motiers. Mais sitôt que j'ai été tranquillisé sur ce chapitre, et qu'étant une fois connu dans mon voisinage j'ai vu qu'il étoit impossible que les choses y prissent ce tour-là, je me suis moqué de tout le reste, et si bien, que je suis le premier à rire de toutes leurs folies. Il n'y a que la noirceur de celui qui sous main fait aller tout cela qui me trouble encore : cet homme a passé mes idées; je n'en imaginois pas de faits comme lui. Mais parlons de nous. Il me manque de vous revoir pour chasser tout souvenir cruel de mon ame. Vous savez ce qu'il me faudroit de plus pour mourir heureux, et je suppose que vous avez reçu la lettre que je vous ai écrite par M. d'Ivernois: mais, comme je regarde ce projet comme une belle chimère, je ne me flatte pas de le voir se réaliser. Laissons la direction de l'avenir à la Providence. En attendant, j'herborise, je me promène, je médite le grand projet dont je suis occupé[1]; je compte même, quand vous viendrez, pouvoir déjà vous remettre quelque chose; mais la douce paresse me gagne chaque jour davantage, et j'ai bien de la peine à me mettre à l'ouvrage; j'ai pourtant de l'étoffe assurément, et bien du désir de la mettre en œuvre. Mademoiselle Le Vasseur est très-sensible à votre souvenir : elle n'a pas appris un seul mot d'anglais; j'en avois appris une trentaine à Londres, que j'ai tous oubliés ici, tant leur terrible baragouin est indéchiffrable à mon oreille. Ce qu'il y a de plaisant est que pas une ame dans la maison ne sait un mot de françois : cependant sans s'entendre on va et l'on vit. Bonjour.

J'écrirai à Berlin la semaine prochaine, et je parlerai de M. d'Escherny. Mille salutations de ma part à tous ceux qui m'aiment, et mille tendres respects à la bonne maman.

---

[1] * Celui d'écrire ses *Confessions*.

LETTRE DCXCV.

A M. HUME.

Le 23 juin 1766.

Je croyois que mon silence, interprété par votre conscience, en disoit assez ; mais, puisqu'il entre dans vos vues de ne pas l'entendre, je parlerai.

Je vous connois, monsieur, et vous ne l'ignorez pas. Sans liaisons antérieures, sans querelles, sans démêlés, sans nous connoître autrement que par la réputation littéraire, vous vous empressez à m'offrir dans mes malheurs vos amis et vos soins. Touché de votre générosité, je me jette entre vos bras : vous m'amenez en Angleterre, en apparence pour m'y procurer un asile, et en effet pour m'y déshonorer ; vous vous appliquez à cette noble œuvre avec un zèle digne de votre cœur, et avec un art digne de vos talents. Il n'en falloit pas tant pour réussir : vous vivez dans le grand monde, et moi dans la retraite : le public aime à être trompé, et vous êtes fait pour le tromper. Je connois pourtant un homme que vous ne tromperez pas, c'est vous-même. Vous savez avec quelle horreur mon cœur repoussa le premier soupçon de vos desseins. Je vous dis, en vous embrassant les yeux en larmes, que si vous n'étiez pas le meilleur des hommes, il faudroit que vous en fussiez le plus noir. En pensant à votre conduite secrète, vous vous direz quelquefois que vous n'êtes pas le meilleur des hommes; et je doute qu'avec cette idée vous en soyez jamais le plus heureux.

Je laisse un libre cours aux manœuvres de vos amis et aux vôtres, et je vous abandonne avec peu de regret ma réputation durant ma vie, bien sûr qu'un jour on nous rendra justice à tous deux. Quant aux bons offices en matière d'intérêt, avec lesquels vous vous masquez, je vous en remercie et vous en dispense. Je me dois de n'avoir plus de commerce avec vous, et de n'accepter, pas même à mon avantage, aucune affaire dont vous soyez le médiateur. Adieu, monsieur : je vous souhaite le plus vrai bonheur; mais, comme nous ne devons plus rien avoir à nous dire, voici la dernière lettre que vous recevrez de moi.

LETTRE DCXCVI.

A M. D'IVERNOIS.

Wootton, le 28 juin 1766.

Je vois, monsieur, par votre lettre du 9, qu'à cette date vous n'aviez pas reçu ma précédente, quoiqu'elle dût vous être arrivée, et que je vous l'eusse adressée par vos correspondants ordinaires, comme je fais celle-ci. L'état critique de vos affaires me navre l'ame ; mais ma situation me force à me borner pour vous à des soupirs et des vœux inutiles. Je n'aurai pas même la témérité de risquer des conseils sur votre conduite, dont le mauvais succès me feroit gémir toute ma vie si les choses venoient à mal tourner, et je ne vois pas assez clair dans les secrètes intrigues qui décideront de votre sort, pour juger des moyens les plus propres à vous servir. Le vif intérêt même que je prends à vous vous nuiroit si je le laissois paroître ; et je suis si infortuné, que mon malheur s'étend à tout ce qui m'intéresse. J'ai fait ce que j'ai pu, monsieur ; j'ai mal réussi ; je réussirois plus mal encore : et, puisque je vous suis inutile, n'ayez pas la cruauté de m'affliger sans cesse dans cette retraite, et, par humanité, respectez le repos dont j'ai si grand besoin.

Je sens que je n'en puis avoir tant que je conserverai des relations avec le continent. Je n'en reçois pas une lettre qui ne contienne des choses affligeantes ; et d'autres raisons, trop longues à déduire, me forcent à rompre toute correspondance, même avec mes amis, hors les cas de la plus grande nécessité. Je vous aime tendrement, et j'attends avec la plus vive impatience la visite que vous me promettez ; mais comptez peu sur mes lettres. Quand je vous aurai dit toutes les raisons du parti que je prends, vous les approuverez vous-même; elles ne sont pas de nature à pouvoir être mises par écrit. S'il arrivoit que je ne vous écrivisse plus jusqu'à votre départ, je vous prie d'en prévenir dans le temps M. du Peyrou, afin que, s'il a quelque chose à m'envoyer, il vous le remette, et, en passant à Paris, vous m'obligerez aussi d'y voir M. Guy, chez la veuve Duchesne, afin qu'il vous remette ce qu'il a d'imprimé de mon *Dictionnaire de Musique*, et que j'en aie par vous des nouvelles, car je n'en ai plus depuis long-temps. Mon cher monsieur, je ne serai tranquille que quand je serai oublié : je voudrois être mort dans la mémoire des hommes. Parlez de moi le moins que vous pourrez, même à nos amis; n'en parlez plus du tout à ***; vous avez vu comment il me rend justice ; je n'en attends plus que de la postérité parmi les hommes, et de Dieu qui voit mon cœur dans tous les temps. Je vous embrasse de tout mon cœur.

LETTRE DCXCVII.

A M. GRANVILLE.

1766.

Quoique je sois fort incommodé, monsieur, depuis deux jours, je n'aurois assurément pas marchandé avec ma santé, pour la faveur que vous vouliez me faire, et je me préparois à en profiter ce soir : mais voilà M. Davenport qui m'arrive ; il a l'honnêteté de venir exprès pour me voir : vous, monsieur, qui êtes si plein d'honnêteté vous-même, vous n'approuveriez pas qu'au moment de son arrivée je commençasse par m'éloigner de lui. Je regrette beaucoup l'avantage dont je suis privé ; mais du reste je gagnerai peut-être à ne pas me montrer. Si vous daignez parler de moi à madame la duchesse de Portland avec la même bonté dont vous m'avez donné tant de marques, il vaudra mieux pour moi qu'elle me voie par vos yeux que par les siens, et je me consolerai par le bien qu'elle pensera de moi de celui que j'aurai perdu moi-même.

Je dois une réponse à un charmant billet, mais l'espoir de la porter me fait différer à la faire. Recevez, monsieur, je vous supplie, mes très-humbles salutations.

LETTRE DCXCVIII.

AU MÊME.

Puisque M. Granville m'interdit de lui rendre des visites au milieu des neiges, il permettra du moins que j'envoie savoir de ses nouvelles et comment il s'est tiré de ces terribles chemins. J'espère que la neige qui recommence pourra retarder assez son départ pour que je puisse trouver le moment d'aller lui souhaiter un bon voyage. Mais, que j'aie ou non le plaisir de le revoir avant qu'il parte, mes plus tendres vœux l'accompagneront toujours.

LETTRE DCXCIX.

AU MÊME.

Voici, monsieur, un petit morceau de poisson de montagne qui ne vaut pas celui que vous m'avez envoyé ; aussi je vous l'offre en hommage et non pas en échange, sachant bien que toutes vos bontés pour moi ne peuvent s'acquitter qu'avec les sentiments que vous m'avez inspirés. Je me faisois une fête d'aller vous prier de me présenter à madame votre sœur, mais le temps me contrarie. Je suis malheureux en beaucoup de choses, car je ne puis pas dire en tout, ayant un voisin tel que vous.

LETTRE DCC.

AU MÊME.

Je suis fâché, monsieur, que le temps ni ma santé ne me permettent pas d'aller vous rendre mes devoirs et vous faire mes remerciements aussitôt que je le désirerois; mais en ce moment, extrêmement incommodé, je ne serai de quelques jours en état de faire ni même de recevoir des visites. Soyez persuadé, monsieur, je vous prie, que sitôt que mes pieds pourront me porter jusqu'à vous, ma volonté m'y conduira. Je vous fais, monsieur, mes très-humbles salutations.

LETTRE DCCI.

AU MÊME.

Je suis très-sensible à vos honnêtetés, monsieur, et à vos cadeaux; je le serois encore plus s'ils revenoient moins souvent. J'irai le plus tôt que le temps me le permettra vous réitérer mes remerciements et mes reproches. Si je pouvois m'entretenir avec votre domestique, je lui demanderois des nouvelles de votre santé; mais j'ai lieu de présumer qu'elle continue d'être meilleure. Ainsi soit-il.

LETTRE DCCII.

AU MÊME.

J'ai été, monsieur, assez incommodé ces trois jours, et je ne suis pas fort bien aujourd'hui. J'apprends avec grand plaisir que vous vous portez bien; et si le plaisir donnoit la santé, celui de votre bon souvenir me procureroit cet avantage. Mille très-humbles salutations.

LETTRE DCCIII.

A MADEMOISELLE DEWES,

AUJOURD'HUI MADAME PORT.

1766.

Ne soyez pas en peine de ma santé, ma belle voisine; elle sera toujours assez et trop bonne tant que je vous aurai pour médecin. J'aurois pourtant grande envie d'être malade pour engager, par charité, madame la comtesse et vous à ne pas partir si tôt. Je compte aller lundi, s'il fait beau, voir s'il n'y a point de délai à espérer, et jouir au moins du plaisir de voir encore une fois rassemblée la bonne et aimable compagnie de Calwick, à laquelle j'offre, en attendant, mille très-humbles salutations et respects.

LETTRE DCCIV.

A M. DAVENPORT.

Wootton, le 2 juillet 1766.

Je vous dois, monsieur, toutes sortes de déférences; et puisque M. Hume demande absolument une explication, peut-être la lui dois-je aussi : il l'aura donc, c'est sur quoi vous pouvez compter. Mais j'ai besoin de quelques jours pour me remettre, car en vérité les forces me manquent tout-à-fait. Mille très-humbles salutations.

LETTRE DCCV.

A M. DAVID HUME.

Wootton, le 10 juillet 1766.

Je suis malade, monsieur, et peu en état d'écrire; mais vous voulez une explication, il faut vous la donner. Il n'a tenu qu'à vous de l'avoir depuis long-temps; vous n'en voulûtes point alors, je me tus; vous la voulez aujourd'hui, je vous l'envoie. Elle sera longue, j'en suis fâché; mais j'ai beaucoup à dire, et je n'y veux pas revenir à deux fois.

Je ne vis point dans le monde; j'ignore ce qui s'y passe; je n'ai point de parti, point d'associé, point d'intrigue; on ne me dit rien, je ne sais que ce que je sens; mais comme on me le fait bien sentir, je le sais bien. Le premier soin de ceux qui trament des noirceurs est de se mettre à couvert des preuves juridiques; il ne feroit pas bon leur intenter procès. La conviction intérieure admet un autre genre de preuves qui règlent les sentiments d'un honnête homme. Vous saurez sur quoi sont fondés les miens.

Vous demandez, avec beaucoup de confiance, qu'on vous nomme votre accusateur. Cette accusateur, monsieur, est le seul homme au monde qui, déposant contre vous, pouvoit se faire écouter de moi; c'est vous-même. Je vais me livrer sans réserve et sans crainte à mon caractère ouvert: ennemi de tout artifice, je vous parlerai avec la même franchise que si vous étiez un autre en qui j'eusse toute la confiance que je n'ai plus en vous. Je vous ferai l'histoire des mouvements de mon ame, et de ce qui les a produits, et nommant M. Hume en tierce personne, je vous ferai juge vous-même de ce que je dois penser de lui : malgré la longueur de ma lettre, je n'y suivrai pas d'autre ordre que celui de mes idées, commençant par les indices et finissant par la démonstration.

Je quittois la Suisse fatigué de traitements barbares, mais qui du moins ne mettoient en péril que ma personne, et laissoient mon honneur en sûreté. Je suivois les mouvements de mon cœur, pour aller joindre milord Maréchal, quand je reçus à Strasbourg, de M. Hume, l'invitation la plus tendre de passer avec lui en Angleterre, où il me promettoit l'accueil le plus agréable, et plus de tranquillité que je n'y en ai trouvé. Je balançai entre l'ancien ami et le nouveau, j'eus tort; je préférai ce dernier, j'eus plus grand tort; mais le désir de connoître par moi-même une nation célèbre dont on me disoit tant de mal et tant de bien, l'emporta. Sûr de ne pas perdre George Keit, j'étois flatté d'acquérir David Hume. Son mérite, ses rares talents, l'honnêteté bien établie de son caractère, me faisoient désirer de joindre son amitié à celle dont m'honoroit son illustre compatriote; et je me faisois une sorte de gloire de montrer un bel exemple aux gens de lettres dans l'union sincère de deux hommes dont les principes étoient si différents.

Avant l'invitation du roi de Prusse et de milord Maréchal, incertain sur le lieu de ma retraite, j'avois demandé et obtenu, par mes amis, un passeport de la cour de France, dont je me servis pour aller à Paris joindre M. Hume. Il vit, et vit trop peut-être, l'accueil que je reçus d'un grand prince, et, j'ose dire, du public. Je me prêtai par devoir, mais avec répugnance, à cet éclat, jugeant combien l'envie de mes ennemis en seroit irritée. Ce fut un spectacle bien doux pour moi que l'augmentation sensible de bienveillance pour M. Hume, que la bonne œuvre qu'il alloit faire produisit dans tout Paris. Il devoit en être touché comme moi; je ne sais s'il le fut de la même manière.

Nous partons avec un de mes amis qui, presque uniquement pour moi, faisoit le voyage d'Angleterre. En débarquant à Douvres, transporté de toucher enfin cette terre de liberté, et d'y être amené par cet homme illustre, je lui saute au cou, je l'embrasse étroitement sans rien dire, mais en couvrant son visage de baisers et de larmes qui parloient assez. Ce n'est pas la seule fois ni la plus remarquable où il ait pu voir en moi les saisissements d'un cœur pénétré. Je ne sais ce qu'il fait de ces souvenirs, s'ils lui viennent; j'ai dans l'esprit qu'il en doit quelquefois être importuné.

Nous sommes fêtés arrivant à Londres; on s'empresse dans tous les états à me marquer de la bienveillance et de l'estime. M. Hume me présente de bonne grâce à tout le monde : il était naturel de lui attribuer, comme je faisois, la meilleure partie de ce bon accueil : mon cœur étoit plein de lui, j'en parlois à tout le monde, j'en écrivois à tous mes amis ; mon attachement pour lui prenoit chaque jour de nouvelles forces : le sien paroissoit pour moi des plus tendres, et il m'en a quelquefois donné des marques dont je me suis senti très-touché. Celle de faire faire mon portrait en grand ne fut pourtant pas de ce nombre ; cette fantaisie me parut trop affichée, et j'y trouvai je ne sais quel air d'ostentation qui ne me plut pas. C'est tout ce que j'aurois pu passer à M. Hume, s'il eût été homme à jeter son argent par les fenêtres, et qu'il eût eu dans une galerie tous les portraits de ses amis. Au reste, j'avouerai sans peine qu'en cela je puis avoir tort.

Mais ce qui me parut un acte d'amitié et de générosité des plus vrais et des plus estimables, des plus dignes en un mot de M. Hume, ce fut le soin qu'il prit de solliciter pour moi de lui-même une pension du roi, à laquelle je n'avois assurément aucun droit d'aspirer. Témoin du zèle qu'il mit à cette affaire, j'en fus vivement pénétré : rien ne pouvoit plus me flatter qu'un service de cette espèce, non pour l'intérêt assurément ; car, trop attaché peut-être à ce que je possède, je ne sais point désirer ce que je n'ai pas ; et, ayant par mes amis et par mon travail du pain suffisamment pour vivre, je n'ambitionne rien de plus : mais l'honneur de recevoir des témoignages de bonté, je ne dirai pas

d'un si grand monarque, mais d'un si bon père,
d'un si bon mari, d'un si bon maître, d'un si bon
ami, et surtout d'un si honnête homme, m'affectoit
sensiblement; et quand je considérois encore dans
cette grâce que le ministre qui l'avoit obtenue
étoit la probité vivante, cette probité si utile aux
peuples, et si rare dans son état, je ne pouvois que
me glorifier d'avoir pour bienfaiteurs trois des
hommes du monde que j'aurois le plus désirés pour
amis. Aussi, loin de me refuser à la pension offerte,
je ne mis, pour l'accepter, qu'une condition nécessaire; savoir, un consentement dont, sans manquer à mon devoir, je ne pouvois me passer.

Honoré des empressements de tout le monde,
je tâchai d'y répondre convenablement. Cependant
ma mauvaise santé et l'habitude de vivre à la campagne me firent trouver le séjour de la ville incommode : aussitôt les maisons de campagne se
présentent en foule; on m'en offre à choisir dans
toutes les provinces. M. Hume se charge des propositions, il me les fait, il me conduit même à deux
ou trois campagnes voisines : j'hésite long-temps
sur le choix; il augmentoit cette incertitude. Je me
détermine enfin pour cette province, et d'abord
M. Hume arrange tout; les embarras s'aplanissent;
je pars; j'arrive dans cette habitation solitaire,
commode, agréable : le maître de la maison prévoit tout, pourvoit à tout : rien ne manque; je suis
tranquille, indépendant. Voilà le moment si désiré

où tous mes maux doivent finir ; non, c'est là qu'ils commencent, plus cruels que je ne les avois encore éprouvés.

J'ai parlé jusqu'ici d'abondance de cœur, et rendant avec le plus grand plaisir justice aux bons offices de M. Hume. Que ce qui me reste à dire n'est-il de la même nature ! Rien ne me coûtera jamais de ce qui pourra l'honorer. Il n'est permis de marchander sur le prix des bienfaits que quand on nous accuse d'ingratitude ; et M. Hume m'en accuse aujourd'hui. J'oserai donc faire une observation qu'il rend nécessaire. En appréciant ses soins par la peine et le temps qu'ils lui coûtoient, ils étoient d'un prix inestimable, encore plus par sa bonne volonté : pour le bien réel qu'ils m'ont fait, ils ont plus d'apparence que de poids. Je ne venois point comme un mendiant quêter du pain en Angleterre, j'y apportois le mien, j'y venois absolument chercher un asile, et il est ouvert à tout étranger. D'ailleurs je n'y étois point tellement inconnu, qu'arrivant seul j'eusse manqué d'assistance et de services. Si quelques personnes m'ont recherché pour M. Hume, d'autres aussi m'ont recherché pour moi ; et, par exemple, quand M. Davenport voulut bien m'offrir l'asile que j'habite, ce ne fut pas pour lui, qu'il ne connoissoit point, et qu'il vit seulement pour le prier de faire et d'appuyer son obligeante proposition. Ainsi, quand M. Hume tâche aujourd'hui d'aliéner de moi cet honnête homme, il cherche à m'ôter ce qu'il ne m'a pas donné. Tout ce qui s'est fait de bien se seroit fait sans lui à peu près de même, et peut-être mieux ; mais le mal ne se fût point fait. Car pourquoi ai-je des ennemis en Angleterre ? pourquoi ces ennemis sont-ils précisément les amis de M. Hume ? qui est-ce qui a pu m'attirer leur inimitié ? Ce n'est pas moi, qui ne les vis de ma vie, et qui ne les connois pas ; je n'en aurois aucun si j'y étois venu seul.

J'ai parlé jusqu'ici de faits publics et notoires, qui, par leur nature et par ma reconnoissance, ont eu le plus grand éclat. Ceux qui me restent à dire sont non seulement particuliers, mais secrets, du moins dans leur cause, et l'on a pris toutes les mesures possibles pour qu'ils restassent cachés au public ; mais, bien connus de la personne intéressée, ils n'en opèrent pas moins sa propre conviction.

Peu de temps après notre arrivée à Londres, j'y remarquai dans les esprits, à mon égard, un changement sourd qui bientôt devint très-sensible. Avant que je vinsse en Angleterre, elle étoit un des pays de l'Europe où j'avois le plus de réputation, j'oserois presque dire de considération ; les papiers publics étoient pleins de mes éloges, et il n'y avoit qu'un cri contre mes persécuteurs. Ce ton se soutint à mon arrivée ; les papiers l'annoncèrent en triomphe ; l'Angleterre s'honoroit d'être mon refuge ; elle en glorifioit avec justice ses lois et son gouvernement. Tout à coup, et sans aucune cause assignable, ce ton change, mais si fort et si vite, que dans tous les caprices du public on n'en voit guère de plus étonnant. Le signal fut donné dans un certain *magasin*, aussi plein d'inepties que de mensonges, où l'auteur, bien instruit, ou feignant de l'être, me donnoit pour fils de musicien. Dès ce moment les imprimés ne parlèrent plus de moi que d'une manière équivoque ou malhonnête : tout ce qui avoit trait à mes malheurs étoit déguisé, altéré; présenté sous un faux jour, et toujours le moins à mon avantage qu'il étoit possible : loin de parler de l'accueil que j'avois reçu à Paris, et qui n'avoit fait que trop de bruit, on ne supposoit pas même que j'eusse osé paroître dans cette ville, et un des amis de M. Hume fut très-surpris quand je lui dis que j'y avois passé.

Trop accoutumé à l'inconstance du public pour m'en affecter encore, je ne laissois pas d'être étonné de ce changement si brusque, de ce concert si singulièrement unanime, que pas un de ceux qui m'avoient tant loué absent, ne parût, moi présent, se souvenir de mon existence. Je trouvois bizarre que précisément après le retour de M. Hume, qui a tant de crédit à Londres, tant d'influence sur les gens de lettres et les libraires, et de si grandes liaisons avec eux, sa présence eût produit un effet si contraire à celui qu'on en pouvoit attendre; que, parmi tant d'écrivains de toute espèce, pas un de ses amis ne se montrât le mien : et l'on voyoit bien que ceux qui parloient de moi n'étoient pas ses ennemis, puisqu'en faisant sonner son caractère public ils disoient que j'avois traversé la France sous sa protection, à la faveur d'un passeport qu'il m'avoit obtenu de la cour; et peu s'en falloit qu'ils ne fissent entendre que j'avois fait le voyage à sa suite et à ses frais.

Ceci ne signifioit rien encore et n'étoit que singulier; mais ce qui l'étoit davantage fut que le ton de ses amis ne changea pas moins avec moi que celui du public : toujours, je me fais un plaisir de le dire, leurs soins, leurs bons offices ont été les mêmes, et très-grands en ma faveur; mais, loin de me marquer la même estime, celui surtout dont je veux parler, et chez qui nous étions descendus à notre arrivée[1], accompagnoit tout cela de propos si durs, et quelquefois si choquants, qu'on eût dit qu'il ne cherchoit à m'obliger que pour avoir droit de me marquer du mépris. Son frère, d'abord très-accueillant, très-honnête, changea bientôt avec si peu de mesure, qu'il ne daignoit pas même, dans leur propre maison, me dire un seul mot, ni me rendre le salut, ni aucun des devoirs qu'on rend chez soi aux étrangers. Rien cependant n'étoit survenu de nouveau que l'arrivée de J. J. Rousseau et de David Hume; et certainement la cause de ces changements ne vint

[1] M. Jean Steward.

pas de moi, à moins que trop de simplicité, de discrétion, de modestie, ne soit un moyen de mécontenter les Anglois.

Pour M. Hume, loin de prendre avec moi un ton révoltant, il donnoit dans l'autre extrême. Les flagorneries m'ont toujours été suspectes : il m'en a fait de toutes les façons[1], au point de me forcer, n'y pouvant tenir davantage, à lui en dire mon sentiment. Sa conduite le dispensoit fort de s'étendre en paroles ; cependant, puisqu'il en vouloit dire, j'aurois voulu qu'à toutes ces louanges fades il eût substitué quelquefois la voix d'un ami : mais je n'ai jamais trouvé dans son langage rien qui sentît la vraie amitié, pas même dans la façon dont il parloit de moi à d'autres en ma présence. On eût dit qu'en voulant me faire des patrons il cherchoit à m'ôter leur bienveillance, qu'il vouloit plutôt que j'en fusse assisté qu'aimé ; et j'ai quelquefois été surpris du tour révoltant qu'il donnoit à ma conduite près des gens qui pouvoient s'en offenser. Un exemple éclaircira ceci. M. Pennech, du Muséum, ami de milord Maréchal, et pasteur d'une paroisse où l'on vouloit m'établir, vient nous voir. M. Hume, moi présent,

---

[1] J'en dirai seulement une qui m'a fait rire ; c'étoit de faire en sorte, quand je venois le voir, que je trouvasse toujours sur sa table un tome de l'*Héloïse* ; comme si je ne connoissois pas assez le goût de M. Hume pour être assuré que de tous les livres qui existent, l'*Héloïse* doit être pour lui le plus ennuyeux.

lui fait mes excuses de ne l'avoir pas prévenu. Le docteur Maty, lui dit-il, nous avoit invités pour jeudi au Muséum, où M. Rousseau devoit vous voir; mais il préféra d'aller avec madame Garrick à la comédie : on ne peut pas faire tant de choses en un jour. Vous m'avouerez, monsieur, que c'étoit là une étrange façon de me capter la bienveillance de M. Pennech.

Je ne sais ce qu'avoit pu dire en secret M. Hume à ses connoissances ; mais rien n'étoit plus bizarre que leur façon d'en user avec moi, de son aveu, souvent même par son assistance. Quoique ma bourse ne fût pas vide, que je n'eusse besoin de celle de personne, et qu'il le sût très-bien, l'on eût dit que je n'étois là que pour vivre aux dépens du public, et qu'il n'étoit question que de me faire l'aumône, de manière à m'en sauver un peu l'embarras. Je puis dire que cette affectation continuelle et choquante est une des choses qui m'ont fait prendre le plus en aversion le séjour de Londres. Ce n'est sûrement pas sur ce pied qu'il faut présenter en Angleterre un homme à qui l'on veut attirer un peu de considération : mais cette charité peut être bénignement interprétée, et je consens qu'elle le soit. Avançons.

On répand à Paris une fausse lettre du roi de Prusse à moi adressée, et pleine de la plus cruelle malignité. J'apprends avec surprise que c'est un M. Walpole, ami de M. Hume, qui répand cette lettre. Je lui demande si cela est vrai; mais, pour toute réponse, il me demande de qui je le tiens. Un moment auparavant, il m'avoit donné une carte pour ce même M. Walpole, afin qu'il se chargeât de papiers qui m'importent, et que je veux faire venir de Paris en sûreté.

J'apprends que le fils du jongleur Tronchin, mon plus mortel ennemi, est non seulement l'ami, le protégé de M. Hume, mais qu'ils logent ensemble; et, quand M. Hume voit que je sais cela, il m'en fait la confidence, m'assurant que le fils ne ressemble pas au père. J'ai logé quelques nuits dans cette maison chez M. Hume avec ma gouvernante; et à l'air, à l'accueil dont nous ont honorés ses hôtesses, qui sont ses amies, j'ai jugé de la façon dont lui, ou cet homme qu'il dit ne pas ressembler à son père, ont pu leur parler d'elle et de moi.

Ces faits combinés entre eux et avec une certaine apparence générale me donnent insensiblement une inquiétude que je repousse avec horreur. Cependant les lettres que j'écris n'arrivent pas : j'en reçois qui ont été ouvertes, et toutes ont passé par les mains de M. Hume. Si quelqu'une lui échappe, il ne peut cacher l'ardente avidité de la voir. Un soir je vois encore chez lui une manœuvre de lettre dont je suis frappé [1]. Après le

---

[1] Il faut dire ce que c'est que cette manœuvre. J'écrivois sur la table de M. Hume, en son absence, une réponse à une lettre que

souper, gardant tous deux le silence au coin de son feu, je m'aperçois qu'il me fixe, comme il lui arrivoit souvent, et d'une manière dont l'idée est difficile à rendre. Pour cette fois, son regard sec, ardent, moqueur et prolongé, devint plus qu'inquiétant. Pour m'en débarrasser, j'essayai de le fixer à mon tour; mais, en arrêtant mes yeux sur les siens, je sens un frémissement inexplicable, et bientôt je suis forcé de les baisser. La physionomie et le ton du bon David sont d'un bon homme, mais où, grand Dieu! ce bon homme emprunte-t-il les yeux dont il fixe ses amis?

je venois de recevoir. Il arrive, très-curieux de savoir ce que j'écrivois, et ne pouvant presque s'abstenir d'y lire. Je ferme ma lettre sans la lui montrer; et, comme je la mettois dans ma poche, il la demande avidement, disant qu'il l'enverra le lendemain; jour de poste. La lettre reste sur sa table. Lord Newnham arrive, M. Hume sort un moment; je reprends ma lettre, disant que j'aurai le temps de l'envoyer le lendemain. Lord Newnham m'offre de l'envoyer par le paquet de M. l'ambassadeur de France; j'accepte. M. Hume rentre tandis que lord Newnham fait son enveloppe; il tire son cachet, M. Hume offre le sien avec tant d'empressement, qu'il faut s'en servir par préférence. On sonne; lord Newnham donne la lettre au laquais de M. Hume pour la remettre au sien, qui attend en bas avec son carrosse, afin qu'il la porte chez M. l'ambassadeur. A peine le laquais de M. Hume étoit hors de la porte, que je me dis, Je parie que le maître va le suivre : il n'y manqua pas. Ne sachant comment laisser seul milord Newnham, j'hésitai quelque temps avant que de suivre à mon tour M. Hume : je n'aperçus rien; mais il vit très-bien que j'étois inquiet. Ainsi, quoique je n'aie reçu aucune réponse à ma lettre, je ne doute pas qu'elle ne soit parvenue; mais je doute un peu, je l'avoue, qu'elle n'ait été lue auparavant.

L'impression de ce regard me reste et m'agite, mon trouble augmente jusqu'au saisissement : si l'épanchement n'eût succédé, j'étouffois. Bientôt un violent remords me gagne ; je m'indigne de moi-même : enfin, dans un transport que je me rappelle encore avec délices, je m'élance à son cou, je le serre étroitement ; suffoqué de sanglots, inondé de larmes, je m'écrie d'une voix entrecoupée : *Non, non, David Hume n'est pas un traître ; s'il n'étoit le meilleur des hommes, il faudroit qu'il en fût le plus noir.* David Hume me rend poliment mes embrassements, et, tout en me frappant de petits coups sur le dos, me repète plusieurs fois d'un ton tranquille : *Quoi ! mon cher monsieur ! Eh ! mon cher monsieur ! Quoi donc ! mon cher monsieur !* Il ne me dit rien de plus ; je sens que mon cœur se resserre ; nous allons nous coucher, et je pars le lendemain pour la province.

Arrivé dans cet agréable asile où j'étois venu chercher le repos de si loin, je devois le trouver dans une maison solitaire, commode, et riante, dont le maître, homme d'esprit et de mérite, n'épargnoit rien de ce qui pouvoit m'en faire aimer le séjour. Mais quel repos peut-on goûter dans la vie quand le cœur est agité ? Troublé de la plus cruelle incertitude, et ne sachant que penser d'un homme que je devois aimer, je cherchai à me délivrer de ce doute funeste en rendant ma confiance à mon bienfaiteur ; car, pourquoi, par quel caprice inconcevable, eût-il eu tant de zèle à l'extérieur pour mon bien-être, avec des projets secrets contre mon honneur? Dans les observations qui m'avoient inquiété, chaque fait en lui-même étoit peu de chose, il n'y avoit que leur concours d'étonnant, et peut-être, instruit d'autres faits que j'ignorois, M. Hume pouvoit-il, dans un éclaircissement, me donner une solution satisfaisante. La seule chose inexplicable étoit qu'il se fût refusé à un éclaircissement que son honneur et son amitié pour moi rendoient également nécessaire. Je voyois qu'il y avoit là quelque chose que je ne comprenois pas, et que je mourois d'envie d'entendre. Avant donc de me décider absolument sur son compte, je voulus faire un dernier effort, et lui écrire pour le ramener, s'il se laissoit séduire à mes ennemis, ou pour le faire expliquer de manière ou d'autre. Je lui écrivis une lettre [1]; qu'il dut trouver fort naturelle s'il étoit coupable, mais fort extraordinaire s'il ne l'étoit pas; car quoi de plus extraordinaire qu'une lettre pleine à la fois de gratitude sur ses services et d'inquiétudes sur ses sentiments, et où, mettant pour ainsi dire ses actions d'un côté et ses intentions de l'autre, au lieu de parler des preuves d'amitié qu'il m'avoit données, je le prie de m'aimer

---

[1] Il paroît, par ce qu'il m'écrit en dernier lieu, qu'il est très-content de cette lettre, et qu'il la trouve fort bien [*].

[*] La lettre de Rousseau est celle du 22 mars, n. 669.

à cause du bien qu'il m'avoit fait? Je n'ai pas pris mes précautions d'assez loin pour garder une copie de cette lettre, mais, puisqu'il les a prises lui, qu'il la montre; et quiconque la lira, y voyant un homme tourmenté d'une peine secrète qu'il veut faire entendre et qu'il n'ose dire, sera curieux, je m'assure, de savoir quel éclaircissement cette lettre aura produit, surtout à la suite de la scène précédente. Aucun, rien du tout : M. Hume se contente, en réponse, de me parler des soins obligeants que M. Davenport se propose de prendre en ma faveur; du reste, pas un seul mot sur le pricipal sujet de ma lettre, ni sur l'état de mon cœur dont il devoit si bien voir le tourment. Je fus frappé de ce silence, encore plus que je ne l'avois été de son flegme à notre dernier entretien. J'avois tort, ce silence étoit fort naturel après l'autre, et j'aurois dû m'y attendre; car, quand on a osé dire en face à un homme : *Je suis tenté de vous croire un traître*, et qu'il n'a pas la curiosité de demander *sur quoi*, l'on peut compter qu'il n'aura pareille curiosité de sa vie, et pour peu que les indices le chargent, cet homme est jugé.

Après la réception de sa lettre, qui tarda beaucoup, je pris enfin mon parti, et résolus de ne lui plus écrire. Tout me confirma bientôt dans la résolution de rompre avec lui tout commerce. Curieux au dernier point du détail de mes moindres affaires, il ne s'étoit pas borné à s'en informer de moi dans nos entretiens; mais j'appris qu'après avoir commencé par faire avouer à ma gouvernante qu'elle en étoit instruite, il n'avoit pas laissé échapper avec elle un seul tête-à-tête sans l'interroger jusqu'à l'importunité sur mes occupations, sur mes ressources, sur mes amis, sur mes connoissances, sur leur nom, leur état, leur demeure; et, avec une adresse jésuitique, il avoit demandé séparément les mêmes choses à elle et à moi. On doit prendre intérêt aux affaires d'un ami; mais on doit se contenter de ce qu'il veut nous en dire, surtout quand il est aussi ouvert, aussi confiant que moi, et tout ce petit cailletage de commère convient on ne peut pas plus mal à un philosophe.

Dans le même temps, je reçois encore deux lettres qui ont été ouvertes : l'une de M. Boswell, dont le cachet étoit en si mauvais état, que M. Davenport, en la recevant, le fit remarquer au laquais de M. Hume; et l'autre de M. d'Ivernois, dans un paquet de M. Hume, laquelle avoit été recachetée au moyen d'un fer chaud qui, maladroitement appliqué, avoit brûlé le papier autour de l'empreinte. J'écrivis à M. Davenport pour le prier de garder par-devers lui toutes les lettres qui lui seroient remises pour moi; et de n'en remettre aucune à personne, sous quelque prétexte que ce fût. J'ignore si M. Davenport, bien éloigné de penser que cette précaution pût regarder M. Hume, lui montra ma lettre; mais je sais que tout disoit à celui-ci qu'il avoit perdu ma confiance, et qu'il n'en alloit pas moins son train sans s'embarrasser de la recouvrer.

Mais que devins-je lorsque je vis dans les papiers publics la prétendue lettre du roi de Prusse, que je n'avois pas encore vue, cette fausse lettre imprimée en françois et en anglois, donnée pour vraie, même avec la signature du roi, et que j'y reconnus la plume de M. d'Alembert, aussi sûrement que si je la lui avois vu écrire!

A l'instant un trait de lumière vint m'éclairer sur la cause secrète du changement étonnant et prompt du public anglois à mon égard, et je vis à Paris le foyer du complot qui s'exécutoit à Londres.

M. d'Alembert, autre ami très-intime de M. Hume, étoit depuis long-temps mon ennemi caché, et n'épioit que les occasions de me nuire sans se commettre; il étoit le seul des gens de lettres d'un certain nom et de mes anciennes connoissances qui ne me fût point venu voir, ou qui ne m'eût rien fait dire à mon dernier passage à Paris. Je connoissois ses dispositions secrètes, mais je m'en inquiétois peu, me contentant d'en avertir mes amis dans l'occasion. Je me souviens qu'un jour, questionné sur son compte par M. Hume, qui questionna de même ensuite ma gouvernante, je lui dis que M. d'Alembert étoit un homme adroit et rusé. Il me contredit avec une chaleur dont je m'étonnai, ne sachant pas alors qu'ils étoient si bien ensemble, et que c'étoit sa propre cause qu'il défendoit.

La lecture de cette lettre m'alarma beaucoup; et, sentant que j'avois été attiré en Angleterre en vertu d'un projet qui commençoit à s'exécuter, mais dont j'ignorois le but, je sentois le péril sans savoir où il pouvoit être, ni de quoi j'avois à me garantir : je me rappelai alors quatre mots effrayants de M. Hume, que je rapporterai ci-après. Que penser d'un écrit où l'on me faisoit un crime de mes misères, qui tendoit à m'ôter la commisération de tout le monde dans mes malheurs, et qu'on donnoit sous le nom du prince même qui m'avoit protégé, pour en rendre l'effet plus cruel encore? Que devois-je augurer de la suite d'un tel début? Le peuple anglois lit les papiers publics, et n'est déjà pas trop favorable aux étrangers. Un vêtement qui n'est pas le sien suffit pour le mettre de mauvaise humeur; qu'en doit attendre un pauvre étranger dans ses promenades champêtres, le seul plaisir de la vie auquel il s'est borné? Quand on aura persuadé à ces bonnes gens que cet homme aime qu'on le lapide, ils seront fort tentés de lui en donner l'amusement. Mais ma douleur, ma douleur profonde et cruelle, la plus amère que j'aie jamais ressentie, ne venoit pas du péril auquel j'étois exposé; j'en avois trop bravé d'autres pour être fort ému de celui-là; la trahison d'un faux ami, dont j'étois la proie, étoit ce qui portoit dans mon cœur trop sensible l'accablement, la tristesse et la mort. Dans l'impétuosité d'un premier mouvement, dont jamais je ne fus le maître, et que mes adroits ennemis savent faire naître pour s'en prévaloir, j'écris des lettres pleines de désordre, où je ne déguise ni mon trouble ni mon indignation.

Monsieur, j'ai tant de choses à dire qu'en chemin faisant j'en oublie la moitié. Par exemple, une relation en forme de lettre sur mon séjour à Montmorency fut portée par des libraires à M. Hume, qui me la montra. Je consentis qu'elle fût imprimée; il se chargea d'y veiller: elle n'a jamais paru. J'avois apporté un exemplaire des *Lettres de M. du Peyrou*, contenant la relation des affaires de Neuchâtel, qui me regardent: je les remis aux mêmes libraires à leur prière, pour les faire traduire et réimprimer; M. Hume se chargea d'y veiller: elles n'ont jamais paru [1]. Dès que la fausse lettre du roi de Prusse et sa traduction parurent, je compris pourquoi les autres écrits restoient supprimés, et je l'écrivis aux libraires. J'écrivis d'autres lettres qui probablement ont couru dans Londres; enfin j'employai le crédit d'un homme de mérite et de qualité pour faire mettre dans les papiers une déclaration de l'imposture: dans cette déclaration, je laissois paroître toute ma douleur, et je n'en déguisois pas la cause.

[1] Les libraires viennent de me marquer que cette édition est faite et prête à paroître. Cela peut être, mais il est trop tard, et, qui pis est, trop à propos.

Jusqu'ici M. Hume a semblé marcher dans les ténèbres; vous l'allez voir désormais dans la lumière et marcher à découvert. Il n'y a qu'à toujours aller droit avec les gens rusés; tôt ou tard ils se décèlent par leurs ruses mêmes.

Lorsque cette prétendue lettre du roi de Prusse fut publiée à Londres, M. Hume, qui certainement savoit qu'elle étoit supposée, puisque je le lui avois dit, n'en dit rien, ne m'écrit rien, se tait, et ne songe pas même à faire, en faveur de son ami absent, aucune déclaration de la vérité. Il ne falloit, pour aller au but, que laisser dire et se tenir coi; c'est ce qu'il fit.

M. Hume ayant été mon conducteur en Angleterre, y étoit en quelque façon mon protecteur, mon patron. S'il étoit naturel qu'il prît ma défense, il ne l'étoit pas moins qu'ayant une protestation publique à faire je m'adressasse à lui pour cela. Ayant déja cessé de lui écrire, je n'avois garde de recommencer. Je m'adresse à un autre. Premier soufflet sur la joue de mon patron : il n'en sent rien.

En disant que la lettre étoit fabriquée à Paris, il m'importoit fort peu lequel on entendît de M. d'Alembert où de son prête-nom, M. Walpole; mais, en ajoutant que ce qui navroit et déchiroit mon cœur étoit que l'imposteur avoit des complices en Angleterre, je m'expliquois avec la plus grande clarté pour leur ami qui étoit à Londres;

et qui vouloit passer pour le mien ; il n'y avoit certainement que lui seul en Angleterre dont la haine pût déchirer et navrer mon cœur. Second soufflet sur la joue de mon patron : il n'en sent rien.

Au contraire, il feint malignement que mon affliction venoit seulement de la publication de cette lettre, afin de me faire passer pour un homme vain, qu'une satire affecte beaucoup. Vain ou non, j'étois mortellement affligé ; il le savoit, et ne m'écrivoit pas un mot. Ce tendre ami, qui a tant à cœur que ma bourse soit pleine, se soucie assez peu que mon cœur soit déchiré.

Un autre écrit paroît bientôt dans les mêmes feuilles de la même main que le premier, plus cruel encore, s'il étoit possible, et où l'auteur ne peut déguiser sa rage sur l'accueil que j'avois reçu à Paris. Cet écrit ne m'affecta plus : il ne m'apprenoit rien de nouveau ; les libelles pouvoient aller leur train sans m'émouvoir, et le volage public lui-même se lassoit d'être long-temps occupé du même sujet. Ce n'est pas le compte des comploteurs qui, ayant ma réputation d'honnête homme à détruire, veulent de manière ou d'autre en venir à bout. Il fallut changer de batterie.

L'affaire de la pension n'étoit pas terminée : il ne fut pas difficile à M. Hume d'obtenir de l'humanité du ministre et de la générosité du prince qu'elle le fût : il fut chargé de me le marquer, il le fit. Ce moment fut, je l'avoue, un des plus critiques de ma vie. Combien il m'en coûta pour faire mon devoir ! Mes engagements précédents, l'obligation de correspondre avec respect aux bontés du roi, l'honneur d'être l'objet de ses attentions, de celles de son ministre, le désir de marquer combien j'y étois sensible, même l'avantage d'être un peu plus au large en approchant de la vieillesse, accablé d'ennuis et de maux, enfin l'embarras de trouver une excuse honnête pour éluder un bienfait déjà presque accepté ; tout me rendoit difficile et cruelle la nécessité d'y renoncer, car il le falloit assurément, ou me rendre le plus vil de tous les hommes en devenant volontairement l'obligé de celui dont j'étois trahi.

Je fis mon devoir, non sans peine ; j'écrivis directement à M. le général Conway, et avec autant de respect et d'honnêteté qu'il me fut possible, sans refus absolu ; je me défendis pour le présent d'accepter. M. Hume avoit été le négociateur de l'affaire, le seul même qui en eût parlé ; non seulement je ne lui répondis point, quoique ce fût lui qui m'eût écrit, mais je ne dis pas un mot de lui dans ma lettre. Troisième soufflet sur la joue de mon patron ; et pour celui-là, s'il ne le sent pas, c'est assurément sa faute : il n'en sent rien.

Ma lettre n'étoit pas claire, et ne pouvoit l'être pour M. le général Conway, qui ne savoit pas à quoi tenoit ce refus ; mais elle l'étoit fort pour

M. Hume qui le savoit très-bien : cependant il feint de prendre le change, tant sur le sujet de ma douleur que sur celui de mon refus, et dans un billet qu'il m'écrit, il me fait entendre qu'on me ménagera la continuation des bontés du roi, si je me ravise sur la pension. En un mot, il prétend à toute force, et quoi qu'il arrive, demeurer mon patron malgré moi. Vous jugez bien, monsieur, qu'il n'attendoit pas de réponse, et il n'en eût point.

Dans ce même temps à peu près, car je ne sais pas les dates, et cette exactitude ici n'est pas nécessaire, parut une lettre de M. de Voltaire à moi adressée, avec une traduction angloise qui renchérit encore sur l'original. Le noble objet de ce spirituel ouvrage est de m'attirer le mépris et la haine de ceux chez qui je me suis réfugié. Je ne doutai point que mon cher patron n'eût été un des instruments de cette publication, surtout quand je vis qu'en tâchant d'aliéner de moi ceux qui pouvoient en ce pays me rendre la vie agréable, on avoit omis de nommer celui qui m'y avoit conduit. On savoit sans doute que c'étoit un soin superflu, et qu'à cet égard rien ne restoit à faire. Ce nom, si maladroitement oublié dans cette lettre, me rappela ce que dit Tacite du portrait de Brutus omis dans une pompe funèbre, que chacun l'y distinguoit précisément parce qu'il n'y étoit pas.

On ne nommoit donc pas M. Hume, mais il vit

avec les gens qu'on nommoit; il a pour amis tous mes ennemis, on le sait: ailleurs les Tronchin, les d'Alembert, les Voltaire; mais il y a bien pis à Londres, c'est que je n'y ai pour ennemis que ses amis. Eh! pourquoi y en aurai-je d'autres? pourquoi même y ai-je ceux-là? Qu'ai-je fait à lord Littleton que je ne connois même pas? Qu'ai-je fait à M. Walpole que je ne connois pas davantage? Que savent-ils de moi, sinon que je suis malheureux et l'ami de leur ami Hume? Que leur a-t-il donc dit, puisque ce n'est que par lui qu'ils me connoissent? Je crois bien qu'avec le rôle qu'il fait, il ne se démasque pas devant tout le monde; ce ne seroit plus être masqué. Je crois bien qu'il ne parle pas de moi à M. le général Conway ni à M. le duc de Richmond comme il en parle dans ses entretiens secrets avec M. Walpole, et dans sa correspondance secrète avec M. d'Alembert; mais qu'on découvre la trame qui s'ourdit à Londres depuis mon arrivée, et l'on verra si M. Hume n'en tient pas les principaux fils.

Enfin le moment venu qu'on croit propre à frapper le grand coup, on en prépare l'effet par un nouvel écrit satirique qu'on fait mettre dans les papiers. S'il m'étoit resté jusqu'alors le moindre doute, comment auroit-il pu tenir devant cet écrit, puisqu'il contenoit des faits qui n'étoient connus que de M. Hume, chargés, il est vrai, pour les rendre odieux au public?

On dit dans cet écrit que j'ouvre ma porte aux grands, et que je la ferme aux petits. Qu'est-ce qui sait à qui j'ai ouvert ou fermé ma porte, que M. Hume, avec qui j'ai demeuré et par qui sont venus tous ceux que j'ai vus? Il faut en excepter un grand que j'ai reçu de bon cœur sans le connoître, et que j'aurois reçu de bien meilleur cœur encore si je l'avois connu. Ce fut M. Hume qui me dit son nom quand il fut parti. En l'apprenant, j'eus un vrai chagrin que, daignant monter un second étage, il ne fût pas entré au premier.

Quant aux petits, je n'ai rien à dire. J'aurois désiré voir moins de monde; mais, ne voulant déplaire à personne, je me laissois diriger par M. Hume, et j'ai reçu de mon mieux tous ceux qu'il m'a présentés, sans distinction de petits ni de grands.

On dit dans ce même écrit que je reçois mes parents froidement, *pour ne rien dire de plus*. Cette généralité consiste à avoir une fois reçu assez froidement le seul parent que j'aie hors de Genève, et cela en présence de M. Hume. C'est nécessairement ou M. Hume ou ce parent qui a fourni cet article. Or, mon cousin, que j'ai toujours connu pour bon parent et pour honnête homme, n'est point capable de fournir à des satires publiques contre moi; d'ailleurs, borné par son état à la société des gens de commerce, il ne vit pas avec les gens de lettres, ni avec ceux qui fournissent des articles dans les papiers, encore moins avec ceux qui s'occupent à des satires : ainsi l'article ne vient pas de lui. Tout au plus puis-je penser que M. Hume aura tâché de le faire jaser, ce qui n'est pas absolument difficile, et qu'il aura tourné ce qu'il lui a dit de la manière la plus favorable à ses vues. Il est bon d'ajouter qu'après ma rupture avec M. Hume j'en avois écrit à ce cousin-là.

Enfin on dit dans ce même écrit que je suis sujet à changer d'avis. Il ne faut pas être bien fin pour comprendre à quoi cela prépare.

Distinguons. J'ai depuis vingt-cinq et trente ans des amis très-solides. J'en ai de plus nouveaux, mais non moins sûrs, que je garderai plus long-temps si je vis. Je n'ai pas en général trouvé la même sûreté chez ceux que j'ai faits parmi les gens de lettres : aussi j'en ai changé quelquefois, et j'en changerai tant qu'ils me seront suspects ; car je suis bien déterminé à ne garder jamais d'amis par bienséance : je n'en veux avoir que pour les aimer.

Si jamais j'eus une conviction intime et certaine, je l'ai que M. Hume a fourni les matériaux de cet écrit. Bien plus, non seulement j'ai cette certitude, mais il m'est clair qu'il a voulu que je l'eusse ; car comment supposer un homme aussi fin assez maladroit pour se découvrir à ce point, voulant se cacher ?

Quel étoit son but ? Rien n'est plus clair encore ;

c'étoit de porter mon indignation à son dernier terme, pour amener avec plus d'éclat le coup qu'il me préparoit. Il sait que, pour me faire faire bien des sottises, il suffit de me mettre en colère. Nous sommes au moment critique qui montrera s'il a bien ou mal raisonné.

Il faut se posséder autant que fait M. Hume, il faut avoir son flegme et toute sa force d'esprit pour prendre le parti qu'il prit, après tout ce qui s'étoit passé. Dans l'embarras où j'étois, écrivant à M. le général Conway, je ne pus remplir ma lettre que de phrases obscures dont M. Hume fit, comme mon ami, l'interprétation qui lui plut. Supposant donc, quoiqu'il sût très-bien le contraire, que c'étoit la clause du secret qui me faisoit de la peine, il obtient de M. le général qu'il voudroit bien s'employer pour la faire lever. Alors cet homme stoïque et vraiment insensible m'écrit la lettre la plus amicale, où il me marque qu'il s'est employé pour faire lever la clause; mais qu'avant toute chose il faut savoir si je veux accepter sans cette condition, pour ne pas exposer sa majesté à un second refus.

C'étoit ici le moment décisif; la fin, l'objet de tous ses travaux; il lui falloit une réponse, il la vouloit. Pour que je ne pusse me dispenser de la faire, il envoie à M. Davenport un duplicata de sa lettre, et, non content de cette précaution, il m'écrit dans un autre billet qu'il ne sauroit rester plus long-temps à Londres pour mon service. La tête me tourna presque en lisant ce billet. De mes jours je n'ai rien trouvé de plus inconvenant.

Il l'a donc enfin cette réponse tant désirée, et se presse déjà d'en triompher. Déjà, écrivant à M. Davenport, il me traite d'homme féroce et de monstre d'ingratitude : mais il lui faut plus ; ses mesures sont bien prises, à ce qu'il pense : nulle preuve contre lui ne peut échapper. Il veut une explication ; il l'aura, et la voici.

Rien ne la conclut mieux que le dernier trait qui l'amène. Seul il prouve tout et sans réplique.

Je veux supposer, par impossible, qu'il n'est rien revenu à M. Hume de mes plaintes contre lui : il n'en sait rien, il les ignore aussi parfaitement que s'il n'eût été faufilé avec personne qui en fût instruit, aussi parfaitement que si durant ce temps il eût vécu à la Chine : mais ma conduite immédiate entre lui et moi, les derniers mots si frappants que je lui dis à Londres, la lettre qui suivit pleine d'inquiétude et de crainte, mon silence obstiné plus énergique que des paroles, ma plainte amère et publique au sujet de la lettre de M. d'Alembert, ma lettre au ministre, qui ne m'a point écrit, en réponse à celle qu'il m'écrit lui-même, et dans laquelle je ne dis pas un mot de lui ; enfin mon refus, sans daigner m'adresser à lui, d'acquiescer à une affaire qu'il a traitée en ma faveur, moi le sachant, et sans opposition de ma part; tout cela parle seul du ton le plus fort, je ne dis pas à tout homme qui auroit quelque sentiment dans l'ame, mais à tout homme qui n'est pas hébété.

Quoi! après que j'ai rompu tout commerce avec lui depuis près de trois mois, après que je n'ai répondu à pas une de ses lettres, quelque important qu'en fût le sujet, environné des marques publiques et particulières de l'affliction que son infidélité me cause, cet homme éclairé, ce beau génie, naturellement si clairvoyant, et volontairement si stupide, ne voit rien, n'entend rien, ne sent rien, n'est ému de rien, et, sans un seul mot de plainte, de justification, d'explication, il continue à se donner, malgré moi, pour moi, les soins les plus grands, les plus empressés; il m'écrit affectueusement qu'il ne peut rester à Londres plus long-temps pour mon service, comme si nous étions d'accord qu'il y restera pour cela! Cet aveuglement, cette impassibilité, cette obstination, ne sont pas dans la nature; il faut expliquer cela par d'autres motifs. Mettons cette conduite dans un plus grand jour, car c'est un point décisif.

Dans cette affaire il faut nécessairement que M. Hume soit le plus grand ou le dernier des hommes; il n'y a pas de milieu. Reste à voir lequel c'est des deux.

Malgré tant de marques de dédain de ma part,

M. Hume avoit-il l'étonnante générosité de vouloir me servir sincèrement? il savoit qu'il m'étoit impossible d'accepter ses bons offices, tant que j'aurois de lui les sentimens que j'avois conçus; il avoit éludé l'explication lui-même. Ainsi, me servant sans se justifier, il rendoit ses soins inutiles : il n'étoit donc pas généreux.

S'il supposoit qu'en cet état j'accepterois ses soins, il supposoit donc que j'étois un infâme. C'étoit donc pour un homme qu'il jugeoit être un infâme qu'il sollicitoit avec tant d'ardeur une pension du roi. Peut-on rien penser de plus extravagant?

Mais que M. Hume, suivant toujours son plan, se soit dit à lui-même : Voici le moment de l'exécution; car, pressant Rousseau d'accepter la pension, il faudra qu'il l'accepte ou qu'il la refuse. S'il l'accepte, avec les preuves que j'ai en main, je le déshonore complétement; s'il l'a refuse après l'avoir acceptée, on a levé tout prétexte, il faudra qu'il dise pourquoi; c'est là que je l'attends : s'il m'accuse, il est perdu.

Si, dis-je, M. Hume a raisonné ainsi, il a fait une chose fort conséquente à son plan, et par-là même ici fort naturelle; et il n'y a que cette unique façon d'expliquer sa conduite dans cette affaire, car elle est inexplicable dans toute autre supposition : si ceci n'est pas démontré, jamais rien ne le sera.

L'état critique où il m'a réduit me rappelle bien fortement les quatre mots dont j'ai parlé ci-devant, et que je lui entendis dire et répéter dans un temps où je n'en pénétrois guère la force. C'étoit la première nuit qui suivit notre départ de Paris. Nous étions couchés dans la même chambre, et plusieurs fois dans la nuit je l'entends s'écrier en françois, avec une véhémence extrême : *Je tiens J. J. Rousseau!* J'ignore s'il veilloit ou s'il dormoit. L'expression est remarquable dans la bouche d'un homme qui sait trop bien le françois pour se tromper sur la force et le choix des termes. Cependant je pris, et je ne pouvois manquer alors de prendre ces mots dans un sens favorable, quoique le ton l'indiquât encore moins que l'expression ; c'est un ton dont il m'est impossible de donner l'idée, et qui correspond très-bien aux regards dont j'ai parlé. Chaque fois qu'il dit ces mots je sentis un tressaillement d'effroi, dont je n'étois pas le maître : mais il ne me fallut qu'un moment pour me remettre et rire de ma terreur : dès le lendemain tout fut si parfaitement oublié que je n'y ai pas même pensé durant tout mon séjour à Londres et au voisinage. Je ne m'en suis souvenu qu'ici où tant de choses m'ont rappelé ces paroles, et me les rappellent, pour ainsi dire, à chaque instant.

Ces mots, dont le ton retentit sur mon cœur comme s'ils venoient d'être prononcés, les longs et funestes regards tant de fois lancés sur moi, les petits coups sur le dos avec des mots de *mon cher monsieur*, en réponse au soupçon d'être un traître; tout cela m'affecte à un tel point après le reste, que ces souvenirs, fussent-ils les seuls, fermeroient tout retour à la confiance; et il n'y a pas une nuit où ces mots, *Je tiens J. J. Rousseau!* ne sonnent encore à mon oreille comme si je les entendois de nouveau.

Oui, M. Hume, vous me tenez, je le sais, mais seulement par des choses qui me sont extérieures: vous me tenez par l'opinion, par les jugements des hommes; vous me tenez par ma réputation, par ma sûreté peut-être; tous les préjugés sont pour vous: il vous est aisé de me faire passer pour un monstre, comme vous avez commencé, et je vois déjà l'exultation barbare de mes implacables ennemis. Le public, en général, ne me fera pas plus de grâce: sans autre examen, il est toujours pour les services rendus, parce que chacun est bien aise d'inviter à lui en rendre en montrant qu'il sait les sentir. Je prévois aisément la suite de tout cela, surtout dans le pays où vous m'avez conduit, et où, sans amis, étranger à tout le monde, je suis presque à votre merci. Les gens sensés comprendront cependant que, loin que j'aie pu chercher cette affaire, elle étoit ce qui pouvoit m'arriver de plus terrible dans la position où je suis; ils sentiront qu'il n'y a que ma haine invincible pour toute fausseté, et l'impossibilité de marquer de l'estime à celui pour qui je l'ai perdue, qui aient pu m'empêcher de dissimuler quand tant d'intérêts m'en faisoient une loi : mais les gens sensés sont en petit nombre, et ce ne sont pas eux qui font du bruit.

Oui, M. Hume, vous me tenez par tous les liens de cette vie ; mais vous ne me tenez ni par ma vertu ni par mon courage indépendant de vous et des hommes, et qui me restera tout entier malgré vous. Ne pensez pas m'effrayer par la crainte du sort qui m'attend. Je connois les jugements des hommes, je suis accoutumé à leur injustice, et j'ai appris à les peu redouter. Si votre parti est pris, comme j'ai tout lieu de le croire, soyez sûr que le mien ne l'est pas moins. Mon corps est affoibli, mais jamais mon ame ne fut plus ferme. Les hommes feront et diront ce qu'ils voudront, peu m'importe ; ce qui m'importe est d'achever, comme j'ai commencé, d'être droit et vrai jusqu'à la fin, quoi qu'il arrive, et de n'avoir pas plus à me reprocher une lâcheté dans mes misères, qu'une insolence dans ma prospérité. Quelque opprobre qui m'attende et quelque malheur qui me menace, je suis prêt. Quoique à plaindre, je le serai moins que vous, et je vous laisse pour toute vengeance le tourment de respecter, malgré vous, l'infortuné que vous accablez.

En achevant cette lettre, je suis surpris de la

force que j'ai eue de l'écrire. Si l'on mouroit de douleur, j'en serois mort à chaque ligne. Tout est également incompréhensible dans ce qui se passe. Une conduite pareille à la vôtre n'est pas dans la nature; elle est contradictoire, et cependant elle m'est démontrée. Abîme des deux côtés! Je péris dans l'un ou dans l'autre. Je suis le plus malheureux des humains si vous êtes coupable; j'en suis le plus vil si vous êtes innocent. Vous me faites désirer d'être cet objet méprisable. Oui, l'état où je me verrois, prosterné, foulé sous vos pieds, criant miséricorde et faisant tout pour l'obtenir, publiant à haute voix mon indignité, et rendant à vos vertus le plus éclatant hommage, seroit pour mon cœur un état d'épanouissement et de joie après l'état d'étouffement et de mort où vous l'avez mis. Il ne me reste qu'un mot à vous dire. Si vous êtes coupable, ne m'écrivez plus; cela seroit inutile, et sûrement vous ne me tromperez pas. Si vous êtes innocent, daignez vous justifier. Je connois mon devoir, je l'aime et l'aimerai toujours, quelque rude qu'il puisse être. Il n'y a point d'abjection dont un cœur qui n'est pas né pour elle ne puisse revenir. Encore un coup, si vous êtes innocent, daignez vous justifier; si vous ne l'êtes pas, adieu pour jamais [1].

[1] * Voyez les détails de cette querelle dans le *Récit* des particularités de la vie de J. J. Rousseau omises dans les *Confessions*.

LETTRE DCCVI.

A M. DU PEYROU.

Le 19 juillet.

J'avois le pressentiment de votre goutte, et j'en sentois l'inquiétude tandis que vous en sentiez le mal. Vous en voilà, j'espère, délivré, du moins pour cette année. La prévoyance de ces retours annuels est terrible; cependant, si de vives douleurs laissoient raisonner, ce seroit quelque consolation, tandis qu'elles durent, de sentir qu'on achète à ce prix onze mois de repos. Quant à moi, si je pouvois rassembler en un point ce que je souffre en détail, j'en ferois le marché de grand cœur; car les intervalles de repos donnent seuls un prix à la vie. Mais, comme je ne doute point que cette somme de douleurs ne fût beaucoup moindre que la vôtre, je sens que ce triste marché ne doit pas vous agréer. Cependant, à toute mesure, souffrir beaucoup me paroît encore préférable à souffrir toujours. O mon hôte! ne renouvelons pas nos douleurs, dans leur relâche, en nous en rappelant le cruel souvenir. Contentons-nous de tâcher, comme vous faites, d'adoucir la rigueur de leurs attaques par toutes les précautions que la raison peut suggérer; celle du grand exercice me paroît excellente ; la goutte doit son origine à la vie sédentaire ; il faut du moins empêcher sa cause de la nourrir. Vous semblez mettre en parité l'exercice pédestre, l'équestre, et le mouvement du carrosse ; c'est en quoi je ne suis pas de votre avis. Le carrosse est à peine un mouvement, et posant à cheval, sur son derrière et sur ses pieds, on a plus d'à moitié le corps en repos. Dans la marche à pied toutes les articulations agissent, et le mouvement du sang accéléré excite une transpiration salutaire. Il n'est pas possible que, tandis qu'on marche, aucune sécrétion d'humeur se fasse hors de son lieu. Marchez donc, voyagez, herborisez ; allez à Cressier à pied, revenez de même, dût quelque taureau vous faire en passant les honneurs du bois.

Quant à l'abstinence que vous voulez vous prescrire, je l'approuve aussi, pourvu qu'elle n'aille pas trop loin. Continuez de ne pas souper, vous en dormirez plus paisiblement et mieux. Ne joignez pas le souper au dîner en doublant la dose, c'est encore fort bien, mais n'allez pas partir de là pour vivre en anachorète, et peser vos aliments comme Sanctorius. Beaucoup d'exercice et beaucoup d'abstinence vont mal ensemble ; c'est un régime que n'approuve pas la nature, puisqu'à proportion de l'exercice qu'on fait, elle augmente l'appétit. Il faut être sobre jusque dans la sobriété. Choisissez vos mets sans les mesurer. Ayez une table frugale, mais suffisante : que tout y soit simple, mais bon dans son espèce. Point de primeurs, rien de recherché, rien de rare, mais tout bien choisi dans un meilleur temps. C'est ainsi que j'ai vécu dans mon petit ménage, et que j'y vivrois toujours, quand j'aurois cent mille écus de rente. Je me souviens d'avoir mangé chez vous du pain de farine échauffée et du poisson qui n'étoit pas frais; voilà qui est pernicieux. Je sais que madame la commandante y fait tout son possible; malheureusement on n'est pas riche impunément. Mais voilà surtout où doit porter sa vigilance et la vôtre; que rien ne soit fin, que tout soit sain.

Il y a, mon cher hôte, une autre sorte d'abstinence que je crois beaucoup plus importante à votre état, et qui seule, je n'en doute point, pourroit opérer votre guérison. Le vieux Dumoulin répétoit souvent que jamais homme continent n'avoit eu la goutte; et il disoit aux goutteux qui se mettoient au lait : Buvez du vin de Champagne, et quittez les filles. Mon cher hôte, je ne suis point content de ce que vous m'avez écrit à ce sujet : ce que vous regardez comme la consolation de votre existence est précisément ce qui vous la rend à charge. Un sang appauvri ne porte au cerveau que des esprits languissants et morts, et n'engendre que des idées tristes. Laissez reprendre à votre sang tout son baume, bientôt vous verrez aussi la nature et les êtres reprendre à vos yeux une face riante, et vous sentirez avec délices le plaisir d'exister. La santé du corps, la vigueur de l'ame, la vivacité de l'esprit, la gaieté de l'humeur, tout tient à ce grand point ; et le seul régime utile aux vaporeux est précisément le seul dont ils ne s'avisent jamais. Je vous prêche un jeûne que l'habitude contraire a rendu fort difficile, je le sais bien ; mais là-dessus, la goutte doit être un meilleur prédicateur que moi. Cependant il s'agit moins ici de grands efforts que d'une certaine adresse, il faut moins songer à vaincre qu'à éviter le combat. Il faut savoir se distraire et s'occuper beaucoup, mais surtout agréablement ; car les occupations déplaisantes ont besoin de délassement, et voilà précisément où nous attend l'ennemi. Mon cher hôte, j'ai le plus grand besoin de vous ; je donnerois la moitié de ma vie pour vous voir heureux et sain, et je suis persuadé que cela dépend de vous encore. J'ai une grande entreprise à vous proposer. Essayez un an de mon pénible mais utile régime. Si dans un an la machine n'est pas remontée, si l'ame ne se ranime pas, si la goutte revient comme auparavant, je me tais ; reprenez votre train. Mais, de grâce, pensez à ce que votre ami vous propose ; si vous pouvez encore aspirer au bonheur et à la santé, de si grands objets ne méritent-ils pas bien des sacrifices ? Pour les rendre moins onéreux, donnez-vous quelque goût qui devienne enfin passion, s'il est possible, et qui remplisse tous vos loisirs. Je vous ai conseillé la botanique; je vous la conseille encore, à cause du double profit de l'amusement et de l'exercice, et que, quand on a bien herborisé dans les rochers pendant la journée, on n'est pas fâché le soir d'aller coucher seul. J'y vois des avantages que d'autres occupations réuniroient difficilement aussi bien. Toutefois suivez vos goûts, quels qu'ils soient, mais occupez-vous tout de bon, vous sentirez quels charmes prennent par degrés les connoissances, à mesure qu'on les cultive. Tel curieux analyse avec plus de plaisir une jolie fleur qu'une jolie fille. Dieu veuille, mon très-cher hôte, que bientôt ainsi soit de vous!

J'écrirai cette semaine à milord Maréchal pour l'affaire de M. d'Escherny, à qui je vous prie de faire mes salutations et mes excuses de ce que je ne lui réponds pas; c'est une suite de la résolution que j'ai prise de n'écrire plus à personne qu'au seul milord Maréchal et à vous. Je sens combien il importe au repos du reste de ma vie que je sois totalement oublié du public. Je serois pourtant bien fâché que mes amis m'oubliassent; mais c'est ce que je n'ai pas à craindre de ceux qui sont près de vous; et quelque jour, eux ou leurs enfants auront des preuves que je ne les oublie pas non plus. Mais quand on écrit, les lettres se montrent; on parle d'un homme, et il m'importe qu'on cesse de parler de moi, au point d'être censé mort de mon vivant. Je ne me suis pas réservé une seule correspondance à Paris, à Genève, à Lyon, pas même à Yverdun; mais mon cœur est toujours le même, et je me flatte, mon cher hôte, que dans tout ce qui est à votre portée, vous voudrez bien suppléer à mon silence dans l'occasion. Je suis très-fâché que M. de Pury, que j'aime de tout mon cœur, ait à se plaindre de quelques propos de mademoiselle Le Vasseur, qui probablement lui ont été mal rendus; mais je suis surpris en même temps qu'un homme d'autant d'esprit daigne faire attention à ces petits bavardages femelles. Les femmes sont faites pour cailleter, et les hommes pour en rire. J'ai si bien pris mon parti sur tous ces dits et redits de commères, qu'ils sont pour moi comme n'existant pas; il n'y a que ce moyen de vivre en repos.

Je vous suis obligé de la copie de la lettre de M. Hume que vous m'avez envoyée. C'est à peu près ce que j'imaginois. L'article de trente livres sterling de pension m'a fait rire. Vous pourrez du moins, je m'en flatte, juger par vous-même de ce qu'il en est. Je renvoie à ce même temps les explications qui le regardent sur ce qui s'est passé entre lui et moi. Je vois, par vos lettres et par celles de M. d'Escherny, que vous me jugez l'un et l'autre fort affecté des satires publiques et du radotage de ce pauvre Voltaire. Je laisse croire aux autres ce qu'il leur plaît; mais comment se peut-il que vous me connoissiez si mal encore, vous qui savez que je fais imprimer moi-même les libelles qui se font contre moi ? Soyez bien persuadé que depuis longtemps rien, de la part de mes ennemis ni du public, ne peut m'affecter un seul moment. Les coups qui me navrent me sont portés de plus près, et j'en serois digne si je n'y étois pas sensible. Si le prédicant de Montmollin publioit des satires contre vous, je crois qu'elles ne vous blesseroient guère; mais si vous appreniez que J. J. Rousseau s'entend avec lui pour cela, resteriez-vous de sang froid? J'espère que non. Voilà le cas où je me trouve. De grâce, mon bon hôte, ne soyez pas si prompt à me juger sans m'entendre. Quelque jour vous conviendrez, je m'assure, que je suis en Angleterre le même que je fus auprès de vous.

J'étois bien sûr que les trois cents louis ne tarderoient pas d'arriver. Celui qui les envoie est un bon papa qui n'oublie pas ses enfants; mais au compte que vous faites à ce sujet, il me paroît que mon cher tuteur, si on le laissoit faire, auroit besoin lui-même d'un autre tuteur. Nous parlerons de cela une autre fois. J'ai tiré sur vos banquiers une lettre de 730 livres de France, lesquelles, jointes aux 70 livres marquées sur votre compte, font 800 livres pour le premier semestre. Je n'ai point encore reçu de nouvelles de mes livres. Mille tendres salutations à tous nos amis, et respects à la très-bonne maman. Je vous embrasse.

LETTRE DCCVII.

A MILORD MARÉCHAL.

Le 20 juillet 1766.

La dernière lettre, milord, que j'ai reçue de vous étoit du 25 mai. Depuis ce temps j'ai été forcé de déclarer mes sentiments à M. Hume : il a voulu une explication, il l'a eue ; j'ignore l'usage qu'il en fera. Quoi qu'il en soit, tout est dit désormais entre lui et moi. Je voudrois vous envoyer copie des lettres, mais c'est un livre pour la grosseur. Milord, le sentiment cruel que nous ne nous verrons plus charge mon cœur d'un poids insupportable ; je donnerois la moitié de mon sang pour vous voir un seul quart d'heure encore une fois en ma vie : vous savez combien ce quart d'heure me seroit doux, mais vous ignorez combien il me seroit important.

Après avoir bien réfléchi sur ma situation présente, je n'ai trouvé qu'un seul moyen possible de m'assurer quelque repos sur mes derniers jours : c'est de me faire oublier des hommes aussi parfaitement que si je n'existois plus, si tant est qu'on puisse appeler existence un reste de végétation inutile à soi-même et aux autres, loin de tout ce qui nous est cher. En conséquence de cette résolution, j'ai pris celle de rompre toute correspondance hors le cas d'absolue nécessité. Je cesse désormais d'écrire et de répondre à qui que ce soit. Je ne fais que deux seules exceptions, dont l'une est pour M. du Peyrou; je crois superflu de vous dire quelle est l'autre : désormais tout à l'amitié, n'existant plus que par elle, vous sentez que j'ai plus besoin que jamais d'avoir quelquefois de vos lettres.

Je suis très-heureux d'avoir pris du goût pour la botanique : ce goût se change insensiblement en une passion d'enfant, ou plutôt en un radotage inutile et vain, car je n'apprends aujourd'hui qu'en oubliant ce que j'appris hier, mais n'importe : si je n'ai jamais le plaisir de savoir, j'aurai toujours celui d'apprendre, et c'est tout ce qu'il me faut. Vous ne sauriez croire combien l'étude des plantes jette d'agrément sur mes promenades solitaires. J'ai eu le bonheur de me conserver un cœur assez sain pour que les plus simples amusements lui suffisent, et j'empêche, en m'empaillant la tête, qu'il n'y reste place pour d'autres fatras.

L'occupation pour les jours de pluie, fréquents en ce pays, est d'écrire ma vie; non ma vie extérieure comme les autres, mais ma vie réelle, celle de mon ame, l'histoire de mes sentiments les plus secrets. Je ferai ce que nul homme n'a fait avant moi, et ce que vraisemblablement nul autre ne fera dans la suite. Je dirai tout, le bien, le mal, tout enfin ; je me sens une ame qui se peut montrer. Je suis loin de cette époque chérie de 1762, mais j'y viendrai, je l'espère. Je recommencerai, du moins en idée, ces pélerinages de Colombier, qui furent les jours les plus purs de ma vie. Que ne peuvent-ils recommencer encore, et recommencer sans cesse ! je ne demanderois point d'autre éternité.

M. du Peyrou me marque qu'il a reçu les trois cents louis. Ils viennent d'un bon père qui, non plus que celui dont il est l'image, n'attend pas que ses enfants lui demandent leur pain quotidien.

Je n'entends point ce que vous me dites d'une prétendue charge que les habitants de Derbyshire m'ont donnée. Il n'y a rien de pareil, je vous assure, et cela m'a tout l'air d'une plaisanterie que quelqu'un vous aura faite sur mon compte ; du reste, je suis très-content du pays et des habitants, autant qu'on peut l'être à mon âge d'un climat et d'une manière de vivre auxquels on n'est pas accoutumé. J'espérois que vous me parleriez un peu de votre maison et de votre jardin, ne fût-ce qu'en faveur de la botanique. Ah ! que ne suis-je à portée de ce bienheureux jardin, dût mon pauvre Sultan le fourrager un peu comme il fit celui de Colombier !

LETTRE DCCVIII.

A M. DAVENPORT.

1766.

Je suis bien sensible, monsieur, à l'attention que vous avez de m'envoyer tout ce que vous croyez devoir m'intéresser. Ayant pris mon parti sur l'affaire en question, je continuerai, quoi qu'il arrive, de laisser M. Hume faire du bruit tout seul, et je garderai, le reste de mes jours, le silence que je me suis imposé sur cet article. Au reste, sans affecter une tranquillité stoïque, j'ose vous assurer que dans ce déchaînement universel je suis ému aussi peu qu'il est possible, et beaucoup moins que je n'aurois cru l'être, si d'avance on me l'eût annoncé; mais ce que je vous proteste et ce que je vous jure, mon respectable hôte, en vérité et à la face du ciel, c'est que le bruyant et triomphant David Hume, dans tout l'éclat de sa gloire, me paroît beaucoup plus à plaindre que l'infortuné J. J. Rousseau, livré à la diffamation publique. Je ne voudrois pour rien au monde être à sa place, et j'y préfère de beaucoup la mienne, même avec l'opprobre qu'il lui a plu d'y attacher.

J'ai craint pour vous ces mauvais temps passés. J'espère que ceux qu'il fait à présent en répareront le mauvais effet. Je n'ai pas été mieux traité que vous, et je ne connois plus guère de bon temps ni pour mon cœur ni pour mon corps : j'excepte celui que je passe auprès de vous : c'est vous dire assez avec quel empressement je vous attends et votre chère famille, que je remercie et salue de toute mon ame.

LETTRE DCCIX.

A M. GUY.

Wootton, le 2 août 1766.

Je me serois bien passé, monsieur, d'apprendre les bruits obligeants qu'on répand à Paris sur mon compte, et vous auriez bien pu vous passer de vous joindre à ces cruels amis qui se plaisent à m'enfoncer vingt poignards dans le cœur. Le parti que j'ai pris de m'ensevelir dans cette solitude, sans entretenir plus aucune correspondance dans le monde, est l'effet de ma situation bien examinée. La ligue qui s'est formée contre moi est trop puissante, trop adroite, trop ardente, trop accréditée, pour que, dans ma position, sans autre appui que la vérité, je sois en état de lui faire face dans le public. Couper les têtes de cette hydre ne serviroit qu'à les multiplier; et je n'aurois pas détruit une de leurs calomnies, que vingt autres plus cruelles lui succéderoient à l'instant. Ce que j'ai à faire est de bien prendre mon parti sur les jugements du public, de me taire, et de tâcher au moins de vivre et mourir en repos.

Je n'en suis pas moins reconnoissant pour ceux que l'intérêt qu'ils prennent à moi engage à m'instruire de ce qui se passe : en m'affligeant, ils m'obligent; s'ils me font du mal, c'est en voulant me faire du bien. Ils croient que ma réputation dépend d'une lettre injurieuse, cela peut être; mais, s'ils croient que mon honneur en dépend, ils se trompent. Si l'honneur d'un homme dépendoit des injures qu'on lui dit, et des outrages qu'on lui fait, il y a long-temps qu'il ne me resteroit plus d'honneur à perdre; mais, au contraire, il est même au-dessous d'un honnête homme de repousser de certains outrages. On dit que M. Hume me traite de vile canaille et de scélérat. Si je savois répondre à de pareils noms, je m'en croirois digne.

Montrez cette lettre à mes amis, et priez-les de se tranquilliser. Ceux qui ne jugent que sur des preuves ne me condamneront certainement pas, et ceux qui jugent sans preuves ne valent pas la peine qu'on les désabuse. M. Hume écrit, dit-on, qu'il veut publier toutes les pièces relatives à cette affaire; c'est, j'en réponds, ce qu'il se gardera de faire, ou ce qu'il se gardera bien au moins de faire fidèlement. Que ceux qui seront au fait nous jugent, je le désire; que ceux qui ne sauront que ce que M. Hume voudra leur dire ne laissent pas de nous juger; cela m'est, je vous jure, très-indifférent. J'ai un défenseur dont les opérations sont lentes, mais sûres : je les attends.

Je me bornerai à vous présenter une seule réflexion. Il s'agit, monsieur, de deux hommes dont l'un a été amené par l'autre en Angleterre presque malgré lui : l'étranger, ignorant la langue du pays, ne pouvant parler ni entendre, seul, sans amis, sans appui, sans connoissances, sans savoir même à qui confier une lettre en sûreté, livré sans réserve à l'autre et aux siens, malade, retiré et ne voyant personne, écrivant peu, est allé s'enfermer dans le fond d'une retraite où il herborise pour toute occupation : le Breton, homme actif, liant, intrigant, au milieu de son pays, de ses amis, de ses parents, de ses patrons, de ses patriotes, en grand crédit à la cour, à la ville, répandu dans le plus grand monde, à la tête des gens de lettres, disposant des papiers publics, en grande relation chez l'étranger, surtout avec les plus mortels ennemis du premier. Dans cette position, il se trouve que l'un des deux a tendu des pièges à l'autre. Le Breton crie que c'est cette vile canaille, ce scélérat d'étranger qui lui en tend : l'étranger, seul, malade, abandonné, gémit, et ne répond rien. Là-dessus le voilà jugé, et il demeure clair qu'il s'est laissé mener dans le pays de l'autre, qu'il s'est mis à sa merci, tout exprès pour lui faire pièce et pour conspirer contre lui. Que pensez-vous de ce jugement? Si j'avois été capable de former un projet aussi monstrueusement extravagant, où est l'homme ayant quelque sens, quelque humanité, qui ne devroit pas dire: Vous faites tort à ce pauvre misérable; il est trop fou pour pouvoir être un scélérat: plaignez-le, saignez-le; mais ne l'injuriez pas? J'ajouterai que le ton seul que prend M. Hume devroit décréditer ce qu'il dit: ce ton si brutal, si bas, si indigne d'un homme qui se respecte, marque assez que l'ame qui l'a dicté n'est pas saine; il n'annonce pas un langage digne de foi. Je suis étonné, je l'avoue, comment ce ton seul n'a pas excité l'indignation publique. C'est qu'à Paris c'est toujours celui qui crie le plus fort qui a raison. A ce combat-là je n'emporterai jamais la victoire, et je ne la disputerai pas.

Voici, monsieur, le fait en peu de mots. Il m'est prouvé que M. Hume, lié avec mes plus cruels ennemis, d'accord à Londres avec des gens qui se montrent, et à Paris avec tel qui ne se montre pas, m'a attiré dans son pays, en apparence pour m'y servir avec la plus grande ostentation, et en effet pour m'y diffamer avec la plus grande adresse; à quoi il a très-bien réussi. Je m'en suis plaint: il a voulu savoir mes raisons, je les lui ai écrites dans le plus grand détail; si on les demande, il peut les dire; quant à moi, je n'ai rien à dire du tout.

Plus je pense à la publication promise par M. Hume, moins je puis concevoir qu'il l'exécute. S'il l'ose faire, à moins d'énormes falsifications, je prédis hardiment que, malgré son extrême adresse et celle de ses amis, sans même que je m'en mêle, M. Hume est un homme démasqué.

LETTRE DCCX.

A MILORD MARÉCHAL.

Le 9 août 1766.

Les choses incroyables que M. Hume écrit à Paris sur mon compte me font présumer que, s'il l'ose, il ne manquera pas de vous en écrire autant; je ne suis pas en peine de ce que vous en penserez. Je me flatte, milord, d'être assez connu de vous, et cela me tranquillise; mais il m'accuse avec tant d'audace d'avoir refusé malhonnêtement la pension, après l'avoir acceptée, que je crois devoir vous envoyer une copie fidèle de la lettre que j'écrivis à ce sujet à M. le général Conway. J'étois bien embarrassé dans cette lettre, ne voulant pas dire la véritable cause de mon refus, et ne pouvant en alléguer aucune autre. Vous conviendrez, je m'assure, que si l'on peut s'en tirer mieux que je ne fis, on ne peut du moins s'en tirer plus honnêtement. J'ajouterai qu'il est faux que j'aie jamais accepté la pension; j'ai mis seulement votre agrément pour condition nécessaire; et, quand cet agrément fut venu, M. Hume alla en avant sans me consulter davantage. Comme vous ne pouvez savoir ce qui s'est passé en Angleterre à mon égard depuis mon arrivée, il est impossible que vous prononciez dans cette affaire, avec connoissance, entre M. Hume et moi : ses procédés secrets sont trop incroyables, et il n'y a personne au monde moins fait que vous pour y ajouter foi. Pour moi, qui les ai sentis si cruellement, et qui n'y peux penser qu'avec la douleur la plus amère, tout ce qu'il me reste à désirer est de n'en reparler jamais : mais, comme M. Hume ne garde pas le même silence, et qu'il avance les choses les plus fausses du ton le plus affirmatif, je vous demande aussi, milord, une justice que vous ne pouvez me refuser; c'est lorsqu'on pourra vous dire ou vous écrire que j'ai fait volontairement une chose injuste ou malhonnête, d'être bien persuadé que cela n'est pas vrai.

FIN DU TOME QUATRIÈME DE LA CORRESPONDANCE.

TABLE ANALYTIQUE

DES LETTRES CONTENUES DANS CE VOLUME.

Lettre DXXXV, à M. Duchesne. — Il lui envoie avec des notes le libelle contre lui.................................. Page 3
Lettre DXXXVI, à M.***. — Plan qu'on doit suivre pour le succès d'un mémoire en faveur des protestants..... 7
Lettre DXXXVII, à M. Séguier de Saint-Brisson. — Il veut le détourner du métier d'auteur................. 9
Lettre DXXXVIII, à M. Moultou. — Motifs qui lui ont fait écrire les *Lettres de la montagne*................... 13
Lettre DXXXIX, à M. d'Ivernois. — Éloge d'une réponse aux *Lettres de la campagne*. Vœux pour la tranquillité de Genève.. 15
Lettre DXL, à M. de Gauffecourt. — Éclaircissements sur les *Lettres de la montagne*..................... 19
Lettre DXLI, à M. Duclos. — Il le remercie de ses *Considérations sur les mœurs*. Sur le libelle contre lui; sur le projet d'écrire ses Confessions..................... 21
Lettre DXLII, à M. d'Ivernois. — Sur le gouvernement de Genève. Il tend à l'aristocratie...................... 23
Lettre DXLIII, à M. Pictet. — C'est par devoir qu'il a écrit les *Lettres de la montagne*.................... 27
Lettre DXLIV, à M. du Peyrou. — Projet de l'édition de ses œuvres...................................... 29
Lettre DXLV, à M. le comte de B. — Conditions sous lesquelles il consent à correspondre avec lui............ 31
Lettre DXLVI, à madame la comtesse de B. — Il est flatté de l'offre qu'elle lui fait d'être parrain de son enfant.. 33
Lettre DXLVII, à milord Maréchal. — Il le consulte pour un asile, sentant qu'il sera forcé de sortir de la Suisse. 35

Note sur les *plombs de Venise*........................ 37
Lettre DXLVIII, à M. Ballière. — Sur la musique...... Ib.
Lettre DXLIX, à M. du Peyrou. — Sur le libelle contre lui; la conduite de Voltaire. Projet d'aller en Italie; agitation de son esprit............................ 39
Lettre DL, à M. Saint-Bourgeois. — Il le traite avec ironie et sécheresse pour la lettre impolie qu'il a reçue de lui.. 42
Lettre DLI, à M. Paul Chappuis. — Motifs qui le forcent à se taire sur Genève................................ 43
Lettre DLII, à madame la marquise de Verdelin. — Effets des *Lettres de la montagne*. Sur Voltaire, la Corse et Paoli.. 45
Lettre DLIII, à madame Guyenet. — Plaisanterie sur la *brûlure* de ses ouvrages............................. 49
Lettre DLIV, à madame de Chenonceaux. — Envoi d'une lettre à l'abbé de Mably........................... 50
Lettre DLV, à M. l'abbé de Mably. — Envoi d'une lettre qu'on lui attribuoit et qui étoit contre Rousseau.... 51
Note sur cette lettre................................. Ib.
Lettre DLVI, à M. D. (du Peyrou). — Sur le libelle contre lui... 52
Lettre DLVII, à M. Moultou. — Il le prie de prendre des informations sur le libelle........................ 56
Lettre DLVIII, à M. Le Nieps. — Il ne veut plus se mêler de la Corse. Mystification....................... 59
Lettre DLIX, à madame Latour. — Expression de ses sentiments....................................... 64
Lettre DLX, à milord Maréchal. — Tracasseries qu'il éprouve. Projet de voyage. Il le consulte........... 65
Lettre DLXI, à M. Deleyre. — Sur les *Lettres de la montagne*; l'abbé de Condillac....................... 68
Lettre DLXII, à M. du Peyrou. — Sur une édition de ses œuvres. Il veut quitter le pays................... 70
Lettre DLXIII, à M. Dastier. — Sur les *Lettres de la montagne*. Projet de voyage........................ 72

TABLE ANALYTIQUE. 413

Lettre DLXIV, à M. Moultou. — Il l'exhorte à la modération. On ne doit jamais exposer le repos public 75

Lettre DLXV, à M. le prince de Wirtemberg. — Accueil fait à deux amis du prince. Sur ses mauvais vers; sur le Lévite d'Éphraïm 77

Lettre DLXVI, à M. d'Ivernois. — Résolution de renoncer à tout commerce afin d'ignorer ce qui se passe à Genève. 78

Lettre DLXVII, à MM. Deluc. — Conseils pour préférer la paix à la liberté 80

Lettre DLXVIII, à M. Meuron. — Il le remercie d'avoir pris sa défense. 82

Lettre DLXIX, à M. de P. — Remerciements pour sa bienveillance 83

Lettre DLXX, à M. de C. P. A. A. — Il le gourmande de sa conduite 84

Lettre DLXXI, à madame la générale Sandoz. — Il préfère l'amitié à l'admiration 85

Lettre DLXXII, à M. Clairault. — Prière de corriger son *Dictionnaire de Musique* 86

Lettre DLXXIII, à M. du Peyrou. — Il n'a pas le courage de lui écrire. 87

Lettre DLXXIV, au même. — Éclaircissements, marque de confiance, situation de son ame. . . . . Ib.

Lettre DLXXV, à M. Moultou. — M. de Montmollin et les ministres sont déchaînés contre lui. 92

Lettre DLXXVI, à M. Meuron. — Visite de M. de Montmollin 94

Lettre DLXXVII, à M. le professeur de Montmollin. — Déclaration de ne plus rien publier 96

Lettre DLXXVIII, à madame Latour. — Reproches . . . Ib.

Lettre DLXXIX, à M. le P. de Félice. — Il nie avoir fait l'ouvrage intitulé *des Princes* 98

Lettre DLXXX, à M. du Peyrou. — On doit aimer les les hommes, mais ne jamais compter avec eux. Ils ne quittent le pays qu'après l'orage . . . . Ib.

Lettre DLXXXI, à M. Meuron. — Remerciements de son

intérêt. Il sortira du pays dès que sa santé le lui permettra 101

Lettre DLXXXII, à madame d'Ivernois. — Sur madame Guyenet.. 104

Lettre DLXXXIII, au Consistoire de Motiers. — Irrégularité et injustice dans la procédure faite contre lui. ... 105

Lettre DLXXXIV, à M. du Peyrou. — Il lui rend compte de ce qui se passe à son sujet........................ 108

Lettre DLXXXV, à milord Maréchal. — Il le remercie de ses offres d'argent. Ses projets 111

Lettre DLXXXVI, à M. d'Escherny. — Il repousse les avances de Diderot............................... 114

Lettre DLXXXVII, à M. Laliaud. — Envoi de deux esquisses de son portrait. 116

Lettre DLXXXVIII, à M. d'Ivernois. — Sur ce qui s'est passé. Refus d'argent 117

Lettre DLXXXIX, à M. du Peyrou. — Il n'a pas le temps de lui écrire. 119

Lettre DXC, à mademoiselle d'Ivernois.—Compliments.. 120

Lettre DXCI, à M. Meuron. — Remerciements ..... Ib.

Lettre DXCII, à M. du Peyrou. — Remarques sur l'art d'écrire.. 122

Lettre DXCIII, au même. — Sur l'amour et la charité. . 125

Lettre DXCIV, au même. — Sur l'amitié. 126

Lettre DXCV, à M. d'Ivernois. — Il le prie de ne plus lui parler de Genève. Embarras des visites 127

Lettre DXCVI, à M. Coindet.—Il s'excuse de son inexactitude. Sur son abdication du titre de citoyen. Goût pour la botanique............................ 129

Lettre DXCVII, à M. du Peyrou. — Il le remercie du cadeau des œuvres de Linnée, et veut lui inspirer le goût de la botanique 132

Lettre DXCVIII, au même. — Divers projets........ 134

Lettre DXCIX, au même. — Conseils pour se guérir de la goutte....................................... 137

Lettre DC, au même. — Il lui renvoie un mémoire ... 138

TABLE ANALYTIQUE.

Lettre DCI, à M. Panckoucke. — Oubli de leurs torts réciproques. Sur les tracasseries qu'il éprouve 140
Lettre DCII, à M. d'Ivernois. — Il est inquiet de lui. . . 141
Lettre DCIII, à M. Klupffel. — Il lui rappelle leur ancienne liaison. 142
Lettre DCIV, billet à M. de Voltaire. — Démenti formel. 144
Lettre DCV, à M. d'Escherny. — Remerciements. . . Ib.
Lettre DCVI, à M. du Peyrou. — Précaution à prendre pour leur herborisation 145
Lettre DCVII, au même. — Sur le même sujet. Il est tombé malade en route 146
Lettre DCVIII, au même. — Arrangements itinéraires. Projet d'aller à l'île de la Motte. 148
Lettre DCIX, au même. — Son arrivée dans l'île 150
Lettre DCX, au même. — Il le quitte à regret 151
Lettre DCXI, à M. d'Ivernois. — Les plantes l'occupent; il ne veut plus lire : refus de s'aboucher avec M. Vernes. 152
Lettre DCXII, au même. — Engouement pour la botanique 155
Lettre DCXIII, à mademoiselle d'Ivernois. — Remerciements pour une marque de souvenir. 157
Lettre DCXIV, à M. du Peyrou. — Détails sur ce qui s'est passé entre Jean-Jacques et M. de Montmollin. . . . Ib.
Note explicative. Ib.
Lettre DCXV, à madame Latour. — Il s'excuse auprès d'elle 188
Lettre DCXVI, à M. d'Ivernois. — Remerciements pour des commissions faites, et refus de cadeaux. 190
Lettre DCXVII, à M. Moultou. — Sur M. Vernes 192
Lettre DCXVIII, à M. d'Ivernois. — Il se plaint des visites indiscrètes. 194
Lettre DCXIX, à M. du Peyrou. — Moyen de correspondance. 195
Lettre DCXX, à M. d'Ivernois. — Il lui annonce qu'il a quitté Motiers. 196
Lettre DCXXI, à M. du Peyrou. — Il est dans l'île Saint-Pierre. Sur *la Vision*. 197

Lettre DCXXII, au même. — Disposition pour son établissement dans l'île 199
Lettre DCXXIII, au même. — Arrivé de Thérèse. Visites importunes 200
Lettre DCXXIV, au même. — Sur le procès de du Peyrou. 201
Lettre DCXXV, au même. — Commissions 202
Lettre DCXXVI, au même. — Il a reçu sa réponse à M. de Montmollin 203
Lettre DCXXVII, au même. — Note de commissions. Il s'inquiète des dispositions du gouvernement à son égard 204
Lettre DCXXVIII, au même. — Il lui annonce qu'on le chasse de l'île Saint-Pierre 207
Lettre DCXXIX, à M. de Graffenried. — Demande des renseignements sur son départ 208
Lettre DCXXX, au même. — Il demande d'être enfermé dans un château 209
Lettre DCXXXI, au même. — Il partira de l'île le jour indiqué. 212
Lettre DCXXXII, à M. du Peyrou. — Il lui demande un itinéraire de sa route. 213
Lettre DCXXXIII, à M. de Graffenried. — Remerciements de ses attentions. Il compte rester à Bienne 214
Lettre DCXXXIV, à M. du Peyrou. — Il lui annonce son intention de séjourner à Bienne. . . . . Ib.
Lettre DCXXXV, au même. — Trompé sur les dispositions des Biennois, il part avant qu'on le chasse. . . 215
Lettre DCXXXVI, au même. — Son arrivée à Bâle. Il va partir pour Strasbourg . . . . Ib.
Lettre DCXXXVII, à M. de Luze. — Son arrivée à Strasbourg. Il y veut être incognito 216
Lettre DCXXXVIII, à M. du Peyrou. — Il est malade et ne sait plus quel parti prendre. 218
Lettre DCXXXIX, au même. — Il est enchanté de l'accueil qu'on lui fait 219
Lettre DCXL, au même. — Il renonce au voyage de Berlin. Il demande *Pygmalion*. 220

TABLE ANALYTIQUE. 417

Lettre DCXLI, à M. d'Ivernois. — Il le tranquillise, et se félicite de l'accueil qu'il reçoit 222

Lettre DCXLII, à M. du Peyrou. — Il va dans le monde. Bienveillance dont il est l'objet............ 223

Lettre DCXLIII, à M. de Luze. — Incertitude sur l'asile qu'il choisira............ 225

Lettre DCXLIV, à M. du Peyrou. — Il se décide à passer en Angleterre, après un séjour à Paris......... 227

Lettre DCXLV, à M. d'Ivernois. — Il se repose avec plaisir à Strasbourg. Refus d'argent............ 228

Lettre DCXLVI, à M. David Hume. — Il accepte ses offres et se dispose à partir pour l'Angleterre........ 231

Lettre DCXLVII, à M. de Luze. — Annonce son arrivée à Paris. Le prie de le venir voir............ 232

Lettre DCXLVIII, à M. du Peyrou. — Il est déterminé à partir promptement............ 233

Lettre DCXLIX, à M. d'Ivernois. — Il ne veut pas se cacher. Le prince de Conti lui fait préparer un appartement. 234

Lettre DCL, au même. — Il va loger au Temple...... 232

Lettre DCLI, à M. de Luze. — L'affliction d'une de ses amies l'empêche de faire de la musique............ 237

Lettre DCLII, à madame Latour. — Se plaint de ses reproches : ne veut voir personne............ Ib.

Lettre DCLIII, à M. du Peyrou. — Il veut faire venir Thérèse. Bienveillance du prince de Conti.......... 238

Lettre DCLIV, à monsieur de Luze. — Excédé de visites, il presse son départ............ 241

Lettre DCLV, à M. d'Ivernois. — Hommage à Voltaire. 242

Lettre DCLVI, à M. du Peyrou. — Il lui demande ses lettres et mémoires, brouillons, son herbier : il se plaint d'être en représentation toute la journée........ 244

Lettre DCLVII, à madame de Créqui. — Il lui annonce son départ............ 247

Lettre DCLVIII, à madame Latour. — Regrets de l'obligation où il est de partir sans la voir............ 248

Lettre DCLIX, à madame la comtesse de Boufflers. — Il

lui rend compte de son voyage de Paris à Londres. Inquiétudes sur une lettre attribuée au roi de Prusse. . 248

Lettre DCLX, à M. du Peyrou. — Conseils sur le travail qu'il prépare pour sa défense. Visite du prince héréditaire. Exhortation à la paix. 252

Lettre DCLXI, à M. d'Ivernois. — Il lui annonce son arrivée et le projet qu'il a de se confiner dans le pays de Galles. 256

Lettre DCLXII, à madame la comtesse de Boufflers. — Détails sur plusieurs projets de retraite. 257

Lettre DCLXIII, à M. du Peyrou. — Arrivée de Thérèse. Il l'exhorte à oublier Montmollin, et le prie de lui envoyer les pièces qui le concernent. 259

Lettre DCLXIV, à M. d'Ivernois. — Il ne doit rien accepter ni refuser de Voltaire. Il veut placer en rente viagère sur la tête de Thérèse. Projet de faire l'histoire de la médiation 262

Lettre DCLXV, à M. le chevalier de Beauteville. — Il lui recommande M. d'Ivernois, qui peut lui donner d'utiles renseignements. 266

Lettre DCLXVI, à M. le comte Orloff. — Il refuse l'offre qu'il lui fait d'une retraite dans un de ses domaines, et le remercie. 268

Lettre DCLXVII, à M. du Peyrou. — Inquiétudes sur leur correspondance. Incertitude sur l'asile qu'il choisira. Chacun le tiraille de son côté. 269

Lettre DCLXVIII, au même. — Moyens de correspondre. Détails sur la prétendue lettre du roi de Prusse. 271

Lettre DCLXIX, à M. Hume. — Remerciements. Lutte entre la vanité qui humilie et la fierté qui se défend. . 274

Lettre DCLXX, au même. — S'il se plaint de quelque chose, c'est de l'excès des attentions de son hôte, M. Davenport. Il veut qu'on paie son buste et refuse de le recevoir en présent. 275

Lettre DCLXXI, à M. du Peyrou. — Arrangements pour leur correspondance. Il lui offre son portrait. Conduite qu'il doit tenir à son occasion. 277

TABLE ANALYTIQUE.

Lettre DCLXXII, à M. Coindet. — Détails intéressants sur sa position. Il oublie ses ennemis, ses critiques, *cette âcre fumée de gloire qui fait pleurer*.. 281

Lettre DCLXXIII, au roi de Prusse. — Expression de sa reconnoissance envers ce prince.. 284

Lettre DCLXXIV, à M. le chevalier d'Éon. — Il lui donne tort dans sa querelle avec M. de Guerchi. Conseils et maximes. *L'injustice marche avec le pouvoir*. . . . . , . 285

Lettre DCLXXV, à M. d'Ivernois. — Inquiétudes et soupçons sur la conduite de M. Hume. Souhaits pour le rétablissement de la paix et de la constitution de l'état. . 287

Lettre DCLXXVI, à milord Strafford. — Expression de sa reconnoissance. 291

Lettre DCLXXVII, à madame la comtesse de Boufflers. — Détails intéressants sur sa situation. Inquiétudes sur la maréchale de Luxembourg, sur le prince de Conti. . 292

Lettre DCLXXVIII, à milord***, — Il lui demande son assistance pour faire insérer une lettre dans le *Saint-James Chronicle*. 296

Lettre DCLXXIX, à l'auteur du *Saint-James Chronicle*. — A l'occasion de la prétendue lettre du roi de Prusse. 297

Lettre DCLXXX, à madame la comtesse de Boufflers. — Détails intéressants sur lui. Explication sur M. Hume. 298

Lettre DCLXXXI, à MM. Becket et de Hondt. — Il se plaint de leur négligence. 303

Lettre DCLXXXII, à M. F. H. Rousseau. — Il le remercie de ses offres obligeantes. Plaintes contre M. Hume. 304

Lettre DCLXXXIII, à lord***. — Il lui témoigne sa reconnoissance, et se plaint avec amertume de ce qu'on veut le diffamer. 306

Lettre DCLXXXIV, à M. ***. — Sur le même sujet. Il vaut mieux refuser un asile aux malheureux que de les accueillir pour les insulter. 309

Lettre DCLXXXV, à madame de Luze. — Description charmante de Wootton. 311

Lettre DCLXXXVI, à M. de Luze. — Remerciements. Il regrette le soleil et ses amis............ 316

Lettre DCLXXXVII, à M. du Peyrou. — Commissions. Plaintes. Regrets. Il ne peut en ce moment recommander M. d'Escherny à milord Maréchal......... 318

Lettre DCLXXXVIII, à madame de Créqui. — Il renonce à tout commerce de lettres, hors les cas d'absolue nécessité............ 321

Lettre DCLXXXIX, à M. de Malesherbes. — Il lui rend compte de ce qui lui est arrivé, et de la situation dans laquelle il se trouve............ 322

Lettre DCXC, à M. le général Conway. — Il le prie d'ajourner le projet relatif à la pension que le roi d'Angleterre veut lui donner............ 334

Lettre DCXCI, à M. du Peyrou. — Explication sur M. Hume. Il se moque de sa crédulité. Projet d'un Dictionnaire de botanique............ 335

Lettre DCXCII, à M. d'Ivernois. — Raison de la rareté de ses lettres. Griefs contre Voltaire............ 340

Lettre DCXCIII, à M. du Peyrou. — Son silence l'inquiète. Il se loue de M. Davenport............ 344

Lettre DCXCIV, au même. — Détails sur les arrangements qu'il veut prendre. Son esprit se calme............ 345

Lettre DCXCV, à M. Hume. — Il lui explique les motifs de son silence, et ne veut plus avoir de rapports avec lui............ 350

Lettre DCXCVI, à M. d'Ivernois. — Il est navré de l'état critique des affaires de Genève............ 351

Lettre DCXCVII, à M. Granville. — Sa santé l'empêche de se rendre à son invitation............ 353

Lettre DCXCVIII, au même. — Il envoie savoir de ses nouvelles............ 354

Lettre DCXCIX, au même. — Il lui fait passer du gibier. 355

Lettre DCC, au même. — Il ne peut aller le voir........ 356

Lettre DCCI, au même. — Il le remercie de ses cadeaux quoiqu'ils reviennent souvent.................. Ib.

Lettre DCCII, au même. — Échange de politesses....... 357

TABLE ANALYTIQUE.

Lettre DCCIII, à mademoiselle Dewes. — Il la remercie de l'intérêt qu'elle lui témoigne................. 357

Lettre DCCIV, à M. Davenport. — Il lui annonce l'explication désirée sur M. Hume...................... 358

Lettre DCCV, à M. D. Hume. — Explication détaillée sur les reproches que Rousseau croit avoir à lui faire. Récit d'un grand nombre de circonstances qui rendent en effet l'historien suspect. A ses torts réels il ajoute celui de faire imprimer cette lettre sans l'aveu de Jean-Jacques....................................... Ib.

Lettre DCCVI, à M. du Peyrou. — Conseils pour la goutte. Sur Thérèse. Il ne s'affecte pas des libelles de Voltaire. 394

Lettre DCCVII, à milord Maréchal. — Il lui annonce sa rupture avec M. Hume.......................... 401

Lettre DCCVIII, à M. Davenport. — Déclaration du parti qu'il prend de laisser M. Hume faire du bruit tout seul. Il ne veut plus s'en occuper................. 404

Lettre DCCIX, à M. Guy. Il se plaint du soin qu'il prend de l'informer de tous les bruits qui courent sur son compte. Nouvelles réflexions sur M. Hume.......... 405

Lettre DCCX, à milord Maréchal. — Il le prévient contre les rapports incroyables de M. Hume.............. 409

FIN DE LA TABLE.

www.ingramcontent.com/pod-product-compliance
Lightning Source LLC
Chambersburg PA
CBHW051832230426
43671CB00008B/924